Reisen in die
Welt des Weins

PIEMONT

© Verlag Zabert Sandmann GmbH, München
1. Auflage 1992

Herausgeber: Jens Priewe
Redaktion: Gudrun Ruoff
Grafische Gestaltung: Wolf Dammann
Titelfoto: Harald Reiterer
Länderkarten: Gabriele Klann
Herstellung: Helmut Burgstaller
Lithografie: RMO, München
Satz: Layout & Grafik 1000, München
Druck & Bindung: Paderborner Druck Centrum

ISBN 3-924678-35-9

REISEN IN DIE WELT DES WEINS
PIEMONT

Herausgegeben
von
Jens Priewe

ZABERT SANDMANN VERLAG

⭐ San Pellegrino!

⭐ Ein bißchen Italiener steckt in jedem!

SAN PELLEGRINO
ACQUA INTERNAZIONALE *grazie*

Jens Priewe,
Herausgeber der
Buchreihe »Reisen in die
Welt des Weins«.

Zwischen rustikalen Stilmöbeln und flimmerndem PC traf ich den Chef der großen Weinkellerei. »Kommen Sie im Herbst ins Piemont«, legt er mir nahe. »Hören Sie die Lieder, die die Menschen im Weinberg während der Lese singen. Dann werden Sie das Land verstehen.«

Die Lieder? »Kommen Sie nicht im September, Oktober, November ins Piemont«, warnt der dicke Wirt aus dem Restaurant, in dem mehr deutsch und schweizerdeutsch gesprochen wird als italienisch. »Im Herbst sind die Trüffel am teuersten, und die Menschen hier, die spielen alle verrückt.«

Wann denn kommen? Vielleicht im Winter, wenn die dicken Herbstnebel verschwunden sind, die Luft wieder klar ist und die Kette der schneebedeckten Alpengipfel am Horizont so deutlich hervortritt, als sei sie mit der Kupfernadel gestochen. Wenn Rebhuhn und Gamsschlegel am Fensterkreuz hängen, es aus den Küchen nach Geschmortem duftet und der Kamin im Gastraum die wohlige Wärme einer bäuerlichen Wohnstube verbreitet?

»Der Winter ist eine melancholische Zeit«, erklärt der bullige Winzer mit dem kantigen Gesicht und weist auf die abgeernteten Weinberge, die kahlen Bäume, die leeren Gassen des Dorfes, die nur das Kläffen des Hundes mit Leben erfüllt. Im Frühjahr sei alles ganz anders, beteuert er. Dann ist der neue Wein fertig.

Der Wein: Zusammen mit der weißen Trüffel ist er das kulinarische Markenzeichen des Piemont, und um kulinarische Genüsse dreht sich nun einmal viel in dieser norditalienischen Region. Genau genommen ist es nicht nur ein Wein, der aus dem Piemont kommt, sondern sind es 41 verschiedene D.O.C.-Weine: die meisten rot, alle von mehr als nur guter Qualität, viele noch weitgehend unbekannt. Auch gibt es sie nicht nur im Frühjahr, sondern ebenso im Winter und im Sommer. »Sie lohnen die Reise ins Piemont das ganze Jahr, auch in der melancholischen und in der verrückten Jahreszeit.« Der das sagt, muß es wissen: Giacomo Oddero, Apotheker in Alba, Weingutbesitzer in Barolo und Präsident der Handelskammer von Cuneo. Die Provinz Cuneo ist das Herzstück des Weinlandes Piemont. Aus ihr kommen die meisten piemontesischen Qualitätsweine. Sie heißen Dolcetto, Barbera, Nebbiolo, Roero, Arneis, Moscato, Asti sowie Barolo und Barbaresco. Zusammen machen sie 67 Prozent der Weinproduktion der Provinz aus. Zum Vergleich: Im Landesdurchschnitt haben nur 12 Prozent der Weine D.O.C.-Status.

Ein Buch, das sich den Weinen Piemonts widmet, muß diesem Umstand Rechnung tragen. Im Mittelpunkt stehen deshalb auch die Weine dieser Provinz, insbesondere Barolo und Barbaresco, die beiden edelsten Weine der Region. Sie haben maßgeblich dazu beigetragen, daß der italienische Wein heute wieder ein hohes Ansehen in der ganzen Welt genießt. Der in der Toskana lebende amerikanische Weinjournalist Burton Anderson macht keinen Hehl daraus, daß der Barolo für ihn die Nummer Eins unter den italienischen Rotweinen ist (siehe Seite 66).

Barolo und Barbaresco gehören zu den ersten vier italienischen Weinen überhaupt, die 1984 die kontrollierte und garantierte Ursprungsbezeichnung erhielten (D.O.C.G.). Das heißt: Neben umfangreichen Laboruntersuchungen müssen sie von einer unabhängigen Kommission verkostet werden, bevor sie in den Handel kommen dürfen. Bloße Theorie? Bei Barolo und Barbaresco werden tatsächlich über 90 Prozent geschmacklich geprüft, bevor sie in den Handel kommen. Und daß nicht mehr produziert wird als erlaubt ist, kann nirgendwo in Italien genauer kontrolliert werden als in der Provinz Cuneo. Rund 70 Prozent aller Weinberge sind dort nämlich katastermäßig genau erfaßt (siehe Seite 27).

Doch das Land, in dem Barolo und Barbaresco wachsen, hat aber noch mehr zu bieten als Wein und Trüffel. Zum Beispiel urtümliche Bergkäse, feinsten grünen Spargel, Pilze, süße Nußspezialitäten – überhaupt die Küche. All das zeigt, daß das Piemont nicht bei Olivetti anfängt und bei Fiat aufhört.

Jens Priewe

Aldo Conterno ist einer der großen Barolo-Winzer des Piemont. Obwohl Conterno schon 30 Jahre Reben zieht, ist er einer der neuen Weinmacher der Region. Zusammen mit einigen anderen Winzern hat er gezeigt, daß im Barolo Wucht und Feinheit eine perfekte Harmonie eingehen können.

Die Nebbiolo-Traube ist die hochwertigste Sorte im Piemont. Im Hügelland der Langhe bringt sie die besten Qualitäten. Barolo und Barbaresco werden aus ihr erzeugt.

Die Trüffel ist das kulinarische Markenzeichen des Piemont. Sie zu finden, schwärmen im Herbst ganze Dörfer aus. Die piemontesische Küche ist zu dieser Zeit ganz auf den Edelpilz eingestellt.

Es gibt Hunderte von Grappa im Piemont. In allen kommt der authentische Duft des Weines zum Ausdruck.

Der Weg zu den kulinarischen Köstlichkeiten der Region führt über viele Hügel und durch zahlreiche Täler. Kalbfleisch, Käse, Haselnüsse, Torrone und Schokolade zählen zu den begehrtesten Delikatessen.

8

W ie Watte liegt der dichte Herbstnebel in den Tälern der Langhe. Er hat der wichtigsten Rebsorte des Piemont den Namen gegeben: Nebbiolo. Über dem Nebel ist die Luft klar. Dort auf den Hügeln, im Schutze der Alpengipfel, wächst ein urtümlicher, wuchtiger, unerhört opulenter Wein, der seinesgleichen in der Welt sucht.

N och vor 20 Jahren gab es wenige Barolo und Barbaresco, die außerhalb des Piemont Liebhaber fanden. Heute sind sie internationale Erfolgsweine geworden, die in Düsseldorf und Chicago, in Zürich und Kopenhagen gleichermaßen geschätzt werden. Sie sind geschliffen und elegant, und das Tannin, das früher hart und schneidend war, ist heute weich und mürbe.

W enn zwei Menschen
im Piemont zu-
sammensitzen, wird
gegessen und getrunken.
Sind es mehr als zwei, wird
getafelt. Ein richtiges
Essen beginnt im Piemont
mittags um eins und endet
nach Mitternacht mit süßem
Moscato, scharfem Grappa
und lauten Gesängen.
Weniger als 12 Gänge
werden nie serviert, oft sind
es 15, und Wein ist immer
reichlich dabei.

D en bescheidenen Wohlstand verdanken die Menschen in der Langhe ihrem Fleiß. Vom Wein bis zum Käse, von der Salami bis zur Pasta wird alles handwerklich hergestellt, auch das kroße Stangenbrot, das täglich frisch gebacken wird. Mit den abgepackten Grissini hat es nichts zu tun. Die überläßt man den Menschen in der Stadt.

15

D as Land, in dem der Barolo wächst, ist altes bäuerliches Rebland. Gelesen wird per Hand, und häufig ranken die Reben sogar noch an den Stützen aus Akazienholz. Doch die Romantik täuscht. Das Zeitalter des modernen Barolo hat längst begonnen. Mengenbegrenzung heißt die Parole. Denn große Weine können nur entstehen, wenn die Erträge niedrig sind.

Das Anbaugebiet
WEIN, ABER NICHT NUR WEIN

P iemont ist nicht die größte Weinregion Italiens. Was die Menge des Weins angeht, der erzeugt wird, steht Piemont etwa an siebter Stelle in der Rangfolge der Weinregionen Italiens. Aber in puncto Qualität ist es eines der bedeutendsten Anbaugebiete. Wer das Land zwischen Aostatal und Ligurien näher betrachtet, wird schnell feststellen, daß es aus vielen kleinen und einigen großen Ursprungsgebieten besteht, in denen Weine ganz unterschiedlicher Art hergestellt werden: der allgegenwärtige, mal hochklassige, mal banale Barbera, der violettrote Dolcetto, der mächtige Gattinara, der elegante Ghemme oder der nahezu unbekannte Carema, ein herzhafter, sehr feiner Rotwein, der auf kleinen Terrassen an der Grenze zum Aostatal angebaut wird. Dazu kommen die Weißweine: der nervige Gavi, der saftige Arneis, der rustikale Cortese, der einfache Erbaluce di Caluso und, natürlich, die süßen Asti Spumante und Moscato d'Asti. Den Ruf des Piemont als Land großer Weine aber haben Barolo und Barbaresco begründet. Sie sind die wuchtigsten, aber auch die feinsten Rotweine der Region.

Piemont ähnelt einem breiten Becken, das sich zwischen Aostatal und Ligurien auftut. Im Norden ist es von den Schweizer Alpen (mit dem Monte Rosa als markantestem Gipfel) eingefaßt, im Westen von der Gran Paradiso-Gruppe und den Cottischen Alpen (mit dem Monviso), im Süden von den ligurischen Seealpen. Nur nach Osten hin ist es offen. Dort, in der flachen, fruchtbaren Poebene, wird vor allem Getreide und Gemüse angebaut. An den tiefstgelegenen Stellen um die Stadt Vercelli haben die Bauern sogar Reisfelder angelegt. Doch schon in den mittleren Zonen zwischen 220 und 450 Metern Höhe ist nur noch wenig Landwirtschaft möglich. Die Böden sind dort karg, ja steinig. Höchstens Pfirsichbäume und Aprikosenkulturen finden sich in dieser Höhe, gelegentlich auch Birnen- und Kirschbäume. Diese Zone ist für den Wein reserviert. Er wächst an den auslaufenden Südflanken der Alpen, im teils lieblichen, teils schroffen Monferrat, im Roero mit seinen charakteristischen Rundhügeln, und vor allem in der Langhe, wie die kleingerasterte Hügellandschaft im Hinterland von Alba und Asti genannt wird. Dort bringt die Nebbiolo-Traube ihre besten Resultate, für die sie bekannt ist. Hier wachsen auch die kräftigsten Barbera und Dolcetto.

Oberhalb von 500 Metern stehen kaum noch Reben, das Klima ist hier zu rauh. Höchstens Haselnußsträucher und Walnußbäume finden sich noch dort. Dafür kommen aus diesem hochgelegenen Teil des Piemonts die herrlichen Rohmilchkäse. Nahezu jede Nische zwischen Domodossola und Mondovi hat ihre eigene Käsespezialität. Viele dieser Käsesorten besitzen sogar, wie der Wein, eine eigene, geschützte Ursprungsbezeichnung. Berühmt sind der Castelmagno, der Raschera und der Murrazzano aus der Provinz Cueno. Eine weitere Spezialität ist das saftige, zarte Kalbfleisch von dem weißen Piemonteser Rind. Es wird in Carrù gezüchtet. Der Tourismus entwickelt sich langsam, aber stetig: insbesondere der Gastro- und der Agritourismus, aber auch der Wintersport.

Monviso

Weine mit kontrollierter und garantierter Ursprungsbezeichnung (D.O.C.G.)

Barbaresco
Barolo
Gattinara

Weine mit kontrollierter Ursprungsbezeichnung (D.O.C.)

Asti Spumante
Barbera d'Alba
Barbera d'Asti
Barbera del Monferrato
Boca
Brachetto d'Acqui
Bramaterra
Carema
Colli Tortonesi Barbera
Colli Tortonesi Cortese
Cortese dell'Alto Monferrato
Dolcetto d'Acqui
Dolcetto d'Alba
Dolcetto d'Asti
Dolcetto delle
  Langhe Monregalesi
Dolcetto di Diano d'Alba
Dolcetto di Dogliani
Dolcetto di Ovada
Erbaluce di Caluso
Caluso Passito
Fara
Freisa d'Asti
Freisa di Chieri
Gabiano
Gavi
Ghemme
Grignolino d'Asti
Grignolino del
  Monferrato Casalese
Lessona
Malvasia di Casorzo d'Asti
Malvasia di Don Bosco
Nebbiolo d'Alba
Roero
Roero Arneis
Rubino di Cantavenna
Ruchet di
  Castagnole Monferrato
Sizzano

Die Trauben
MUTTER DER QUALITÄT

P iemont ist reich an Reben. Dabei können heute rund 20 verschiedene Sorten im Piemont angetroffen werden. Aber höchstens ein Drittel besitzt eine wirtschaftliche Bedeutung. Der Rest besteht aus Spezialitäten, Kuriositäten und Relikten vergangener Weinepochen. So wurden im 19. Jahrhundert im Piemont noch 40 verschiedene Rebsorten gezählt, unter ihnen so exotische Gewächse wie Doux d'Henry, l'Avana, Barbera bianco, Greco, Timorasso oder Carica l'Asino. Die meisten sind der Reblaus zum Opfer gefallen, die Anfang des 20. Jahrhundert das Piemont erreichte. Nach den beiden Weltkriegen, in denen viele Weinberge verwilderten, wurden nur noch die Sorten angebaut, die konstant und hoch im Ertrag waren, sich zugleich als wenig krankheitsanfällig erwiesen hatten und keine großen Ansprüche an die Lagen stellten. Sie ermöglichten den Bauern am ehesten ein Überleben in dieser schwierigen Zeit. So verschwanden noch einmal zahlreiche, teilweise hochwertige Reben aus dem piemontesischen Weinberg – oder wurden zumindest stark dezimiert.

Die hochwertigste und bekannteste Rebsorte des Piemont ist die *Nebbiolo* (obwohl diese am Rebensortiment der Region nur einen Anteil von etwa vier Prozent hält). Aus ihr werden Barolo und Barbaresco erzeugt sowie der leichtere Roero und der Nebbiolo d'Alba. Sie ist aber auch im Norden des Piemont weit verbreitet. Dort heißt sie Spanna. Weine wie der Ghemme sind zu 85 Prozent aus Spanna-Trauben gewonnen, der Gattinara ist sogar ein nahezu reinsortiger Spanna-Wein.

Es gibt von der Nebbiolo zahlreiche Variationen, Mutationen und Klonen. Sie sind jedoch in den letzten Jahren und Jahrzehnten so stark miteinander vermischt worden, daß es schwierig, wenn nicht gar unmöglich ist, die einzelnen Varianten genau zu unterscheiden – selbst erfahrenen Rebenkundlern gelingt dies nicht immer. Jedenfalls gibt es nur wenige Weinberge, in denen eine der Unterarten Michet, Lampia und Rosé für sich allein wächst – auch wenn dies von Winzern immer wieder behauptet wird.

Die *Nebbiolo* ist eine anspruchsvolle Sorte. Sie braucht viel Wärme und trockene Böden, um gute Weine hervorzubringen. Gelesen wird sie normalerweise Mitte Oktober, gelegentlich aber

FREISA
Nur noch selten angebaute Sorte, die stark unter der Bereinigung des Rebensortiments gelitten hat. Oft werden süße oder schäumende Weine aus ihr gekeltert, obwohl sie auch bitterherbe Weine von fast schwarzroter Farbe hervorbringen kann, deren Qualität von rustikal bis sehr fein reicht.

GRIGNOLINO
Nur im Monferrat und um Asti angebaute Sorte, aus der tanninreiche, aber körperarme, bisweilen spröde Weine von hellroter bis zwiebelfarbener Tönung gekeltert werden: Spezialität und Originalität des Rebensortiments.

NEBBIOLO
Hochwertigste und bekannteste Rebsorte des Piemont, aus der Barolo und Barbaresco, Ghemme und Gattinara erzeugt werden. Lange pyramidenförmige Trauben mit kleinen Beeren. Sie sind mit einer dünnen Haut überzogen, die wenig Pigmente und viel Tannin enthält. Spätreifende, anspruchsvolle Sorte, die auf 12 bis 15 Augen zurückgeschnitten werden muß, um gute Qualitäten zu bringen.

auch erst Ende Oktober. Da sie nicht sehr kälteempfindlich ist, läßt sie sich bis in Höhen von über 450 Meter anbauen. Kann sie voll ausreifen, ergibt sie schwere, tanninreiche Weine, die ein gutes Alterungspotential besitzen. Allerdings ist dies nicht immer der Fall. Die Erfahrung zeigt, daß sie zwei- bis dreimal in zehn Jahren Qualitäten hervorbringt, die zumindest dem Ruf von Barolo und Barbaresco nicht ganz gerecht werden.

Übrigens sind Nebbiolo-Weine auch in guten Jahren relativ hell in der Farbe. Die Schale der Beeren, welche die Farbpigmente enthält, ist nur dünn. Ein Vergleich mit Weinen aus Cabernet Sauvignon oder Barbera ist daher unstatthaft. Die Farbe sagt bei diesen Weinen wenig über die innere Komplexität aus.

Die einfachere *Dolcetto*-Traube hat einen doppelt so hohen Anteil an Farbpigmenten wie die Nebbiolo. Sie ist eine frühreife Sorte, aus der violett-rote, bisweilen fast tintige Weine gewonnen werden, die sich wegen ihrer Delikatesse und leichten Trinkbarkeit großer Beliebtheit unter den Piemontesen erfreuen. Die Dolcetto wird an vielen Stellen angebaut. Besonders gute Qualitäten erreicht sie in Dogliani, Alba und Ovada.

Die *Freisa* ist eine wenig bekannte Sorte, die in diesem Jahrhundert stark zurückgegangen ist und erst in den letzten Jahren wieder verstärkt angebaut wird. In guten Lagen, etwa um Asti und Turin, ergibt sie dunkle, bitter-fruchtige Weine mit viel Tannin, die eine beachtliche Feinheit entwickeln können, wenn die Reben in guten Lagen

stehen. Ihr Potential ist weder erkannt noch bislang ausgeschöpft.

Die *Grignolino* ist die schwierigste Rebsorte im Piemont. Sie ist wechselhaft im Ertrag, bereitet oft Probleme bei der Vinifizierung und ergibt am Ende hellfarbene, mittelgewichtige, überraschend tanninhaltige Weine, die sich nur dem Gaumen von Liebhabern erschließen.

In dem weltweit immer uniformer werdenden Rebensortiment zählt die *Ruchet* (auch *Rouchet* geschrieben) zum Fähnlein der letzten Aufrechten: eine äußerst selten gewordene, nur durch Nachzucht noch nicht ausgestorbene Rebsorte. Anfang des 19. Jahrhunderts wurde sie aus Frankreich ins Piemont importiert und hat dort überlebt, während sie in ihrer Heimat heute nicht mehr anzutreffen ist. Die wenigen Flaschen Wein, die aus ihr erzeugt werden, gehören zweifellos zu den anspruchsvollsten Gewächsen des Piemont und demonstrieren, neben großer Eigenständigkeit, eine unübersehbare Eleganz. Zu Recht hat der Wein unlängst die Anerkennung als Qualitätswein (D.O.C.) erhalten.

Die *Brachetto*-Traube, früher weit verbreitet, wird heute praktisch nur noch um Acqui kultiviert, wo aus ihr überwiegend moussierende Süßweine von mehr oder minder großer Feinheit erzeugt werden. In ihren besten Qualitäten kann ein Glas süßen, leichten Brachettos nach einem langen, piemontesischen Mahl jedoch eine höchst erfrischende Abwechslung darstellen. Auch in der trockenen Version als stiller Wein ist der Brachetto ein Wein von eigener Klasse.

MOSCATO
Die aromatische Muskateller-Rebe ist die am weitesten verbreitete Weißweinrebe des Piemont. Aus ihr werden der süße Asti Spumante erzeugt, der feine Moscato naturale sowie der konzentriert-süße Moscato Passito, ein klassischer Dessertwein.

BARBERA
Weit verbreitete, sehr ergiebige, spätreifende Sorte, die geringe Ansprüche an den Standort stellt, in guten Lagen und bei starkem Beschnitt aber fleischige, körperreiche, dunkelfarbene Weine von außerordentlicher Feinheit hervorbringen kann. Säure und Alkoholgehalt leicht erhöht, Tannin niedrig.

DOLCETTO
Alte piemontesische Sorte, die früh gelesen wird und einfache, aber delikate, fruchtige Weine von violettroter Farbe ergibt. Alltagswein vieler Piemonteser.

CORTESE
Beste Weißweinrebe des Piemont, aus der unter anderem der elegante, trockene Gavi erzeugt wird. Ertragsstarke Sorte, die nur auf mageren Böden gute Ergebnisse bringt. Lese ab Mitte September.

Eine weitere Rarität ist die *Pelaverga*, eine praktisch nur an zwei Orten im ganzen Piemont anzutreffende alte Sorte: bei Saluzzo (wo ihr Ursprung liegt) und um das Dorf Verduno (in der Barolo-Zone). Aus ihr wird kein großer, aber ein außergewöhnlich filigraner, duftiger Wein gekeltert, der durch sein helles, leuchtendes Rot auch das Auge des Weintrinkers fasziniert.

Die am häufigsten im Piemont anzutreffende Sorte ist jedoch die *Barbera*. Sie stellt nur geringe Ansprüche an die Lage und wird deshalb fast überall angebaut – ungeeignete Lagen eingeschlossen. Über die Hälfte der Weinberge sind mit ihr bestockt. Viele Barbera sind denn auch dünne, ausdruckslose Weine, die nur mit Mühe gehobenen Ansprüchen genügen. Aber da die Barbera-Rebe sehr produktiv und überdies konstant im Ertrag ist, erfreut sie sich bei vielen Winzern großer Beliebtheit, insbesondere im Monferrat und in der Provinz Asti. Ihre wahren Qualitäten zeigt sie erst, wenn sie in Spitzenlagen angebaut wird. Korrekt vinifiziert und gut ausgebaut, können aus ihr dann feine, sogar hochklassige Rotweine werden – die einzigen, die den Nebbiolo-Weinen im Piemont Konkurrenz machen können. Sie sind farbintensiv, in ihrer Jugend oft noch schwarzrot. Sie zeichnen sich stets durch eine hohe Säure und geringes natürliches Tannin aus, weshalb sie auch oft in Barriques reifen (in denen ein bestimmtes Quantum süßes, »nobles« Tannin aus dem Holz in den Wein übergeht). Die Barbera wird Ende September, manchmal aber auch erst Anfang Oktober gelesen.

Weiße Rebsorten spielen im Piemont heute keine große Rolle – von der *Moscato* abgesehen, aus der süße Spumanti und Dessertweine hergestellt werden. Ihr Anteil am gesamten Rebsortenspiegel liegt bei über 50 Prozent. Die interessanteste weiße Rebe ist jedoch die *Cortese*. Aus ihr wird in den hochgelegenen Weinbergen um das Städtchen Gavi südlich von Alessandria ein rassiger, eleganter Wein erzeugt. Der weiße *Arneis* wird dagegen nur im Roero angebaut. Er liefert frische, aber recht säurearme Weine mit fruchtigen Aromen, die sehr delikat sein können – aber nicht mehr. Dennoch ist der Arneis immer knapp und nie billig. Die Sorte galt nämlich schon als ausgestorben und wurde erst in den letzten Jahren wieder neu kultiviert. Ähnliches gilt für die *Favorita*, die allerdings einen etwas weniger aromatischen Wein ergibt.

Über die Grenzen ihres Anbaugebietes hinaus wenig bekannt ist die weiße *Erbaluce*-Traube, deren Heimat die Hügel um Caluso sind. Während der trockene Weißwein aus ihr fast nur lokale Bedeutung hat, ist die süße Dessertwein-Variante auch über das Piemont hinaus bekannt geworden.

Die internationalen Erfolgsreben Cabernet Sauvignon, Merlot, Pinot Noir sowie die weißen Chardonnay und Sauvignon haben im Piemont kaum Fuß gefaßt. Nur wenige Winzer beschäftigen sich mit ihnen, die meisten nur aus experimentellen Gründen. Die Qualität der wenigen Weine aus diesen Sorten ist jedoch außerordentlich hoch.

FAVORITA
Ertragsstarke Sorte, die
einen sehr fruchtigen, zuckerreichen
Most ergibt. Ursprünglich als
Tafeltraube weit verbreitet, heute als
Weißweinsorte nur noch in
wenigen Weinbergen des Piemont
angebaut, vor allem
im Roero.

ERBALUCE
Aus dem Piemont stammende
Rebe, die nur in einer kleinen Zone um
Ivrea angebaut wird. Sehr unstet
im Ertrag. Ergibt einen relativ einfachen,
trockenen Wein. Bedeutender ist
der Dessertwein Caluso Passito, der aus
teilgetrockneten Trauben erzeugt
wird, die nach der Lese auf Stroh antrocknen,
bis sie abgepreßt werden.

BRACHETTO
Seltene, nur um Asti und
Alessandria anzutreffende Sorte,
die einen leichten, aber charaktervollen und hellroten Wein ergibt.
Häufiger wird aus ihren
Trauben ein süßer, gelegentlich
auch trockener Spumante
erzeugt.

Die Böden
KEINER GLEICHT DEM ANDEREN

P iemont ist, erdgeschichtlich betrachtet, kein sonderlich altes Land. Es ist erst vor rund zehn Millionen Jahren aus dem Meer emporgestiegen. Die Böden der mittleren Hügelzone, dem Tertiär zugerechnet, bestehen größtenteils aus lehmgelbem Sand oder hellem Kalkmergel – sichtbarer Beweis für den marinen Ursprung dieser Zone. An vielen Stellen des Piemont – etwa an der Abbruchkante des Dorfes Barbaresco zum Tanaro hin – tritt dieser von verwitterten Muscheln und Meeresgetier hellgefärbte Untergrund sichtbar hervor.

Für die besondere weinbauliche Eignung dieser Zone sind drei Faktoren verantwortlich. Erstens sind die Böden relativ arm an organischen Substanzen. Reben, die »leiden«, bringen bekanntlich den besten Wein. Zweitens sind die Böden trocken. Auf dem wasserundurchlässigen Untergrund der Hänge fließt der Regen schnell ab (wobei er häufig die dünne Schicht Deckerde mitreißt). Drittens weisen gerade Sommer und Frühherbst die höchsten Temperaturen auf, so daß die Trauben voll ausreifen können (im Winter kann es dagegen empfindlich kalt werden). Die durchschnittlichen September-Temperaturen liegen in Alba und Asti (etwa 18,6 Grad Celsius) leicht über denen von Bordeaux (18 Grad Celsius).

Allerdings variieren die Böden von Zone zu Zone. In den Langhe, wo Barolo und Barbaresco wachsen, ist der bläulich-graue Kalkmergel am stärksten ausgeprägt. Im Roero und weiten Teilen des Monferrat sowie in der Gegend um Asti herrscht vor allem der lehmgelbe Sandstein vor, der gelegentlich von heller Tonerde durchmischt ist. Im Alpenvorland mit Gattinara, Ghemme und Boca wechseln sich dagegen roter Porphyr, schwarzer Tuff und tonhaltige Sande ab. Jeder dieser Böden favorisiert eine andere Rebsorte oder gibt ihr eine andere Charakteristik.

Selbst innerhalb kleiner Anbaugebiete wie Barolo, nur aus sieben Gemeinden bestehend, treten drei klar voneinander unterscheidbare Bodenformationen auf, die entsprechend anders strukturierte Barolo hervorbringen. Der Hügelrücken von Serralunga besteht aus rötlich-grauem Verwitterungsgestein mit gelegentlich sandigen Einlagerungen. In Monforte und einigen Teilen von Castiglione Falletto stehen die Reben auf kompakten, graubraunen, an vielen Stellen quarzhaltigen Sandschichten. Große Teile von Barolo und La Morra liegen auf graubläulichen Kalkböden, im Dialekt *tov* genannt. Lediglich an den zum Tanaro-Fluß abfallenden Westhängen der Anbauzone stehen nur wenige Reben. Dort sind die Böden schwerer und stärker mit Gips durchmischt. Ein Barolo aus diesem Bereich besitzt nie die Ausdruckskraft der Weine aus den vorhergenannten Gemeinden. Kenner wissen die Weine schon am Duft den einzelnen Zonen zuzuordnen.

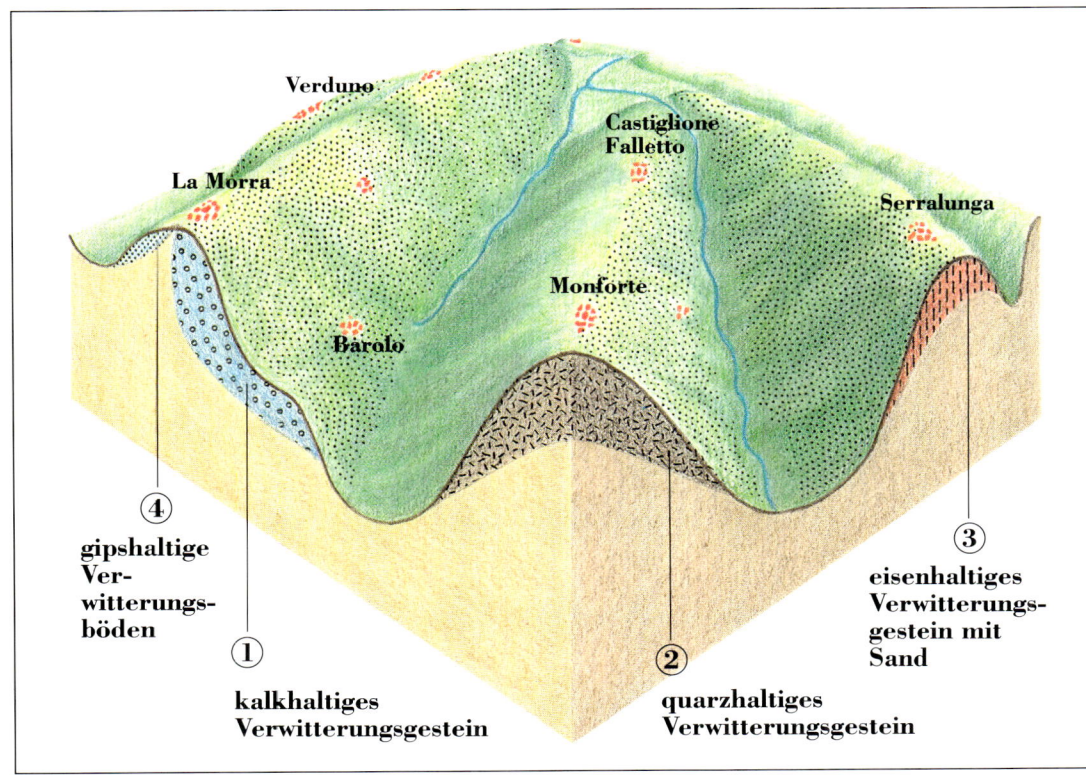

Verduno

Castiglione Falletto

La Morra

Serralunga

Monforte

Barolo

④ gipshaltige Verwitterungsböden

① kalkhaltiges Verwitterungsgestein

② quarzhaltiges Verwitterungsgestein

③ eisenhaltiges Verwitterungsgestein mit Sand

Der Boden macht den Wein: Ein Barolo aus La Morra ist von mittlerem Körper und besticht durch seinen fruchtig-eleganten Charakter. Er reift relativ schnell. Der Wein aus Castiglione Falletto ist gehaltvoller, von tieferer Fruchtigkeit und weist oft einen typischen Lakritzgeschmack auf. Noch mehr gilt das für die Weine von Monforte. Sie entwickeln nach ein paar Jahren neben modrigen, an feuchtes Laub oder welke Blumen erinnernde Düften ein deutliches Teeraroma. Die schwersten, alkoholreichsten und komplexesten Barolo liefern die Böden von Serralunga.

Die Weinerzeugung
DAS PROBLEM MIT DEM TANNIN

J edes Weinanbaugebiet hat seine eigenen Weinbautraditionen. Auch im Piemont sind im Laufe der Jahrhunderte Techniken entwickelt worden, die mehr oder minder genau auf die Weine und ihre Eigenarten abgestimmt sind. In einigen Punkten unterscheidet sich die Önologie des Piemont – die Wissenschaft von der Erzeugung und vom Ausbau des Weins – deutlich von der anderer Weinanbaugebiete.

Das gilt im besonderen Maße für den Barolo und Barbaresco. Beide Weine werden aus Nebbiolo-Trauben gewonnen. Die Nebbiolo ist eine tannin-starke Sorte. Während der Maischegärung, wenn also – wie bei der Rotweinbereitung üblich – der Most zusammen mit den Schalen vergärt, werden Farbpigmente und Gerbstoffe, das Tannin, durch den entstehenden Alkohol aus der Beerenhaut extrahiert. Je kürzer der Kontakt von Schale und Most dauert, desto tanninschwächer fällt der Wein aus. Wird die Maischegärung hingegen länger ausgedehnt, enthält der Wein mehr Tannin.

Tannin ist Gerbstoff, und Gerbstoff ist das Qualitätsmerkmal aller großen Rotweine der Welt. Es verleiht dem Wein Struktur, Kraft, Geschmack, macht ihn alterungsfähig. Ohne Tannin mag ein Wein herrlich fruchtig oder delikat sein – groß wird er nie. Zuviel Tannin kann den Genuß freilich auch schmälern. Denn Tannin ist bitter, kann sogar hart und schneidend sein und die Frucht des Weins »maskieren«. Deshalb kommt es auf das richtige Quantum an.

Wieviel das ist, darüber gehen die Meinungen auseinander. Während der Barolo aus einer guten Lage früher durchaus sechs Wochen und länger auf den Schalen vergoren wurde, hat man heute die Maischegärung auf 12 bis 20 Tage verkürzt. Damit allein ist es aber nicht getan. Es kommt auch darauf an, wie die Maischegärung gehandhabt wird. Das heißt: wie intensiv der Kontakt zwischen der entstandenen Flüssigkeit und den Schalen ist.

In der ersten Phase der Fermentation, der stürmischen Gärung, werden die Schalen durch die Kohlensäure, die bei der Gärung entsteht, im Tank aufgetrieben. Es bildet sich ein Tresterhut. Er reduziert die Kontaktfläche auf den Durchmesser des Tanks. Deshalb wird der Most zwei- oder mehrmals am Tag »umgewälzt«: bei offenem Tankdeckel von unten nach oben gepumpt und auf den Tresterhut geleitet, der dadurch wieder nach unten gedrückt wird.

Nach dieser ersten Gärphase muß, zumindest nach traditioneller Auffassung, der Kellermeister den Tankdeckel schließen, so daß der Tresterhut weiterhin von Flüssigkeit umspült wird (*cappello*

TRADITIONELLE METHODE
Nach der ersten Phase der stürmischen Gärung wird der Tankdeckel nach traditioneller Art geschlossen (*cappello sommerso*). Der Tresterhut wird so ständig nach unten gedrückt, der Kontakt von Schalen und Wein intensiviert.

MAISCHEGÄRUNG
Bei offenem Tankdeckel (*cappello emerso*) beginnt die stürmische Gärung. Die Schalen treiben nach oben, bilden einen Tresterhut. Mehrmals am Tag wird der Most auf den Tresterhut geleitet, damit dieser sich wieder auflöst.

TRAUBENANLIEFERUNG
Die angelieferten Trauben werden vom Stiel gerupft (»entrappt«) und sanft abgepreßt (»gemahlen«), der Most samt Schalen wird in den Tank gepumpt. Dort wird die Maische angesetzt.

ABFÜLLUNG
Vor der Flaschenabfüllung wird der Wein nur leicht oder gar nicht filtriert. Durch das häufige Umpumpen des reifenden Weins von einem Faß ins andere (»umziehen«) ist er bereits weitgehend klar. Letzter Trub wurde durch Eiweißschönung ausgefällt. Nach der Füllung bleibt der Wein zur letzten Verfeinerung meist noch mehrere Monate im Keller.

sommerso). Auf diese Weise wird weiterhin Tannin in den Wein abgegeben. Der Kellermeister dokumentiert damit, daß er sich einen wuchtigen Barolo (oder Barbaresco) wünscht, schwer an Körper, reich an Frucht, langlebig.

Freilich kann ein solcher Barolo auch plump und unbalanciert ausfallen. »Tanninpeitsche« spotten die Weintrinker dann. Viele jüngere Kellermeister sind deshalb dazu übergegangen, auf den *cappello sommerso* ganz zu verzichten oder den Wein nur ein paar Tage bei geschlossenem Tankdeckel zu fermentieren. Sie wollen den eleganten, auch schon jung trinkbaren Barolo mit weichen Tanninen. Welche Methode schließlich den besseren Wein ergibt, läßt sich schwer sagen. Denn es gibt hervorragende und schwache Vertreter beider Stilrichtungen.

Sicher ist nur eines: Die besten Barolo und Barbaresco sind wuchtig und elegant zugleich.

Der weitere Verlauf der Weinerzeugung weicht nicht stark vom herkömmlichen Schema ab. Der fertige Wein wird von den Schalen abgezogen. Meistens schließt sich heute gleich die Milchsäuregärung an. Danach wird der Wein durch Abkühlen auf Null Grad geklärt. Etwa im Februar nach der Lese geht er ins Holzfaß aus alter slowenischer Eiche. Ein Barolo muß dort mindestens zwei Jahre, ein Barbaresco ein Jahr bleiben. Tatsächlich bleibt er dort oft länger. Gelegentlich wird er auch in kleinen Barriques aus neuem Holz ausgebaut. Nachdem er auf die Flasche gezogen worden ist, liegt er noch einmal ein halbes bis ein Jahr im Keller, bis er endlich zum Verkauf freigegeben wird.

MALOLAKTISCHE GÄRUNG

Nach Ende der Gärung sinken die Schalen auf den Boden des Tanks. Der Wein darüber wird abgezogen und in einen anderen Tank gepumpt, wo die Milchsäuregärung stattfindet. Die feuchten Schalen werden abgepreßt. Der Preßwein wird einem Faß mit weniger hochwertigem Wein zugesetzt oder offen in Korbflaschen verkauft.

KLÄRUNG

Der Wein wird durch Herabkühlen auf etwa 0° Celsius geklärt. Der Hefetrub setzt sich, eine Filtration ist nicht nötig. Viele Piemont-Winzer pumpen ihn einfach in einen Tank unter freiem Himmel und nutzen so die natürliche winterliche Kälte aus.

AUSBAU

Der Wein geht ins Holzfaß. Traditionell werden im Piemont große Holzfässer von 20 bis 100 Hektoliter Fassungsvermögen aus slowenischer Eiche benutzt. In den letzten Jahren werden aber auch zunehmend kleine Barriques aus französischer Eiche verwendet. In ihnen werden die oft rauhen Tannine des Weins »poliert«.

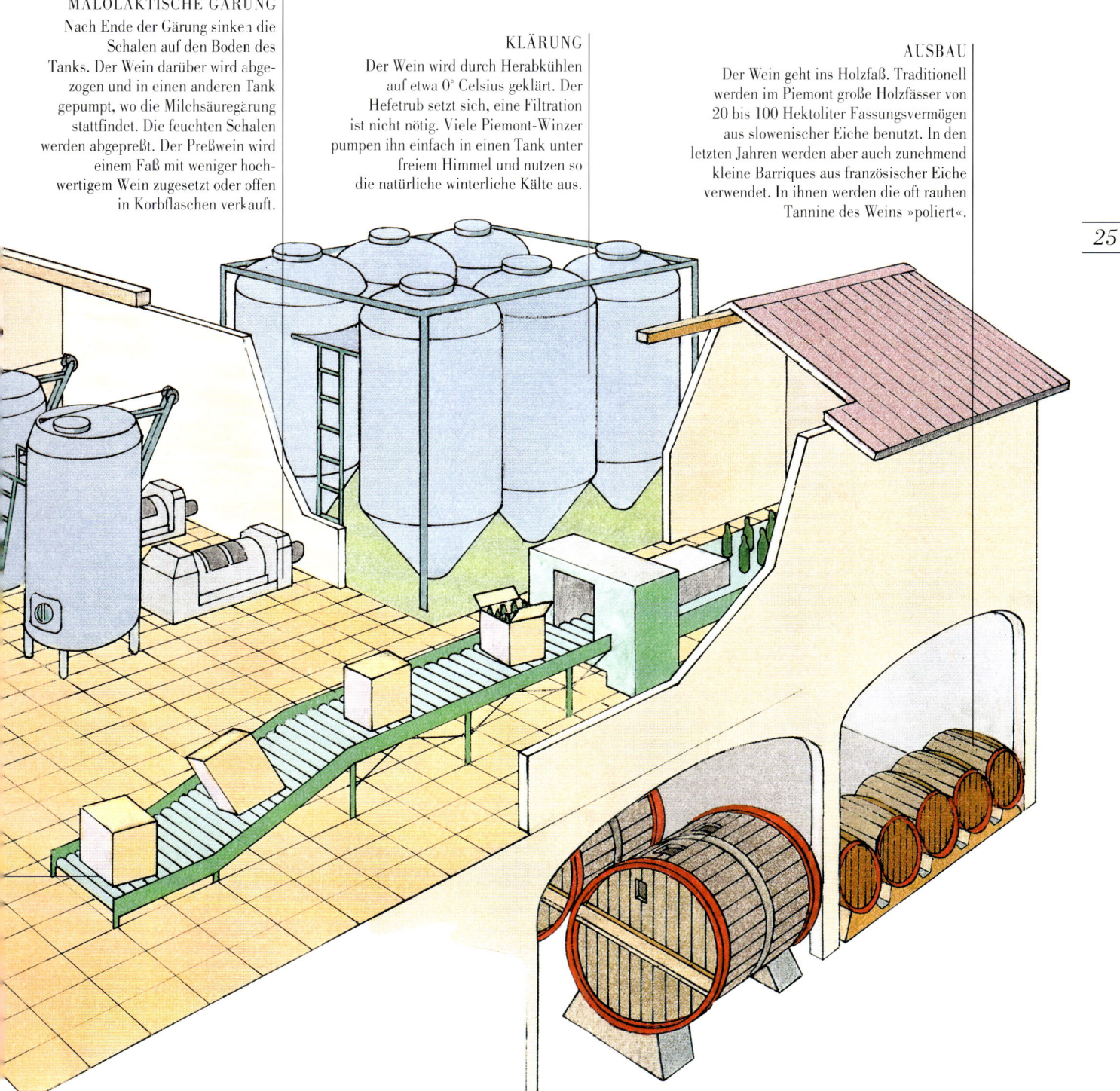

Nebbiolo-Weine
SUCHE NACH EINER NEUEN QUALITÄT

M itten in der Barolo-Zone steht ein wunderschönes Jagdhaus mit langem Balkon und kunstvoll verzierten, hölzernen Dachverblendungen. Droben im ersten Stock sind zwei Zimmer, in denen seit hundert Jahren nur Staub gewischt wird. Auf den Betten liegen dieselben Brokatdecken wie damals. Die Kommoden stehen am gleichen Platz. Die Sessel sind ebensowenig verrückt worden wie der Kleiderständer. Es fehlen nur die Pantoffeln des Hausherrn unter dem Bett und das Negligé der Dame, die seinerzeit im Nachbarraum schlief. Aber das verbietet der Anstand. Denn es handelt sich um das königliche Schlafzimmer. Viktor Emanuel II., der erste König Italiens, hatte das Jagdhaus für sich und seine Geliebte, das Bauernmädchen Rosa Vercellana bauen lassen.

Wenn ihn die Amtsgeschäfte, das höfische Leben oder die Ehefrau langweilten, zog sich der Regent in das Jagdhaus zurück, einen Tagesritt südlich von Turin gelegen. Dort, in der wilden Hügelwelt der Langhe, in der Gesellschaft seiner bäuerlichen Untertanen, in den Armen seiner Geliebten – da war er glücklich.

Mit Wein hat die Geschichte nicht viel zu tun, sieht man davon ab, daß das Jagdhaus heute Bestandteil des Weingutes Fontanafredda ist. Bemerkenswert ist nur, welch intime Kenntnis die Zeitgenossen vom privaten Leben seiner königlichen Hoheit besaßen und wie genau sie auch unbedeutende Details bewahrt haben. Sogar der Faltenwurf des obrigkeitlichen Gewandes und der Leberfleck am Hals der schönen Rosa sind auf den Ölgemälden, die an der Wand hängen, genau festgehalten. All das steht nämlich in krassem Gegensatz zu dem, was die Menschen des Gebietes über die Böden, das Klima, die Mikrobiologie des Weinbergs wissen – also darüber, wovon ihre Existenz abhängt: dem Wein.

Außer einer groben entstehungsgeschichtlichen Klassifizierung der Böden gibt es heute keine präzisen Unterlagen. Während in Bordeaux jeder

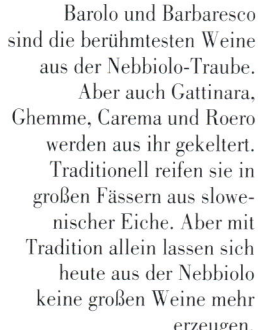

Barolo und Barbaresco sind die berühmtesten Weine aus der Nebbiolo-Traube. Aber auch Gattinara, Ghemme, Carema und Roero werden aus ihr gekeltert. Traditionell reifen sie in großen Fässern aus slowenischer Eiche. Aber mit Tradition allein lassen sich heute aus der Nebbiolo keine großen Weine mehr erzeugen.

Quadratmeter Boden wissenschaftlich untersucht ist, sind im Piemont das geologische Feinraster der Landschaft und die kleinklimatischen Besonderheiten noch weitgehend unbekannt. Bis vor 20 Jahren waren noch nicht einmal die genaue Größe und Aufteilung der Weinberge genau dokumentiert. Als 1966 die kontrollierte Ursprungsbezeichnung D.O.C. für Barolo und Barbaresco eingeführt wurde, schmunzelten die Winzer nur über das Gesetz. In ihm waren zum Beispiel die Höchstmengen an Trauben festgelegt, die pro Hektar Weinberg geerntet werden durften. Doch niemand war in der Lage, die Einhaltung der Bestimmungen zu überwachen. Wieviel Hektar der Zone mit Reben bestockt waren, konnte niemand auf den Katasterämtern genau angeben. Die meisten Weinberge waren gar nicht oder nur ungenau vermessen. Amtliche Unterlagen darüber, wo die Grenze zwischen zwei Weinbergen verläuft, besaßen nicht einmal die Winzer. Nur ein einziges Gut gab es zur damaligen Zeit, dessen Rebenbesitz genau erfaßt war: Fontanafredda. Dieses Weingut, das nach Abschaffung der Monarchie in Italien an eine große Bankgesellschaft verkauft worden war, wurde bereits früh nach betriebswirtschaftlichen Gesichtspunkten geführt. Die Größe seines eigenen Weinbergbesitzes war genau bekannt, die Lage präzis dokumentiert. Glücklich machte dieser Umstand die Direktoren des Gutes jedoch nicht. Sie waren nämlich die einzigen, die sich an die Höchstmengenbegrenzungen halten mußten. Folge: Der 67er Jahrgang, der erste D.O.C.-Barolo, geriet bei Fontanafredda außergewöhnlich gut.

GEWANDELTE ZEITEN: ALLES UNTER KONTROLLE

Inzwischen hat sich die Situation geändert. In der Provinz Cuneo, zu der die Anbaugebiete von Barolo und Barbaresco gehören, sind etwa 70 Prozent der Weinberge genau im Kataster erfaßt. Damit nimmt diese Provinz eine Spitzenstellung in Italien ein. Man hat erkannt, welche Bedeutung der Wein gerade dort hat und wie wichtig es ist, die Qualität zu sichern – soweit das durch Gesetze möglich ist. Gäbe es den Wein nicht, wären die Menschen im Piemont arm dran. Vor allem in der Langhe bliebe ihnen wenig, von dem sie leben könnten. Die Böden sind karg. Sie lassen nur wenige andere landwirtschaftliche Nutzungsmöglichkeiten zu. Auch der Touristenstrom würde schnell versiegen, denn die Trüffel allein zieht die Menschen nicht an, und eine wirkliche Ferienlandschaft ist das Land um Alba auch nicht. Es fehlt an modernen Hotels, an Wanderwegen, an Sportmöglichkeiten. Es ist ein zutiefst ländlicher Lebensraum, bevölkert von großgewachsenen, stämmigen Menschen mit knochigen Gesichtern, buschigen Augenbrauen und mächtigen Händen, eher wortkarg, dickschädelig, aber lebensfroh und ungemein tüchtig. Den bescheidenen Wohlstand, der hier und da sichtbar wird, verdanken sie ihrem Fleiß und ihrer Fähigkeit, den Boden zu bearbeiten – und der Nebbiolo. So heißt die Rebe, welche die Menschen der Langhe derart zur Leistung herausfordert. Aus deren Trauben werden die Weine gekeltert, die für den guten Ruf des Piemont verantwortlich sind: Barolo und Barbaresco heute, vor 200 Jahren der Gattinara, vor 2000 Jahren Weine, die jetzt unter den Namen Carema und Ghemme bekannt sind und damals von den Römern sehr genossen wurden. Letztere wachsen an den Südhängen der Alpen, welche das Piemont zum Tessin hin abgrenzen: kleine Rebeninseln, die zusammen nicht größer sind als die Weinberge des größten Gutes in der Langhe. Aber die Weine, die von dort kommen, gehören zu den charaktervollsten des Piemont.

SCHWER VERGLEICHBAR: DIE NEBBIOLO-WEINE

Die Nebbiolo-Rebe ist eine noble Sorte. Sie ergibt Weine mit viel Tannin und erhöhter Säure. Außerhalb des Piemont wird sie nur noch im Veltlin angebaut. Ein paar Reben stehen südlich des Lago d'Iseo bei Brescia, vereinzelt auch im Valpolicella. Schließlich haben einige Reben-Pioniere in Kalifornien ein paar Hektar mit ihr bestockt. Doch hochklassige Weine bringt die Nebbiolo nur im Piemont hervor. Das Besondere an ihnen ist ihr Duft und das

Roberto Voerzio kombiniert im Keller traditionelle und moderne Elemente. Seine drei Lagen-Barolo werden in Barriques ausgebaut, aber nach der traditionellen Methode vergoren. Resultat: kräftige Weine mit »polierten« Tanninen.

Domenico Clerico gilt als Modernist. Sein Tafelwein Arte, in Barriques gereift, gehört zu den gefragtesten Neuschöpfungen des Piemont. Sein Barolo ist dagegen im traditionellen Holzfaß ausgebaut. Er ist dicht, weich, elegant.

27

Pio Boffa, der junge Inhaber des Weinhauses Pio Cesare, ist überzeugt, daß Barolo und Barbaresco nicht nur mächtige Weine sind, sondern auch zart und elegant sein können. Sein Barolo Ornato belegt es.

28

Enrico Scavino gehört zu den erfolgreichsten Weinmachern der 80er Jahre. Sein Barolo Bric del Fiasc ist ein muskulöser Wein, aber sanft und fein im Inneren und ohne die Härten vieler anderer Nebbiolo-Weine.

Aroma. Die Versuche, es zu beschreiben, muten immer etwas bizarr an. Man spricht vom Parfüm verblühter Rosen, vom Duft warmer Erde oder feuchten Herbstlaubs, das sie verströmen. Häufig ist auch von Lakritze, Teer, Terpentin, Trüffel, Pfefferminz, Gummi, Schokolade, geröstetem Kaffee oder gerösteten Haselnüssen die Rede. Aromen, welche den Menschen vertraut sind und als Wohlgeschmack empfunden werden, kommen dagegen seltener vor, etwa Spuren von Kirsche oder Himbeere, Pflaume oder der schwarzen Johannisbeere. Jedenfalls sind Nebbiolo-Weine nur schwer mit anderen großen Weinen zu vergleichen, was zur Folge hat, daß viele Weintrinker, für die der Bordeaux Inbegriff eines großen Weins ist, von Barolo und Barbaresco oft Abstand nehmen läßt. Ihnen kommen diese Weine irgendwie fremd vor. Sie stört die Säure und die Farbe, welche nie jenes tiefe Dunkelrot annimmt, wie es ein Bordeaux aufweist. Andere mögen das Tannin nicht. Es kann den Wein hart machen. Kaum daß er über die Zunge läuft, zieht sich der Gaumen zusammen, beginnt zu pelzen. Sicher, ein ähnliches Problem haben die Bordeauxtrinker auch. Aber die meisten Châteaux haben gelernt, mit dem Tannin umzugehen. Sie betten ihre Weine in viel weichen Fruchtschmelz ein. Sie haben hundert, zweihundert Jahre Zeit gehabt, nach der richtigen Dosis für das Tannin zu suchen, vor allem aber, Methoden zu finden, wie aus dem bitteren, schneidenden Tannin weiche, geschmackreiche Aromabestandteile werden. Piemont hat zwar auch eine lange Weinbautradition, aber mit den Tanninen nahm man es nicht so genau. Man ließ den Wein lange auf den Schalen gären, damit er möglichst viel Tannin aufnehmen konnte. Tannin steckt in den Schalen. Außerdem wurden früher die Stengel mitvergoren. Auch sie enthalten Tannin. Das Resultat waren schwere, von Gerbstoff strotzende Weine, die nach heutigen Maßstäben wahrscheinlich überladen und plump wirken würden. Aber der weitaus größte Teil des Weines wurde von den Piemontesern selbst getrunken. Er mußte also nur ihnen gefallen. Und das tat er.

Die traditionelle Methode, Tannine weich zu machen, bestand darin, den Wein fünf oder zehn Jahre im Faß zu lassen. Allerdings war er dann auch welk und oxidiert. Doch das störte die alten Weinnasen nicht, die fortwährend falsche Lobgesänge auf Barolo und Barbaresco anstimmten, mit welchen die Fehler des Weins zu seinen hervorstechendsten Eigenschaften umformuliert wurden – ein Stigma, unter dem Barolo und Barbaresco teilweise heute noch leiden. Viele Gattinara, die ein ähnliches Schicksal ereilte, sind aus diesem Grunde vom Markt verschwunden. In Ghemme ist der Weinbau fast völlig zum Erliegen gekommen, weil die Weine entweder alt und muffig schmeckten oder ungenießbar hart waren. Wenn die Winzer des Barolo und Barbaresco inzwischen einen Weg aus dem Dilemma gefunden haben, so nur, weil eine neue Generation herangewachsen ist, unter der sich einige kritische und experimentierwillige, zugleich reisefreudige Persönlichkeiten befanden, welche in Frankreich und Kalifornien nachschauten, wie die Kollegen dort das Problem lösen. Viele dieser Pioniere, die zumeist in den sechziger und siebziger Jahren die Bühne betraten, bilden heute die Elite des Barolo und Barbaresco: Bruno Giacosa, Aldo Conterno, die Brüder Ceretto, um nur einige zu nennen. Ihre Weine sind keineswegs arm an Tannin und meist nur zwei oder drei Jahre im Faß gereift. Trotzdem laufen sie wie Samt über den Gaumen, schmecken frisch, haben Frucht und verfeinern sich im Laufe der Jahre statt zu altern.

BAROLO UND BARBARESCO

Barolo und Barbaresco sind zwei verschlafene Dörfer, gerade 20 Kilometer auseinander liegend. Ihre Weine sind ähnlich, aber doch auch wieder recht verschieden. Das Anbaugebiet von Barbaresco liegt etwas niedriger. Die Böden sind stärker mit Sand durchmischt, das Klima um ein paar Grad wärmer. Dort ergibt die Nebbiolo in der Regel etwas leichtere Weine. Sie besitzen weniger Tannin, mehr Frucht und sind am Anfang nicht so verschlossen. Doch was heißt leichter? Sie sind immer noch körperreich, mächtig und manchmal von einem Barolo kaum zu unterscheiden. Im Anbaugebiet von Barolo ziehen sich die Weinberge dagegen bis auf 500 Meter hoch. Die Weine besitzen mehr Säure, mehr Tannin und eine größere Komplexität, wie die Experten sagen. Sie sind langlebiger, mächtiger, raffinierter, wenn sie gut gemacht sind. Auch scheinen die Barolo-Winzer etwas aufgeweckter zu sein als ihre Kollegen in Barbaresco. Sie sind, sieht man von einigen wenigen bekannten Namen dort ab, diesen in allen Belangen um ein paar Jahre voraus. Die Weine der Conterno, Mascarello, Ratti, Prunotto, Vietti oder Ceretto sind heute bereits Klassiker. Jeder ihrer Erzeuger hat mindestens 20 Jahrgänge vinifiziert und dabei gezeigt, welch feiner, manchmal sogar großer Wein aus der Nebbiolo werden kann. In Barbaresco beginnt sich dagegen erst jetzt eine Aufbruchstimmung breit zu machen. Die Versuche vieler junger Winzer häufen sich zwar, mehr aus dem Wein zu machen als ihre Väter. Doch die Resultate sind noch rar. Auf eine 20jährige Erfahrung können nur wenige zurückblicken, und von diesen sind es nur zwei, die mit ihren Weinen internationale Klasse demonstriert haben: Giacosa und Gaja.

BARRIQUES AUF DEM VORMARSCH

Die Entwicklung ist also nicht abgeschlossen, auch in Barolo nicht. Im Gegenteil: Es wird weiter experimentiert. Die nächste Generation, die nach vorne drängt, löst sich noch rigoroser von alten Vorbildern, wobei sie ihr Augenmerk mehr auf die Eleganz der Weine als auf das Gewicht legt. Sie möchte aus dem Barolo einen geschliffenen Wein machen, der trotz seiner Schwere leicht trinkbar ist und nicht erst am Sankt-Nimmerleins-Tag genossen werden kann. Anklänge an andere, erfolgreiche Weine aus außeritalienischen Anbaugebieten sind dabei durchaus gewollt, und sei es nur, daß sie in einem ähnlichen Holzfaß ausgebaut werden wie diese. Die kleinen Fässer aus junger französischer Eiche, Barriques genannt und ursprünglich nur zur Tradition des Bordeauxweines gehörend, werden auf einmal auch für die Nebbiolo als geeignet erachtet. Roberto Voerzio aus La Morra, Jahrgang 1953, erzeugt drei Barolo von verschiedenen Lagen und baut alle drei in diesen Fässern aus. Sie geben ihnen in den ersten Jahren, wenn der Wein noch »grün« ist, einen volleren Geschmack und mehr Weichheit. Auch Pio Boffa aus Alba läßt, seit er seinen Vater abgelöst hat und selbst Inhaber der Kellerei und der Weingüter von Pio Cesare geworden ist, seine Barolo in den kleinen Fässern reifen. Er könne, sagt er, Weintrinkern mit geschulter Zunge weder knochige junge noch die stinkigen alten Barolo zumuten. Bruno Rocca aus Barbaresco, Jahrgang 1967, nutzt gleichfalls die Vorzüge der kleinen Fäßchen. Er glaubt, daß sich das Tannin des Holzes gut mit dem Tannin des Weines verbindet. Solange das Holz neu ist, gibt es Tannin, also Gerbstoff, an den Wein ab. Dieses Tannin ist weich, geschmeidig und verleiht dem jungen Wein, der noch bitter schmeckt, eine würzige Süße – ein Aroma, wie es viele der großen Rotweine der Welt auch zeigen. Er selbst liebt den Chambertin. So einen Wein erzeugen zu können, wäre sein Traum.

TRADITION UND MODERNE: FALSCHE ALTERNATIVE

Um die Entwicklung im Piemont zu beschreiben, werden oft die Begriffe Tradition und Moderne gebraucht. Tradition steht dabei für schwere, tanninbeladene Weine und lange Faßreife. Modern beinhaltet dagegen eine verkürzte Maischegärung und der Einsatz von Barriques für die Reifung, so daß am Ende schlanke, weniger harte Weine herauskommen. Dieses Begriffspaar beschreibt die Richtung des Fortschritts jedoch nicht korrekt. Denn die Bemühungen vieler jüngerer Winzer gehen nicht dahin, Barolo und Barbaresco vom Tannin, dem Markenzeichen von Barolo und Barbaresco zu entschärfen. Sie wollen lediglich die besseren, die weichen Tannine. Ein typisches Beispiel dafür ist Domenico Clerico aus Monforte. Sein Barolo ist gehaltvoll und kräftig. Aber er ist keine Tanninpeitsche. Er ist fruchtig und hinterläßt einen Eindruck von beeriger Fülle. Auch nach zehn Jahren wirkt er, gute Jahrgänge vorausgesetzt, frisch und unverbraucht.

Clerico gilt als Modernist. Er verzichtet auf den *cappello sommerso*, wälzt lediglich die Maische täglich um. Er möchte nur die saftigen, edlen Tannine aus den Beerenhäuten holen, nicht die bitteren. Aber der Rest ist Tradition: Ausbau des Weins in großen alten Holzkufen, keine Barriques. Wenn Erfolg ein Gradmesser ist, zählt er zu den besten Barolo der Zone.

Barriques benutzt er dagegen für seinen zweiten Wein. Er heißt Arte, ist ein *vino da tavola* und wird auf nahezu dieselbe Weise erzeugt. Nur geht er, statt zwei Jahre ins große Holzfaß, ein Jahr ins Barrique, wo die Tannine »poliert« werden. Um mehr Frucht zu bekommen, hat Clerico ihm fünf Prozent Barbera-Trauben zugegeben. Resultat: ein Wein, der auch bei Personen, die dem Barolo reserviert

Elio Grasso war Bankdirektor in Turin, bevor er mit 40 das Weingut der Familie übernahm. Seit Mitte der 80er Jahre kommen aus seinen Rebbergen konzentrierte, stilvolle Barolo und Barbera.

Michele Chiarlo hat jahrelang Trauben gekauft, um Wein zu machen. Jetzt hat er in zwei der besten Lagen der Barolo-Zone auch eigenes Rebland erworben: Cannubi und Cerequio. Qualität muß im Weinberg erzeugt werden, sagt er.

gegenüber stehen, Begeisterung ausgelöst hat. Arte gehört zu den gefragtesten Neuschöpfungen des Piemont.

Ein anderer, der dabei ist, einen Schritt weiter zu gehen als andere, ist Enrico Scavino. Noch immer in einfachsten bäuerlichen Verhältnissen lebend, erzeugt er einen Barolo, der stets eine Gratwanderung zwischen bester Tradition und höchster Eleganz macht. Er ist modern und traditionell zugleich. Die Maischegärung, die bei seinem Vater immer 30 bis 40 Tage lang dauert, hat Scavino auf die Hälfte der Zeit verkürzt. Den *cappello sommerso* hat er dagegen beibehalten. Barriques benutzt er bisher nicht. Aus dem Barolo einen leicht trink-

Guido Fantino ist einer der erfolgreichsten Newcomer des Piemont. Seine Barolo und sein Tafelwein Mompra bestechen nicht durch Schwere, sondern durch Feingliedrigkeit und Konzentration.

baren Wein zu machen, könne nicht das Ziel sein, ist er überzeugt. Trotzdem will er dem Wein seine Härten nehmen.

TRADITIONELLE STRUKTUREN SIND NOCH ERHALTEN

Piemont ist ein bäuerliches Land. Die Menschen dort sind erdverbunden, konservativ und katholisch. Was, historisch gesehen, von Großstädten wie Turin oder Mailand ausging, fand ihre Billigung noch lange nicht. Fremde Einflüsse wehrten sie immer ab. Sie liebten die Arbeit unter freiem Himmel und brauchten festen Boden unter den Füßen. Der mußte nicht aus Rebland bestehen. Wein anzubauen, war in der Langhe immer nur ein Teil der bäuerlichen Mischwirtschaft. Man hatte ein paar Kühe im Stall, ließ Mais oder Getreide hinter dem Hof wachsen, pflegte seine Pfirsichkulturen, Haselnußsträucher, Erdbeerfelder. Trauben waren nur eine von mehreren Feldfrüchten. Ein bißchen von dieser kleinbäuerlichen Zersplitterung des Grundbesitzes spiegelt noch heute die Weinbergstatistik wider. In den Anbaugebieten von Barolo und Barbaresco stehen derzeit knapp 1700 Hektar unter Reben. Fast ebenso viele Winzer gibt es dort. Das heißt: Die durchschnittliche Rebfläche beträgt dort einen Hektar. Viele Winzer besitzen sogar nur ein paar Morgen. Sie verkaufen ihre Trauben im Herbst an Kellereien oder liefern sie an die Genossenschaften. Denn mit so wenig Land lohnt es nicht, einen eigenen Wein zu machen. Traditionell gibt es in der Langhe also viele Winzer und wenige Weinmacher. Namen wie Pio Cesare, Franco Fiorina, Vietti, Prunotto standen (und stehen auch jetzt noch) für die hohe Kunst, Trauben aus geeigneten Lagen zu kaufen und feine Weine aus ihnen zu erzeugen.

In den letzten 20 Jahren haben jedoch immer mehr Winzer begonnen, ihre Trauben selbst zu Wein zu verarbeiten. Aber viele erzeugen ihn so wie ihre Väter, wenn diese Wein zum Hausgebrauch oder für die Osteria um die Ecke brauchten. Der Sinn für die Feinheiten ist wenig ausgeprägt, die Notwendigkeit, sich Kenntnisse zu verschaffen, wollen sie nicht einsehen. Viel Dickköpfigkeit

kommt da zum Vorschein, viel Skepsis gegenüber neuen Methoden. Vielen reicht die Gewißheit, daß es Barolo oder Barbaresco sind, die sie erzeugen, um das Prädikat »besonders wertvoll« für ihre Weine zu beanspruchen. Nur langsam setzt sich die Erkenntnis durch, daß Barolo nicht gleich Barolo ist und zwischen zwei Barbaresco Welten liegen können. Oft ist diese Erkenntnis mit der bitteren Erfahrung verbunden, daß der Nachbar für seinen Wein den doppelten Preis bekommt, obwohl der eigene ebenfalls die Anerkennung als D.O.C.G.-Wein hat und somit den höchsten in Italien geltenden Qualitätsvorschriften genügt. Diese Vorschriften stellen aber, wie überall auf der Welt, nur formale Kriterien auf, denen ein Wein genügen muß. Sie legen zum Beispiel fest, daß nicht mehr als 52 Hektoliter Wein pro Hektar Rebland erzeugt werden dürfen. Sie schreiben vor, daß dieser Wein drei Jahre lang (Barbaresco: zwei Jahre) im Keller reifen muß, davon zwei Jahre im Holzfaß (Barbaresco: ein Jahr). Sie regeln, daß der Barolo mindestens 12,5 Prozent natürlichen Alkohol, der Barbaresco 12 Prozent aufweisen muß. Solche Alkoholgradation kann die Nebbiolo-Traube in schlechten Lagen nicht erreichen. Vor allem schreiben die Bestimmungen vor, daß die Weine von einer unabhängigen Expertenkommission verkostet werden müssen, bevor sie sich Barbaresco oder Barolo nennen dürfen. Trotzdem existieren große Qualitätsunterschiede. Es gibt, nicht nur in kleinen Jahren, viele magere Weine, die unbemerkt zwischen den Papillen verrinnen. Es gibt unbalancierte Weine, die bitter und säuerlich schmecken. Schließlich gibt es die alkoholischen Weine mit gewaltigen Mengen an hartem Tannin, welches Frucht und Feinheit völlig verdeckt. Die D.O.C.G.-Verkoster sollen diese Qualitätsunterschiede nicht bewerten. Sie müssen nur fehlerhafte Weine aussortieren. Für Qualität bleibt der Winzer selbst verantwortlich.

WEINBERGE WERDEN ZUM SPEKULATIONSOBJEKT

Die ehrgeizigen, jüngeren Winzer konzentrieren sich denn auch viel stärker auf den Weinberg als auf den Keller. Sie glauben, daß der hundertjährige Rückstand, den das Piemont in puncto Kellertechnik aufwies, erstmal aufgeholt ist. Ihnen geht es jetzt darum, die *prima materia* zu verbessern: beste Trauben zu erzeugen. Tat man das bisher nicht? Schon, doch auch wenn die Reben im Winter streng zurückgeschnitten, die Trauben im Sommer kräftig ausgedünnt werden, ist das noch nicht alles. Elio Grasso aus Monforte, der 1985 einen der besten Barolo gemacht hat, sieht klar, daß über die Qualität der Tannine bereits im Weinberg entschieden wird. Er düngt nicht und spritzt keine Herbizide, um die Bakterienkulturen im Weinberg zu erhalten. Er pflanzt Reben quer zum Hang, um die Sonnen-

Bruno Rocca glaubt, daß sich das Tannin des Weins gut mit dem Tannin jungen Holzes verbindet. Sein Barbaresco aus der Lage Rabajà fasziniert denn auch durch Frucht und Lohe zugleich.

einstrahlung zu verbessern. Vor allem kommt es darauf an, den richtigen Nebbiolo-Klon zu kultivieren. Denn nicht alle Variationen liefern das gleiche mürbe, feine Tannin, wie die Winzer es sich wünschen.

Um international Erfolg zu haben, braucht es gute Lagen. Die aber sind rar, weshalb viele der Winzer, die in den achtziger Jahren mit ihren Weinen Aufsehen erregt haben, sofort zugeschlagen und neue Weinberge in guten Lagen gekauft haben, wenn sich ihnen eine Chance bot. Clerico hat mehrere Hektar neues Rebland in der Lage Ginestra gekauft. Elio Grasso ist gleich nebenan zum Besitzer eines sehr guten Weinbergs geworden. Das Weingut Sylla Sebaste hat Reben in der Lage Bussia gekauft, die zu den besten der Barolo-Zone gehört. Mauro Mascarello, der allerdings schon in den siebziger Jahren durch exzellente Weine aufgefallen ist, bemüht sich seit vielen Jahren um jeden Quadratmeter, den er von den Lage Monprivato zukaufen kann. Sie gehört zu den Standorten, wo große Barolo wachsen können. Valentino Migliorini, Besitzer des nicht mehr kleinen Weingutes Rocche dei Manzoni, hat ein größeres Stück in der erstklassigen Lage Santo Stefano di Perno zugekauft. Gaja hat auf einen Schlag sogar 50 Hektar hochwertige Lagen bei Serralunga gekauft. Auch große Weinhäuser, die ihre Aufgabe immer darin gesehen hatten, Trauben aufzukaufen statt sie selbst zu produzieren, drängt es auf einmal zum Landerwerb. Die Kellerei Franco Fiorina, die nie auch nur einen einzigen Rebstock besessen hat, hat auf einmal 20 Hektar in verschiedenen Zonen von Barolo zugekauft. Michele Chiarlo, ursprünglich ein reiner Traubenaufkäufer und Weinabfüller, hat in der hochwertigen Lage Cannubi 2,5 und in der Spitzenlage Cerequio 5,5 Hektar Reben erworben. Der Spumante-Produzent Gancia aus Canelli hat sich ebenfalls für viel Geld in der Barolo-Zone eingekauft. Alle erkennen auf einmal, daß die Qualität des Weines vor allem im Weinberg gesteigert wird. Rebland ist so zum Spekulationsobjekt geworden.

ERSTKLASSIGE WEINE VON DRITTKLASSIGEN LAGEN

Angesichts hoher Bodenpreise mußte zwangsläufig die Frage auftauchen, ob die vermeintlichen Spitzenlagen auch wirklich die besten Weine ergeben. Unübersehbar ist, daß einige vorzügliche Barolo auch von Lagen kommen, die traditionell nicht zu den erstklassigen gehören: Josetta Saffirios Barolo von der Lage Castelletto, Bruno Giacosas Barbaresco von der Lage Santo Stefano, Gajas Barbaresco Sori Tildin oder Guido Fantinos Barolo Ginestra. Letzterer ist zum Beispiel ein Wein, der durch Feingliedrigkeit auffällt, nicht durch die extreme Tanninkonzentration, wie so viele andere Barolo von Monforte. Fast immer bekommt er von der Fachpresse hohe und höchste Belobigungen.

Fantino hat eine Erklärung dafür. Wucht und Schwere seien nämlich, so glaubt er, keine Kriterien, an denen sich die Qualität eines Weins bemißt. Zartheit und Eleganz sind wichtiger – ihm zumindest.

Das ist recht salopp gesagt. Was er meint, wird noch deutlicher an seinem Mompra, einem ungewöhnlich geschliffenen *vino da tavola*, der zu einem höheren Preis verkauft wird als der eigene Barolo. Der Name dieses Weines steht für ein piemontesisches Dialektwort: *monte prato*. Es bezeichnet jenen Teil eines Berges, der früher mit Wiesen bedeckt war, also den unteren Teil. Tatsächlich befanden sich früher am Fuße des Weinbergs Ginestra Wiesen. Für Reben war der obere Teil reserviert. Jetzt stehen auch unten Reben, nämlich die Sorten Nebbiolo und Barbera. Aus ihnen ist der Mompra je zur Hälfte gekeltert. Verglichen mit den berühmten Lagen der näheren Umgebung, ist Mompra eine drittrangige Lage. Der Wein jedoch ist erstklassig. Was für einen Barolo vielleicht zu wenig ist, kann für einen Wein seiner Art gerade richtig sein.

Anders gesagt: Viele der erfolgreichsten *barolista* der letzten Jahre wollen gar nicht um jeden Preis den schwersten Barolo mit den größten Massen an Tannin erzeugen. Ihr Ehrgeiz ist es vielmehr, elegante und zarte Weine aus der Nebbiolo-Traube zu gewinnen.

VON NATUR AUS ELEGANT: DER GHEMME

Vielleicht ist das auch der Grund, weshalb die Weine aus Ghemme wieder Aufmerksamkeit auf sich ziehen. Aus der kleinen Stadt bei Novara, in dem der Weinbau in den sechziger Jahren völlig zum Erliegen gekommen war, kommen heute wieder einige interessante Gewächse. Die besten erzeugen die Brüder Arlunno in ihrem Weingut Antichi Vigneti di Cantalupo. Sie sind weder vom Kaliber eines Barbaresco noch dem eines Barolo. Aber an Zartheit übertreffen sie manchen Wein dieser beiden Zonen. Die stark mineralhaltigen Böden, wie sie hier angetroffen werden, lassen aus der Nebbiolo-Traube, die dort Spanna genannt wird, fruchtintensive, würzige Weine entstehen. Auch sind sie reich an Tannin, aber das Tannin besitzt nicht die schneidende Härte wie die Weine von Alba sie bisweilen aufweisen. Alberto Arlunno, der die Verantwortung für sie trägt, kann auf Barriques leicht verzichten. Sich an andere, international erfolgreiche Weine anzulehnen, interessiert ihn überhaupt nicht. Sein Interesse gilt allein der Stadt und ihrer alten Weinbautradition. Ghemme ist eine alte römische Siedlung. Agamium hieß sie früher. Die Römer wußten guten Wein zu schätzen, und Arlunno ist sich sicher, daß dies ein wichtiges Motiv für die Stadtgründung war. Daß sie offenbar nicht die schweren Weine, sondern die eleganten vorzogen, erfüllt ihn mit besonderem Stolz.

Alberto Arlunno und seine Brüder haben den Ghemme wieder zu Ehren gebracht. Antike Funde beweisen, daß die Römer schon vor 4000 Jahren in Ghemme Reben kultivierten. Ihre Weine tragen daher lateinische Bezeichnungen: etwa Collis Breclemae.

Import und Vertrieb anspruchsvoller italienischer Weine

PIEMONTE
La Battistina
Alfredo Prunotto
Renato Ratti
Giacomo Bologna
Angelo Gaja

LOMBARDIA
Ca 'del Bosco

FRIULI
Silvio Jermann
Torre Rosazza
Puiatti
Mario Schiopetto

VENETO
Leonildo Pieropan
Fausto Maculan
Nino Franco

TRENTINO
Pojer & Sandri
Roberto Zeni
Istituto Agrario Provinciale
Madonna delle Vittorie
Foradori
Alois Lagleder

SARDEGNA
Cantina Sociale di Dolianova

TOSCANA
Badia a Coltibuono
Isole e Olena
Capannelle
Castello di San Polo in Rosso
Vinattieri
Fontodi
Castello di Ama
Col D'Orcia
Castello dei Rampolla
Castello di Verrazzano
Tenuta di Ghizzano
San Giusto a Rentennano
Travignoli
Fattoria di Felsina
Capanna

Bitte fordern Sie unsere Liste an.

Wir importieren
ausschließlich aus Italien eine
Vielzahl sehr guter Weine.
Unsere Kunden sind die
anspruchsvolle Gastronomie
und der Liebhaber italienischer
Lebensart.

gisy vino KG
Import und Vertrieb
anspruchsvoller Weine
Groß-Buchholzer Kirchweg 72B
3000 Hannover 51
Telefon (05 11) 5 46 34 34 / 32 70 73
Fax (05 11) 32 28 59

DIE ALBEISA-FLASCHE

Bella Figura

Die Weine von Alba haben, was viele andere Weine nicht haben: eine eigene Flasche: die Albeisa. Aber nur die eine Hälfte der Winzer benutzt sie. Die andere zieht Bordeaux-Flaschen vor. Wie lange noch?

I n Alba gibt es eine Flasche, die nur für Barolo, Barbaresco und die anderen Weine von Alba erfunden worden ist. Sie wird aus rotbraunem Glas gezogen, hat einen verhältnismäßig kurzen Hals, abfallende Schultern und einen langgestreckten Bauch. Ihr Name: *Albeisa*. Zu deutsch: die aus Alba. »Schlank und majestätisch zugleich«, beschreiben ihre Erfinder sie, wobei – wie sie gern zugeben – ihre Lichtgestalt nicht am Reißbrett entstanden ist.

Wie aus Scherben, die in der Erde gefunden worden waren, zu schließen ist, mußten Ende des 17. Jahrhunderts Flaschen dieser oder ähnlicher Form in der Langhe existiert haben, um Wein zu transportieren und aufzubewahren. Die Erfinder sind neun Weingüter, die sich 1973 zur *Unione dei Produttori Vini Albesi* zusammengeschlossen haben. Sie nahmen die alte Form als Vorbild, verbesserten nur ihre Eigenschaften, damit sie auch den Anforderungen an Bruchfestigkeit und Stapelbarkeit standhielt: Das Glas wurde dicker und weniger lichtdurchlässig. In den Hals mußten auch lange Korken passen. Überzeugt von der Güte und Bedeutung ihrer Weine, fanden sie, daß diese ein eigenes, unverwechselbares Behältnis verdienten, welches sie schon rein äußerlich von anderen Weinen unterschied. Fast alle anderen großen Weine der Welt, so erkannten sie, hatten ebenfalls ihre eigene Flasche: die Bordeaux-Weine, die Burgunderweine, der Champagner, sowie der Riesling vom Rhein.

Die *Albeisa* wurde ein Erfolg. Die Zahl der Mitglieder stieg von neun auf 90. Heute liegt sie bei 140. Rund fünf Millionen Flaschen werden jedes Jahr produziert. Allerdings ist auch die Zahl der Winzer, die eigene Weine abfüllen, in dieser Zeit erheblich gestiegen. Allein vom Barolo und Barbaresco werden jedes Jahr zusammen 10 Millionen Flaschen abgefüllt. Das heißt, ein großer Teil der Weingüter von Alba benutzt andere Flaschen: schwere Bordeaux-

Flaschen aus dickem Glas, schon im leeren Zustand fast zwei Pfund schwer, oder die breitschultrigen, langgezogenen, zum Fuß hin konisch zulaufenden Flaschen, wie sie früher für alte Lafite oder Latour verwendet wurden, gewichtige Burgunderflaschen mit extralangen Zapfen, elegante Schlegelflaschen mit langem Hals und dickem Bauch. Kurz: Gegen diese Behältnisse ist das Glas, das einen Cheval Blanc oder einen Chambertin umgibt, nachgerade ärmlich. Daß ein teurer Wein – und das soll der ihre ja sein – in einer bescheidenen Flasche verpackt ist, ist für viele nicht hinnehmbar. Es widerspricht ihrer kaufmännischen Logik, ihrem tiefen Empfinden für Qualität.

Typisch Italien: Unwiderstehlich der Wunsch *bella figura* zu machen, sich voneinander statt gegen andere zu unterscheiden. Schon daß sie als die typische Flasche bezeichnet wird, ist für viele ein Grund sie abzulehnen. Wer will schon typisch sein? Daß dann auch noch der Schriftzug »Albeisa« und nicht das eigene Familienwappen ins Glas geprägt ist, macht die ganze Sache für einige absolut unakzeptabel. Die Verführung, jeden Wein als ein Kunstwerk zu betrachten, ihm einen eigenen, glanzvollen Rahmen zu geben und ihn dann zu Liebhaberpreisen statt zu Marktpreisen zu verkaufen, ist in Italien seit jeher stark ausgeprägt. Dieser Verführung erliegen viele. Sie sehen sich, nur sich, und erkennen nicht, daß ihr Ansehen zuerst vom Ansehen des Anbaugebietes abhängt.

Über die Frage, ob die *Albeisa* »schlank und majestätisch zugleich« ist, muß gar nicht gestritten werden. Sie ist kein Kunstwerk. Aber sind Burgunder- und Bordeaux-Flaschen Kunstwerke? Das einzige, was diese der Albeisa voraushaben, ist die Tatsache, daß sie bekannter sind, und an Bekanntes lehnt sich Unbekannteres gerne an. Das ist bequem und kostet weniger, als besseren Wein zu erzeugen. Nicht daß es davon zu wenig in Italien gäbe. Aber an immer mehr italienischen Weinen, die in Designer-Flaschen stecken, ist teuer nur das Gebinde. Denn so viele Spitzenweine gibt es gar nicht, wie Designer-Flaschen kursieren. Besonders die Barolo- und Barbaresco-Trinker haben das schon gemerkt.

Die Winzer aus Alba sind die ersten in Italien, die eine eigene Weinflasche kreiert haben, übrigens auch für den Moscato und den Grappa. Die Flasche garantiert nicht, daß immer nur bester Wein in ihr enthalten ist. Sie sagt nur, daß der Wein aus Alba kommt. Sie ist also Ausdruck einer kollektiven Identität. An der mangelte es bislang, nicht an guten Weinen oder gutem Grappa.

Die typische Flasche für die Weine aus Alba ist die *Albeisa*. Sie ist nach historischem Vorbild gestaltet, aus UV-beständigem, rotbraunem oder grünem Glas gezogen. Auch für ihren Grappa haben die Winzer aus Alba eine eigene, elegante Flasche entworfen.

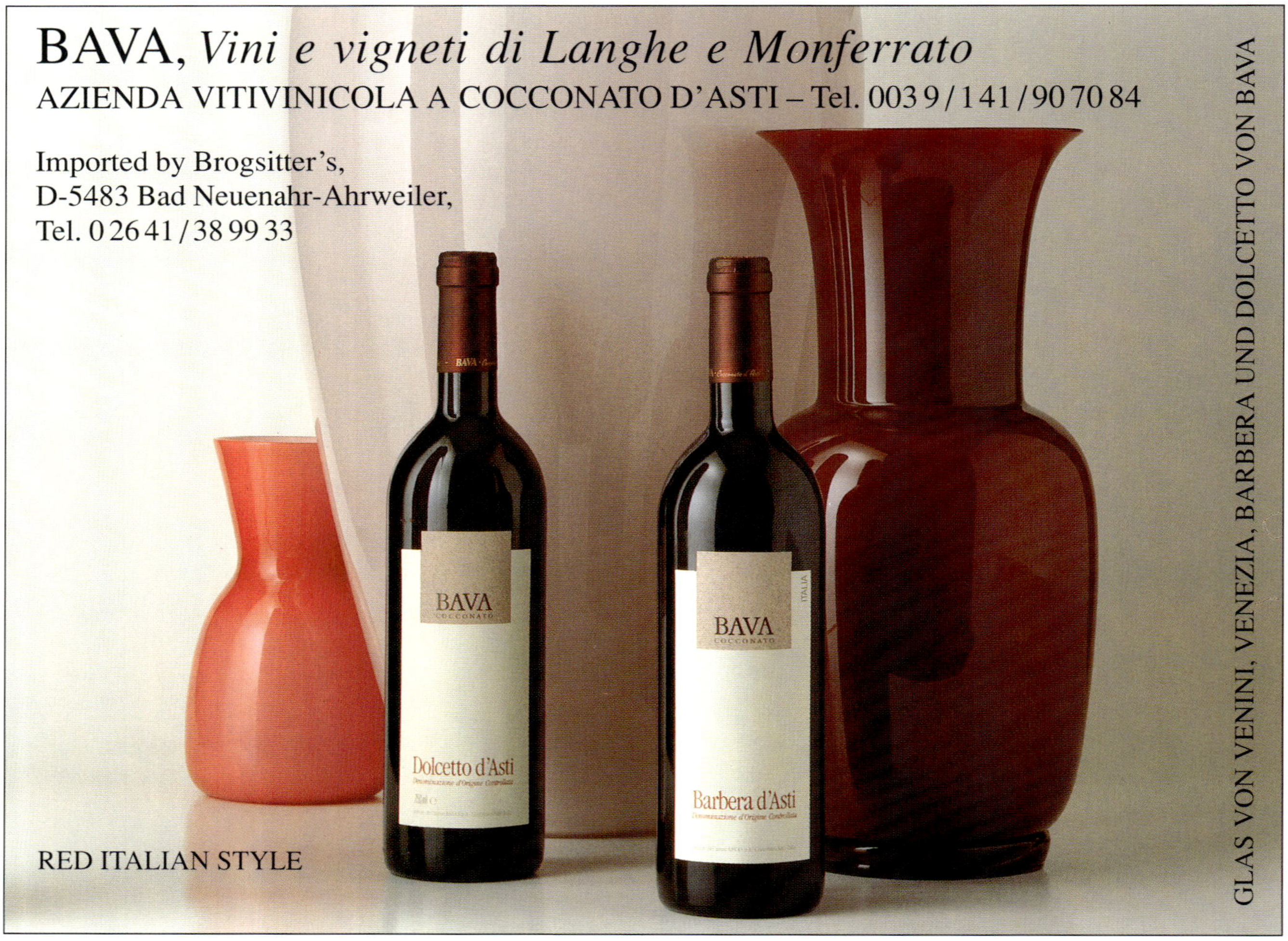

DIE ELITE

G roße Weine können nicht neu erfunden werden. In Bordeaux und Burgund, den beiden angesehensten Weinregionen der Welt, würde es niemand wagen, die grundlegenden Prinzipien der Weinerzeugung anzuzweifeln. Sie haben sich im Laufe der Jahrhunderte entwickelt, sind das Ergebnis vielfältiger Erfahrungen und unzähliger Irrtümer. Man weiß, was ein großer Rotwein ist, und ist sich der Art, wie er produziert wird, sicher. Jeder Versuch, neue Rebsorten einzuführen, die Methoden der Weinbereitung zu ändern oder die Prinzipien des Faßausbaus in Frage zu stellen, würde nur mitleidig belächelt werden.

Im Piemont ist die Sache komplizierter. Zwar werden auch dort seit Hunderten von Jahren charaktervolle, langlebige Rotweine erzeugt, doch eine Tradition gibt es nicht. Barolo und Barbaresco wurden noch bis in die fünfziger Jahre dieses Jahrhunderts hinein teilweise als süße Weine angeboten. Der Barbera wird noch heute oft als *frizzante* erzeugt, und den Dolcetto läßt man nicht selten auf den Schalen des Barolo nachfermentieren. Doch der Mangel verbindlicher Standards ist gar nicht das Hauptproblem. Groß sind Barolo und Barbaresco, auch wenn sie alle längst durchgegoren auf den Markt kommen, oft nur für jene Menschen, die ihnen ihre Schwächen großzügig verzeihen und ihre Fehler für Vorzüge halten: die Massen an rauhem Tannin zum Beispiel oder die leicht oxidative Note, welche traditionelle Weine so oft aufweisen. Dagegen sind jene Weintrinker, die sich zum ersten Mal diesen Weinen nähern, häufig weit weniger begeistert von dem, was ihnen präsentiert wird. Sie müssen sich dann mit dem vagen Hinweis vertrösten lassen, daß der Wein in 20 Jahren seinen Höhepunkt erreicht haben wird – ein fragwürdiges Qualitätsargument in modernen Zeiten.

Was in Bordeaux und im Burgund überflüssig sein mag, wurde und wird im Piemont dringend gebraucht: Menschen, welche die traditionellen Weinbautechniken überdenken und kritisch bewerten. Es gibt sie. Mal sind sie begnadete Kellermeister, mal leidenschaftliche Winzer, mal tüchtige Unternehmer, mal alles zusammen. Auf den folgenden 23 Seiten werden zehn Personen porträtiert, die in den letzten Jahren die Welt des Barolo und Barbaresco verändert haben.

Texte von Daniel Thomases
mit Fotografien von Hans-Peter Siffert

ALFREDO PRUNOTTO

Moderner Traditionalist

Er hat sich mehr Verdienste um den Barolo erworben als jede andere lebende Person. Trotzdem blieb es lange still um Beppe Colla. Jetzt feiern seine Weine Triumphe. Mit ihnen kommen die Leistungen eines Mannes ans Licht, der sich Traditionalist nennt, aber den modernen Barolo geprägt hat.

T radition und Innovation sind ein Gegensatzpaar, das man gebraucht, wenn die reiche önologische Szene des Piemont beschrieben werden soll. Die Weingüter und ihre Besitzer werden in aller Regel nach dem Schema ihrer Nähe zu dem einen oder anderen dieser beiden Begriffe untersucht und klassifiziert. Das ist eine bequeme, aber recht vereinfachte Methode, die Schafe von den Ziegen zu trennen. Sie wird vielen Schlüsselfiguren nicht gerecht, auch nicht vielen Persönlichkeiten, deren Stärke sich von ihrer Fähigkeit ableitet, eine gewisse Traditionstreue mit wißbegieriger Aufgeschlossenheit gegenüber neuen Entwicklungen zu kombinieren.

Beppe Colla, der Gründer (oder besser: Wiederbegründer) der Weinkellerei Alfredo Prunotto, wird allgemein der Schule der Traditionalisten zugerechnet. Aber man bedenke: Der junge Colla war der erste, der mit kleineren Eichenfässern lange vor 1953 experimentierte. Er war der erste, der Weinflaschen horizontal lagerte, um sicherzustellen, daß die Korken feucht blieben und nicht einschrumpften. Colla war auch der erste italienische Weinmacher, der lagenreine Weine produzierte. Er war der erste, der Barbera und Dolcetto mit Jahrgang auf den Markt brachte. Er war der erste, der längere Korken benutzte (1967), um die typischeren und langlebigen Weine seines Hauses besser zu konservieren. Er baute den ersten, auf die Erfordernisse moderner Weinherstellung hin konzipierten Keller der Zone, ebenso einen Spezialkeller für die Verfeinerung des Weines in Flaschen: eine beeindruckende Innovationsliste. Und Colla war der erste, der zugab, daß, wenn die Winzer von Alba fortführen, ihre Weine noch genauso wie vor 30 Jahren zu machen, sie diese bald nicht mehr verkaufen könnten.

Die Entscheidung, die Trauben vor der Gärung zu entrappen, die Gärzeit auf 15 bis 20 Tage zu reduzieren und sicherzustellen, daß die Weine anschließend einer sie weicher machenden malolaktischen Gärung unterzogen werden, ferner die Reifung in Holzfässern auf ein Maximum von 24 Monaten zu beschränken – all das ist von Beppe

Colla schon zu einem Zeitpunkt so entschieden worden, als die Weinwirtschaft von Barolo sich noch in einem tiefen Schlaf befand. Das Haus Prunotto, unter der Leitung von Colla, blieb der piemontesischen Tradition großer, starker und charaktervoller Weine treu, hat dabei aber immer auch gut trinkbare Weine produziert.

Prunotto entstand 1904 als eine kooperative Kellerei und wurde 1923 von Alfredo Prunotto aufgekauft. Vorher hatte Prunotto für führende Produzenten wie Burlotto und Mirafiori gearbeitet. Die überragenden Fähigkeiten dieses Mannes und seiner Frau, ihr strikt eingehaltener Qualitätsstandard und die Hingabe an ihr Werk machten ihr Haus zu einer der ersten bedeutenden Exportfirmen piemontesischer Weine (nach den USA, Brasilien, Argentinien und Äthiopien). Prunotto selbst wurde der Titel eines *Cavaliere* verliehen. Familienprobleme zwangen ihn, 1956 die Firma an Beppe Colla zu verkaufen. Colla, der sich 1949 auf der önologischen Fachschule in Alba graduiert hatte

Beppe und Tino Colla (rechts) haben das alte Weinhaus Prunotto zu neuem Glanz geführt. Der Keller ist im Geiste moderner Rationalität entworfen.

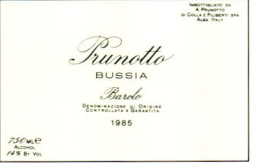

und unmittelbar danach zur Großkellerei Bonardi gegangen war (»Wir produzierten das gesamte Sortiment piemontesischer Weine plus Wermut und Spumante«), nahm 1959 den Önologen Carlo Filiberti als Partner in die Firma. Dieses Duo fällte jene Entscheidungen, welche die Tradition des Weinmachens in der Langhe verändern sollten.

Die folgenreichste Entscheidung, nämlich Weine von Einzellagen zu produzieren, fiel 1961 und bedeutete einen radikalen Bruch mit den önologischen Traditionen von Alba, deren Produzenten immer Gewächse verschiedener Lagen gemischt hatten in dem Bestreben, harmonischere Weine zu erzielen. Die beiden waren jedoch überzeugt, daß gewisse herausragende Lagen (von besonderer Bodenbeschaffenheit, mit hoher Sonneneinstrahlung und einem spezifischen Mikroklima) auch herausragende Weine hervorbringen, die nur verlieren, nicht aber gewinnen konnten, wenn sie mit anderen verschnitten wurden. Außerdem hatten sie die Erfahrung gemacht, daß diese Weine höhere Alterungsfähigkeit besitzen und daß sie ihren unverwechselbaren eigenen Charakter länger bewahren als die Basisweine desselben Gebietes.

Obwohl Colla sich von seinen Berufskollegen vorhalten lassen mußte, daß seine Idee, Weine nur aus einer einzigen Lage zu erzeugen, falsch sei, war er nicht davon abzubringen. 1961 kamen die ersten Cru-Weine auf den Markt: Barolo Bussia, Barbaresco Montestefano, Barbera Pian Romualdo, Nebbiolo Valmaggiore, Dolcetto Gagliassi, Freisa Diabol del Prete. Die Wahl der Crus erwies sich als goldrichtig. Montestefano und Bussia wurden später als erstrangige Lagen für Barolo und Barbaresco klassifiziert, während Pian Romualdo als beste Barbera-Lage angesehen wurde.

Heute, 30 Jahre später, verkauft das Haus Prunotto immer noch einen Barolo von der Lage Bussia, einen Barbaresco Montestefano, einen Barbera Pian Romualdo und einen Dolcetto Gagliassi. Neu hinzugekommen sind der Barbaresco Rabajà, Barolo Cannubi und Dolcetto Mosesco aus dem Dorf Rosello. Der Hauptsitz der Kellerei lag ursprünglich in einer eng bebauten, unbequemen Gegend mitten im Zentrum Albas, und um 1960 war es offensichtlich geworden, daß die Kellereien antiquiert, für moderne Weinerzeugung ungeeignet waren. Colla: »Die gesamte Örtlichkeit war nicht mehr erträglich, weder für den Wein noch für uns.« Das neue Kellergebäude wurde damals, noch bevor das unablässig wachsende Alba sie wieder einholte, draußen vor der Stadt, auf noch freiem Feld und im Geiste moderner Rationalität gebaut: zehn Gärtanks aus Edelstahl mit einer Kapazität von 100 und 125 Hektolitern, 45 Fässer aus slowenischer und französischer Eiche mit einem Fassungsvermögen von 30 bis 100 Hektolitern; die gesamte Raumtemperatur und Feuchtigkeit standen unter ständiger Kontrolle; ein unterirdischer Lagerraum für 450 000 Flaschen zur Verfeinerung des Weins unter optimalen Bedingungen – kurz eine *winery* im Stil Kaliforniens.

Colla hat nie ein Hehl daraus gemacht, daß er gegen französische Rebsorten im Piemont ist. Dieser Widerstand ergab sich nicht aus irgendeiner Angst vor önologischer Überfremdung der Region, sondern ganz einfach deswegen, weil er glaubt, daß seine heimatliche Region selbst ein sortenreiches Erbe besitzt, ein interessantes und bedeutendes Angebot, so daß der Import französischer Reben überhaupt nicht erforderlich ist, um die eigenen zu ergänzen. Aus dem gleichen Grund lehnt er es ab, den modernen Trend zur Produktion von Weißwein mitzumachen. Für ihn ist die Langhe ein Rotweingebiet par excellence, und lachend nennt er seinen Roero, einen weichen fruchtigen Nebbiolo aus Trauben, die auf den leichten sandigen Böden an der linken Uferseite des Tanaro wachsen, »unseren Hausweißwein«. Und obwohl er sich ebenfalls fernhält von dem augenblicklichen Trend zu kleinen Eichenfässern, rühren seine Zweifel aus direkter Erfahrung und nicht etwa aus Voreingenommenheit gegenüber französischen Methoden des Weinanbaus. Er hat 1953 mit ihnen experimentiert, fand jedoch, daß sie sich für Nebbiolo, Dolcetto und Barbera nicht eigneten. Er wandte sich nicht grundsätzlich gegen den Gebrauch französischer Eiche. Er selbst benutzt sie (allerdings in Form von großen Fässern von 36 und 50 Hektolitern Inhalt), um seinen Weinen einen Hauch von Frische und Lebendigkeit zu geben.

Tino Colla, Beppes jüngerer Bruder, trat 1986 in die Firma als zweiter Mann ein. Im Dezember 1989 wurde die Mehrheit der Anteile an Antinori verkauft, und sofort wurde damit begonnen, ein Programm zum Erwerb neuer Anbauflächen umzusetzen. Beppe Colla hatte immer seinen Erfolg der Freiheit des Weinhändlers zugeschrieben, sorgfältig auszuwählen und die richtigen Trauben dadurch zu finden, daß er sich nur auf sein Auge und seinen Geschmack verließ. Aber als viele kleine Winzer anfingen, ihre eigenen Weine selbst auszubauen, statt wie früher ihre Trauben zu verkaufen, und der Konkurrenzkampf um die besten Trauben sich laufend verschärfte, fand er seine Auswahlmöglichkeiten ständig verringert. So war die Entscheidung, eine garantierte Menge hervorragender Trauben dadurch zu gewinnen, daß er Anbaugebiete in den besten Lagen erwarb, eine logische Konsequenz. Der erste Erwerb von 11 Hektar in Bussia Soprana, einer der allerbesten Crus des gesamten Barolo-Gebietes, demonstriert, daß Scharfsinn und Kenntnis, die sein Haus seit 1956 immer ausgezeichnet haben, lebendig sind wie eh und je.

GIOVANNI CONTERNO

In Treue fest zur Tradition

Für Giovanni Conterno ist die Arbeit seiner Väter der Maßstab. Nach ihren Methoden erzeugt er noch heute Wein. Viele belächeln ihn deswegen. Doch einen Barolo wie den Monfortino macht ihm keiner nach.

G iovanni Conterno wird allgemein als ein rückständiger Traditionalist angesehen unter den Erzeugern eines guten Barolo – ein Eindruck, den zu zerstreuen er selbst sich noch niemals bemüht hat. Mit Recht: Die Conternos, in der jetzigen Generation repräsentiert durch Giovanni und seinen Bruder Aldo (ihre Wege hatten sich schon in den siebziger Jahren getrennt), haben seit 1770 nie etwas anderes getan als Wein erzeugt. Aber in Giovanni Conternos Fall bedeutet Tradition mehr als unbeirrt an den alten Produktionsprozeduren festzuhalten. Tradition bedeutet für ihn auch Treue gegenüber dem Namen, dem Ruf, dem Qualitätsstandard, zu dem sich seine Familie immer bekannt

Giovanni Conterno und sein Barolo Monfortino: Die Fässer, in denen er reift, sind groß und alt. Der Keller, in dem sie stehen, ist modern und neu.

hat. Wenige Beobachter der heutigen Weinszene kennen etwa die enormen finanziellen Opfer, die er erbracht hat, um den Familiennamen und vor allem auch die Familienehre (»Ein altmodisches Wort, ich weiß«) zu verteidigen.

Aber für Giovanni Conterno ist nun einmal die Arbeit seiner Väter der Maßstab. An neuen Trends ist er völlig desinteressiert. Er möchte den alten Wein perfektionieren. Er ist kein »Swinger«, kein Anpasser. Was Herstellung und Qualität angeht, ist er ein Mann von unantastbarer Integrität. Bedarf es dafür eines Beweises, so ist dieser leicht zu liefern: In den Jahren 1975, 1976 und 1977 hat er keinen Tropfen Wein abgefüllt, nicht einmal Dolcetto, Freisa oder Barbera. Die gesamte Ernte wurde im Faß verkauft. Kein anderer Winzer der Zone kann ähnliches von sich behaupten. Oder: Der Monfortino, sein Spitzenwein, ist in den letzten drei Jahrzehnten nur zehnmal erzeugt worden: dreimal in den Sechzigern (1961, 1964, 1967), viermal in den Siebzigern (1970, 1971, 1974, 1978), dreimal in den Achtzigern (1982, 1985, 1987). Das belegt, wo seine Ansprüche liegen.

Dieses letztgenannte Jahr – 1987 – mag überraschen. Aber Conterno verlor 1986 seine gesamte Ernte durch Hagelschlag. Zum Ausgleich wurde er im folgenden Jahr durch ein frühes Reifen der Trauben gesegnet, so daß diese den herbstlichen Regenfällen widerstanden. Während andere den Jahrgang 1988 feierten und, mehr noch, den 1989er, fand Giovanni Conterno, daß seine Trauben das Monfortino-Niveau nicht erreichten. »Ich hatte nicht die Trauben, die ich wollte und benötigte«, sagt er lapidar. Kein Wort mehr. Man vergleiche dies mit Jean Marie Poncets berühmtem Burgunder Clos de la Roche Vieilles Vignes, einem Wein, der auch nur in großen Jahren gemacht wird – angeblich. Tatsächlich ist auch ein 86er von ihm auf dem Markt, der so durchschnittlich ist wie der ganze Jahrgang.

Sei's drum: Voreilige Jahrgangsklassifizierungen sind Giovanni Conterno ebenso ein Greuel wie das Gerede um den »modernen« oder den »neuen« Barolo. Er bezeichnet es als sinnloses Geschwätz, das überhaupt nichts erklärt und den Weinliebhaber nur in die Irre führt. Die Meinung eines unverbesserlichen Einzelgängers? Vielleicht, doch für ihn zählt eben nur, was am Ende im Glas ist.

Das hat er mit Angelo Gaja gemein, dem größten Neuerer unter den Weinmachern des Piemont. Gaja zählt im übrigen zu den größten Bewunderern des Monfortino und der anderen Weine Giovanni Conternos.

Wie leicht durch schnelle Etikettierungen falsche Vorstellungen geweckt werden, erleben die Besucher der Cantina von Giovanni Conterno, die nur wenige Meter abseits der Piazza von Monforte d'Alba steht. Sie finden dort keine dunklen, feuchten Kavernen, sondern einen blitzsauberen, architektonisch großzügig angelegten Keller. Die Fässer sind alt, aber makellos. Keines weist altersge-

schwärztes, modriges Holz auf. Die größte Überraschung aber ist eine Batterie spiegelblanker, neuer Gärtanks aus rostfreiem Edelstahl.

Giovanni Conterno mag ein Traditionalist sein, aber er ist weder ein Einsiedler noch ein Narr. Er verschmäht keineswegs die Hilfsmittel moderner Technik, auch wenn er sich ihrer nur bedient, um »seinen« Wein zu machen. »Früher mußten wir während des Winters die Weine immer nach draußen bringen, damit Hefe und Trub ausgeschieden wurden. Das war umständlich und, je nach Außentemperaturen, auch riskant. Heute erzielen wir das gleiche Ergebnis rationeller und auf kontrollierte Weise, indem wir die Temperatur in den Tanks niedrig halten.«

Gleichwohl würden die Abgänger heutiger Weinbauschulen entsetzt aufschreien über die Art, wie Giovanni Conterno seinen Monfortino erzeugt. In die Maischegärung greift er zum Beispiel kaum ein. Selbst wenn die Temperaturen über 36 Grad Celsius steigen (als »richtig« gelten: 29 bis maximal 30 Grad), kühlt er die Maische nicht runter. »Meine Hefen«, sagt er, »halten solchen Temperaturen stand.«

Oder die ungewöhnlich lange Maischegärung: Sie dauert beim Monfortino einen ganzen Monat (bei den meisten anderen: 12 bis 20 Tage). Dabei wird nach altem Brauch auch noch der Tresterhut, der durch das bei der Gärung entstehende Kohlendioxyd nach oben getrieben wird, heruntergedrückt (cappello sommerso), so daß Fruchtfleisch und Beerenhäute ständig von Flüssigkeit umspült sind. Nur vollreife und gesunde Trauben mit konzentrierten Inhaltsstoffen können diese Art von »Gärungsstreß« durchhalten. Der Länge der Maischegärung entspricht schließlich auch die Dauer des anschließenden Faßlagerns: acht Jahre, wobei der Wein ausschließlich in großen, alten Holzfässern reift.

Auf die Frage, wie es möglich sei, einen Spitzen-Barolo gegen das herrschende Know-how der Weinfachleute zu produzieren, hat Giovanni Conterno eine einfache Antwort: »Alles hängt von der Qualität der Trauben ab.« Seit er eigene Weinberge besitzt (die Conternos waren ursprünglich Weinhändler, die die Trauben von den Bauern kauften, um aus ihnen ihren Wein zu erzeugen), sei die gewünschte Traubenqualität für ihn verfügbar. Vor mehreren Jahren hatte er nämlich die Cascina Francia gekauft, ein Gehöft südlich von Serralunga, das über einen großen Rebenbesitz in bester Position verfügt, nicht weit von so berühmten Lagen wie Vigna Rionda, Ornato und Falletto.

Nur dort, so glaubt er, wächst der authentische Barolo. Er erzeugt gleich zwei davon: den Monfortino und den normalen, letzterer mit nur leicht verlängerter Maischegärung und unwesentlich längerem Faßlager im Vergleich zu seinen Kollegen. Freilich ist auch dieser alles andere als ein gewöhnlicher Wein. Auch er trägt, unverwechselbar, die Handschrift von Giovanni Conterno.

ALDO CONTERNO

Adel verpflichtet zu nichts

Seit 30 Jahren gehören die Barolo von Aldo Conterno zu den besten der Zone. Ob sie nun modern oder traditionell sind, weiß er selbst nicht genau.

T radition und Talent, Wein zu machen, ist vielen Familien im Piemont eigen, besonders in der Provinz Alba, wo die besten Weine der Region herkommen. Namen wie Giacosa, Cordero, Mascarello oder Fantino tauchen häufig im Zusammenhang mit Wein auf. Aber die berühmteste Familie sind die Conternos. Sie ist die herrschende Dynastie von Monforte, wo seit 1770 Weine produziert und Weinhandel betrieben werden.

Der Patriarch und Stammvater der jetzigen Conterno-Generation war Giacomo Conterno (1895 bis 1971), Vater von Giovanni und Aldo Conterno. Er hat den Ruf der Familie begründet, er erwarb Anbauflächen in den feinsten Lagen von Monforte (le Coste, Moscone, San Guiseppe), nachdem sein Vater, ein passionierter, aber glückloser Kartenspieler, drei der vier Besitztümer, die er besaß, im Spiel verloren hatte. Und es war Giacomo Conterno, der den berühmtesten und angesehensten aller Barolos erfand: den Monfortino. Die Familie besitzt noch heute Flaschen des Jahrgangs 1911.

Als Erben dieser ehrwürdigen Tradition lastete auf seinen Söhnen Giovanni und Aldo die Verpflichtung, das begonnene Werk fortzusetzen. Doch die Dinge liefen anders. Aldos Karriere nahm jedenfalls einen anderen Weg als die seines älteren Bruders, und das schon früh, als er noch als junger Mann in der Familienfirma arbeitete.

Wie viele Gegenden, hat auch das Piemont einen starken Bevölkerungsverlust durch Emigration erlitten, indem verarmte Bauern ein besseres Leben in der Neuen Welt suchten. Die Conternos bildeten keine Ausnahme, und 1955 bot sich Aldo im Alter von 26 Jahren die Gelegenheit, eine völlig neue Karriere zu beginnen. Sein Onkel, der in San Rafael bei San Francisco lebte, wollte ein Weingut im Napa-Tal gründen, und da er professionelle Hilfe benötigte, wandte er sich instinktiv an seine Familie in der Alten Welt. Aldo nutzte die Chance. Er

Aldo Conterno inspiziert die Reben in seinem Weinberg: Nur 10 Augen läßt er pro Rebschenkel stehen. Was mehr ist, wird abgeschnitten.

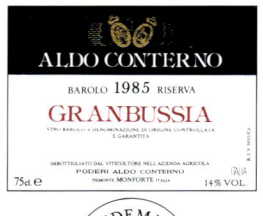

42

wanderte aus. Das Projekt war von Anfang an genau und gründlich geplant. Die Anbauflächen sollten nicht auf dem Talboden liegen, wie es in Napa üblich war (und immer noch ist), sondern sie sollten an den Hügelabhängen angelegt werden. Die Konzeption war europäisch: niedrigere Erträge, intensiverer Geschmack, Weine von hoher Qualität und großer Langlebigkeit – eine bahnbrechende Idee also in einer Zeit vor mehr als 35 Jahren, als noch kaum einer in Kalifornien an Wein dachte.

Das Projekt erlitt den ersten Rückschlag, als Aldo einberufen wurde, in der U.S. Armee zu dienen. Dann starb sein Onkel. Der schöne Plan wurde aufgegeben, und Aldo kehrte Ende 1958 nach Italien zurück, aber mit wichtigen neuen Erfahrungen und der Überzeugung, daß es viele Wege gibt, Wein zu machen, von denen die Mehrzahl nicht in die Tradition von Piemont paßte, einige aber sich lohnten, ausprobiert zu werden.

Im Jahre 1961 zog sich Vater Giacomo Conterno aus dem Weingut der Familie zurück. Acht Jahre lang stellten Giovanni und Aldo gemeinsam Weine her, die dem Namen Conterno neuen Glanz verliehen, besonders die Barolos von 1961, 1964 und 1967. Aber weder der kommerzielle Erfolg noch die positive Fachkritik konnten die Tatsache verbergen, daß zwischen den Brüdern große Meinungsverschiedenheiten aufgebrochen waren. Es waren Differenzen über den Ausbau der Weine. Giovanni glaubte an die lange geduldige Faßalterung des traditionellen edlen Barolo; bis zu acht Jahre verlangte er für den Monfortino. Sein Bruder Aldo wollte experimentieren, um einen frischeren, fruchtigeren Wein zu erhalten, der dennoch nichts von der Struktur des alten Barolo preisgeben sollte. Der Konflikt eskalierte 1969, und die beiden Brüder kamen überein, künftig getrennte Wege zu gehen.

Aldo Conterno stellte drei Kriterien auf, als er sich von seinem Bruder Giovanni trennte. Die erste Bedingung war, nur ausgewählte Anbauflächen zu erwerben, die seine Unabhängigkeit von Zulieferern garantierten und sicherstellten, daß die Trauben, die er zu Wein machen wollte, nur nach seinen eigenen genauen Gütevorstellungen heranwuchsen. Seine Wahl fiel auf die Lage Bussia bei Monforte d'Alba. Es war ein echter Cru, der schon seinem Vater Giacomo einige seiner edelsten Trauben geliefert hatte. Er war zu jener Zeit aber eher bekannt für einen feinen Barbera als einen edlen Barolo. Aldo Conterno – zusammen mit Beppe Colla von der Alfredo-Prunotto-Kellerei – bewiesen nun, daß Bussia geradezu berufen sei, überragende Nebbiolo-Weine hervorzubringen.

Aldos zweite Bedingung war, seine Weine lagenweise herzustellen und seine Flaschen mit den Namen jeder einzelnen Lage auf dem Etikett zu vermarkten. Das Ergebnis war, daß Barolo-Kenner nun aus einem ganzen Sortiment von Weinen auswählen konnten: Bussia Soprana, der Stamm-Barolo des Hauses; Vigna Colonnello und Vigna

Cicala, jeder von einem besonderen Weinberg in Bussia; Romirasco, der neueste Barolo, gewonnen von einem einzelnen Weinberg gleichen Namens, und Granbussia, sein Spitzen-Barolo, der nur aus den besten Lagen von Bussia stammt.

Die dritte Bedingung war rein praktischer Art. In dem Vertrag mit seinem Bruder verlangte und erhielt Aldo Conterno einen Teil der Weine, die beide zusammen produziert hatten. Als der 1964er Barolo mit Aldos Etikett auf der Turiner Weinmesse von 1969 die Goldmedaille erhielt, begann man, sich auch den Namen des jüngeren Bruders der Conterno zu merken.

Die Etikettierung als Modernist – im Gegensatz zu Giovanni – bringt Aldo Conterno immer wieder in Verlegenheit. Er war der erste, der zugab, daß er überhaupt nicht sicher wisse, was Begriffe wie »modern« und »Tradition« genau bedeuteten. Er hat zum Beispiel die traditionelle Praxis langer Gärzeiten nie aufgegeben: bis zu einem Monat bei guten Jahrgängen. Auch ist er schnell dabei, seine Ablehnung kleiner Eichenfässer für das Altern eines Barolo zum Ausdruck zu bringen. Und wenn er bekennt, daß Qualität im Weinberg mit niedrigen Erträgen beginnt, dann ähnelt er keinem so sehr wie seinem Bruder Giovanni. Aldo Conternos Anteil an der Revolution des Weinmachens im Piemont darf gleichwohl nicht übersehen werden. Er entwickelte kleine Edelstahl-Behälter, in denen er seinen Barolo nach der Holzfaßlagerung aufbewahrt. Auch im Gebrauch kleiner Eichenfässer erwies er sich als Pionier, natürlich nicht für seinen Barolo, aber für den Barbera von seinem Weinberg Conca Tre Pile. Und sein Wein »Favot« – ein Nebbiolo d'Alba im kleinen Holzfaß gealtert – hat eine ganze Reihe neuer Perspektiven geschaffen, obwohl er oft als zweitrangiges Produkt wegen seines Mangels an Macht und Struktur angesehen wird.

Aldos Freude an Innovation und am Experiment zeigen noch keine Zeichen der Ermüdung. Mit seinen inzwischen drei erwachsenen Söhnen hat er gerade einen Weißwein entwickelt, genauer gesagt einen Chardonnay, fermentiert und gereift im Barrique, mit der Absicht, die Piemonteser Version eines weißen Burgunders zu erzeugen. Mehr als 30 Jahre Tätigkeit im Weingeschäft haben Aldo Conterno gelehrt, was die wirkliche Tradition Piemonts ist und bleiben muß: Weine von überragender Qualität und langer Lebensdauer, und daß des Winzers Aufgabe darin besteht, die Mittel und die Technik zu finden, solche Weine zu erzeugen.

Wandlungen der zwei Brüder

Sie gelten als die Erfinder des eleganten, modernen Barolo. Jetzt aber gehen sie wieder einen Schritt zurück in Richtung Tradition, um sich zugleich mit neuen, ganz untraditionellen Weinen zu beschäftigen.

Die Geschichte des Hauses Ceretto beginnt, wie so viele andere Geschichten im Piemont, in der Armut bäuerlichen Lebens vor dem Zweiten Weltkrieg. Die Familie lebte und arbeitete schwer in Santo Stefano Belbo, mitten im Anbaugebiet des Moscato-Weins. Als 1937 die Reblaus-Plage die Gegend befiel, verließ Riccardo Ceretto sein Heimatdorf, um Verkaufsagent für die Malissero-Kellerei in Bra zu werden, deren süßer Barolo als Spezialität galt und vor dem Krieg im Piemont populär war.

Jung, energisch und ehrgeizig, machte sich Riccardo Ceretto 1941 selbständig, kaufte Trauben und Wein von kleinen Produzenten und verkaufte Wein in Fässern an Restaurants und private Klienten, was eine typische Tätigkeit aller Weinhändler in jener Zeit war; Weinverkauf in Flaschen existierte nur minimal, und es gab nur wenige Häuser, die ihre Weine unter eigenem Namen mit eigenem Etikett verkauften.

Es dauerte bis zur nächsten Generation, eben bis zu Bruno und Marcello Ceretto, bis der Wunsch nach Anerkennung und Ansehen die gleiche Bedeutung bekam wie die strikt wirtschaftlichen Ziele des Hauses. Bruno Ceretto beschloß, ein Etikett zu entwerfen und die Weine, die sie ankauften, nur noch unter eigenem Namen zu verkaufen; dadurch wollte man der Anonymität entgehen, die früher die Firmentätigkeit gekennzeichnet hatte. Nach diesem ersten Schritt war es ziemlich klar, welches der nächste war: die Schaffung eines Sortiments von Weinen, die von ausgewählten Weinbergen kamen, also erzeugt wurden aus Trauben bester Lagen mit optimaler Sonneneinstrahlung.

Die Sache war nicht so einfach, wie es schien: Es existierte noch keine offizielle Klassifikation der Gewächse, wie zum Beispiel in Bordeaux und Burgund. Die Kenntnis von den guten und besseren Lagen war lediglich mündlich überliefert. Zwischen 1964 und 1971 fermentierte Marcello Ceretto Trauben von 17 verschiedenen Lagen in Barolo und Barbaresco, in der Hoffnung, die besten Weinberge so ausfindig zu machen.

Marcello und Bruno Ceretto (rechts) besitzen das schönste Weingut in der Barolo-Zone. Ihre Weine, stilvoll und elegant, passen sich dem Ambiente an.

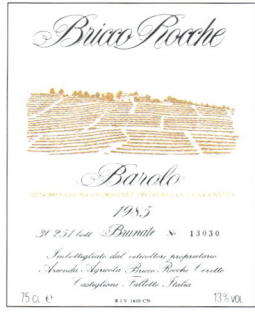

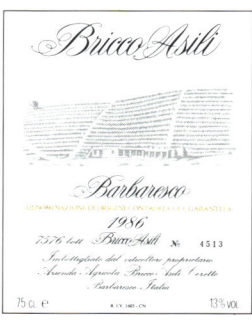

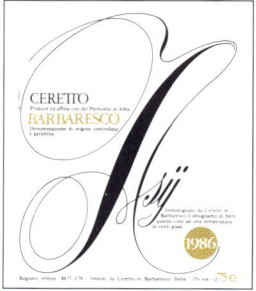

44

Die Cerettos waren nicht die einzigen, die in diesen Jahren passende Anbauflächen suchten. Das Jahr 1961 markierte für alle einen Wendepunkt. Es wurden die ersten Versuche im Gebiet von Alba registriert, Weine auf den Markt zu bringen, die aus einem einzigen Weinberg stammten. Der Wettbewerb um Trauben aus den besten Lagen begann zu wachsen, logischerweise auch die Preise, und der sichere Zugang zu den begehrten Reben wurde für die Weinhandelshäuser ein zunehmendes Problem. Die Ceretto-Brüder beschlossen, Produzenten auf eigene Verantwortung zu werden. Erhebliches Kapital wurde investiert, um in den Besitz bester Weinlagen zu kommen: Bricco Asili in Barbaresco und Prapò in Barolo im Jahre 1970; Bricco Rocche in Barolo im Jahr 1974, und 1976 Brunate in Barolo; 1985 Faset in Barbaresco; 1988 Rossanna für die Produktion von Dolcetto. Die Akquisitionen waren keine leichte Sache gewesen: Die einzelnen Rebstöcke waren oft winzig; Möglichkeiten zum Kauf ergaben sich nur durch Streitigkeiten oder Todesfälle in den Familien der Vorbesitzer. Um ihre sechs Hektar in Brunate zusammenzukriegen, mußten die Ceretto-Brüder 15 verschiedene Verträge aushandeln. Außer in Alba sahen sich die beiden auch in Asti um. In Santo Stefano di Belbo, dem Dorf ihrer Vorfahren, schlossen sie Verträge mit einigen der besten Moscato-Winzer. *I Vignaioli di Santo Stefano* nannte sich dieser Zusammenschluß. Die Cerettos wurden so zum führenden Spitzenproduzenten für den Moscato d'Asti.

Zur umstrittensten Strategie der Cerettos gehörte zweifellos ihre Entscheidung, die Herstellungsmethoden ihrer Barolo und Barbaresco-Weine zu ändern. In dem Bestreben, die dem Nebbiolo eigentümliche Strenge und Herbheit zu mildern, wurden die Gärzeiten gekürzt, die Gärtemperaturen gesenkt und die Alterungsdauer im Holz wesentlich verringert. Das Ergebnis waren Weine, die merklich weicher und fruchtiger sind als die traditionellen Barolo und Barbaresco von Alba. Indes behaupteten nicht wenige Kritiker, daß es den Weinen an Wucht und Substanz fehle und sie nicht die Langlebigkeit und den charakteristischen Ausdruck besäßen, die für diese Weine immer typisch gewesen waren. Bruno Ceretto kommt diesen Kritikern in gewisser Weise auf halbem Wege entgegen, indem er einräumt, daß die Weine vielleicht doch eine zu radikale Abkehr von der Tradition seien. So wurden allerjüngst Berichtigungen gemacht, um diese Exzesse zu korrigieren und den Weinen größere Fülle und Intensität zu geben. Bruno Ceretto verteidigt seine Weine aus den Jahren 1978 bis 1985 jedoch ohne Entschuldigung. Die traditionellen Weine besäßen keinen Markt mehr und hätten keine Zukunft, und ein neues modernes Weinkonzept sei unbedingt notwendig gewesen, selbst auf die Gefahr hin, ein gewisses traditionsgebundenes Publikum zu enttäuschen.

Der Barolo war für Bruno Ceretto zu jener Zeit ein überholtes und erledigtes Produkt, ein Wein lediglich mit einer ruhmreichen Vergangenheit, über den kein Mensch mehr sprach oder den kein Mensch mehr trank, was noch schlimmer ist.

Zwei Gebiete, auf denen Ceretto nicht versucht hat, ein Pionier zu sein, war der Anbau nicht-traditioneller Rebensorten, also Cabernet, Merlot, Pinot Noir und die weißen Chardonnay und Sauvignon, sowie der Barrique-Ausbau. Sowohl Bruno wie Marcello Ceretto haben im Gegenteil ihren entschiedenen Widerstand zum Ausdruck gebracht, Barriques für die traditionellen Weine von Alba zu benutzen. Diese Richtlinien wurden jedoch 1988 einer drastischen Änderung unterzogen, als das Haus in seiner letzten Expansionsphase einen beträchtlichen Besitz in einer hervorragenden Hügellage südlich von Alba langfristig pachtete. Das Gut, genannt La Bernardina, ist zum Hauptquartier der Firmenverwaltung sowie der Weinproduktion geworden. Nur ihre Spitzenweine, der Barolo Bricco Rocche und der Barbaresco Bricco Asili werden noch in den alten Kellern erzeugt. Alle anderen Weine des Hauses – Barbaresco Asij and Faset, Barolo Prapò und Zonchera, Barbera d'Alba Pinna, Dolcetto d'Alba Rosanna und der Arneis Blangè – werden in den neuen ultramodernen Kellern von La Bernardina fermentiert und ausgebaut. Auch Experimente mit Barriques von Barolo, Barbaresco und Barbera werden inzwischen in Bricco Rocche unternommen.

Schließlich, aber gewiß nicht weniger bedeutsam, hat man die Hangseiten von La Bernardina mit den wichtigsten internationalen Gewächsen bepflanzt: Cabernet Sauvignon, Merlot, Pinot Noir, Syrah, Chardonnay, Viognier und Riesling. Bruno Ceretto hatte immer erklärt, daß er nicht beabsichtige, die glänzende Geschichte und Tradition von Barolo und Barbaresco dadurch zu verletzen, daß er nicht-traditionelle Sorten in diesen D.O.C.G.- Zonen anpflanzte. Glücklicherweise liegt der neue Besitz genau nördlich von Barolo – die Burg von Grinzano Cavour ist auf der nächsten Hügelspitze klar sichtbar – und die neuen internationalen Weine, die dort wachsen werden, werden nicht am alten Lack kratzen. Bruno Ceretto, streitbar wie immer, hat schon seine Absicht erklärt: Weine zu erzeugen, die mit den besten Frankreichs und Kaliforniens konkurrieren können, Weine, die ihre Eigenständigkeit behalten, aber auch zu internationalen Verkostungen geschickt werden können.

Ehrgeiz gepaart mit Energie hat diesem bedeutenden Weingut einen überragenden Platz im Piemont erobert. Und die ersten Weine von La Bernardina, ein superber Cabernet Sauvignon 1990 und ein ebenfalls eindrucksvoller Chardonnay/ Viognier desselben Jahrgangs, deuten darauf hin, daß Bruno und Marcello Ceretto wieder einmal Recht behalten haben.

FONTANAFREDDA

Alte Mystik, neuer Glanz

Früher ließ das Savoyer Königshaus auf Fontanafredda Wein machen. Heute gebieten Manager über den Besitz. Der Wein hat keinen Schaden daran genommen. Im Gegenteil: Er ist besser denn je.

F ontanafredda ist ein Besitz, dessen Weine auf eine mehr als hundertjährige Erfolgs- geschichte zurückblicken. Das Gut ist aber nicht, wie allgemein angenommen wird, der größte Weinbergbesitz im Barologebiet; Beni di Batasiolo's Anbauflächen sind beträchtlich um- fangreicher als Fontanafreddas 70 Hektar, aber jene liegen weit zerstreut in der Weinanbauzone. Es gibt mit Sicherheit nichts Vergleichbares zu Fon- tanafreddas zusammenhängenden Anbauflächen in Serralunga, einer der hochklassigsten Einzellagen, aus der beste, langlebigste Barolo kommen. In einem Gebiet, wo die durchschnittliche Weinberg- größe nur wenig mehr als ein Hektar beträgt, gleicht Fontanafredda einem Riesen unter Zwergen.

Auch gibt es nichts Vergleichbares, was die Baulichkeiten betrifft: Die schöne Villa (ein Jagd- haus und geheimer Treffpunkt Victor Emanuels II. mit Rosa Vercellana, der Geliebten des Königs und seiner späteren Ehefrau); die ausgedehnten Kellerlokale, eine Sammlung alter und ältester Weinjahrgänge – höchst ungewöhnlich in einem Gebiet, in dem die meisten Weingüter nur auf eine kurze Geschichte zurückblicken können; groß- zügige, komfortable Wohnblöcke für das Personal des Gutes (von Anbeginn an hatte Fontanafredda eine fortschrittliche und soziale Einstellung ent- wickelt in bezug auf das Wohlbefinden seiner Angestellten); und schließlich sogar eine Kapelle, um auch für die geistlichen Bedürfnisse Sorge zu tragen.

Was aber Fontanafredda vor allen anderen auszeichnet, ist der unvergleichliche Glanz, der von seiner Verbindung mit dem Königshaus von Pie- mont und Italien ausgeht. Der Barolo brüstet sich wie der Châteauneuf-du-Pape, der »König der Weine und der Wein der Könige« zu sein, aber im Fall der Weine dieses Gutes ist der Satz mehr als nur ein Wortspiel. Besucher Fontanafreddas werden schnell bemerken, daß das Ocker und Kastanien- braun, in dem alle Gebäude erstrahlen, das Rot und Gold des savoyischen Königshauses repräsentieren.

Das Gut wurde 1878 von Emanuele Guerrini gegründet, dem Grafen von Mirafiori, Sohn des

Livio Testa heißt der Weinmacher, Fontanafredda das Gut: Beide gehören seit vielen Jahren zusammen – zum Vorteil des Weines.

Königs und der »bela Rosin«, wie seine Geliebte genannt wurde. Fortgesetzt wurde das Werk des Begründers von seinem Sohn Gastone, der des Vaters Liebe zu edlen Weinen und die Hingabe, sie herzustellen, teilte. Die Auswirkungen der Weltwirtschaftskrise zwangen Fontanafredda 1929 in den Konkurs. Die Firma wurde von der Monte dei Paschi di Siena erworben, einer der größten Banken Italiens, in deren Besitz sie noch immer ist. Dieser Zustand hatte Vor- und Nachteile: den Vorteil einer soliden finanziellen Basis, die die Manager des Gutes davon befreit, sich hauptsächlich mit schnellen Profiten zu befassen. Als zum Beispiel die Lage Lazzarito, einer der besten Crus im ganzen Barologebiet, in den achtziger Jahren neu angelegt werden mußte, wurden die alten Stöcke einfach herausgerissen. Folge: Bis 1995 wird es nun keinen Barolo dieser Lage geben. So lange brauchen die Rebstöcke, um wieder qualitativ gute Erträge zu bringen. Ein Nachteil könnte sein, daß die Bank von Italien es eigentlich nicht gerne sieht, wenn Finanzinstitute sich im landwirtschaftlichen Sektor unternehmerisch engagieren. Dadurch kommt vielleicht ein Moment der Unsicherheit hinzu, was die Zukunft dieses großartigen Weinguts angeht – eine Unsicherheit, die im Augenblick allerdings eher theoretischer als realer Natur ist.

Fontanafredda erzeugt das gesamte Sortiment der klassischen Alba-Weine: Dolcetto (von der Lage La Lepre in Diano d'Alba) und Barbera (von der Lage Raimondo). Es sind herrliche Weine für den täglichen Gebrauch. In der Lage Gattera (in Serralunga) wächst der Pinot Nero für den exzellenten Spumante des Hauses – ein Schaumwein, der in den letzten Jahren auf zahlreichen Verkostungen hervorragend abgeschnitten hat.

Inzwischen werden die Trauben für einen vielversprechenden, in kleinen Fässern reifenden Pinot Nero im Stile eines Burgunders verwendet.

Der ganze Stolz Fontanafreddas sind jedoch seine sieben Barolos, die an einzelnen Weinbergen einer zusammenhängenden Lage vorkommen, wie sie kein anderes Weingut Piemonts besitzt: La Rosa, Gallaretto, Vigna Bianca, La Delizia, La Villa, Lazzarito, San Pietro.

Fontanafredda gehörte zu den ersten Häusern, die die Bedeutung dieser Weine aus Einzellagen erkannten. Dabei hat sich Fontanafredda extrem streng bei der Auswahl der Lagen verhalten; die Cru-Weine sind seit ihrer Einführung bis jetzt erst sechsmal hergestellt worden: 1967, 1971, 1974, 1978, 1982 und 1985, obwohl 1988, 1989 und 1990 uns ebenfalls sehr genußreiche Überraschungen in Aussicht stellen.

Der Keller ist bestens ausgestattet, und Livio Testa ist ein Önologe, der sein Handwerk versteht. Er bevorzugt den traditionellen Stil des Weinmachens mit langer Gärungsdauer bei hoher Temperatur. Aber Testa und seine Mitarbeiter leben nicht in der Vergangenheit. Aus Frankreich hat man

neue Fässer für die Alterung des Barolo bestellt – ein Bruch mit der bisherigen Praxis, slowenische Eiche zu benutzen. Dieses Experiment könnte sich als sehr interessant erweisen (die süßeren und würzigeren Aromen und Duftstoffe französischer Eiche ergeben eine verführerische Kombination mit dem strengen und klar strukturierten Geschmack der Nebbiolo-Trauben). Dies und das Experimentieren mit Pinot Nero zeigen an, daß die lange Geschichte des Hauses nicht als eine Last empfunden wird, sondern Fontanafredda eine Mischung von Tradition und Innovation betreibt, wie es einer Firma gut ansteht, die auf 115 Jahre Erfahrung zurückblickt, aber gleichwohl und bewußt die Chancen ergreift, die die Zukunft bietet.

Weich wie ein Burgunder

Ein Generationskonflikt hat die Karriere von Elio Altare geprägt. Weil er die Rebstöcke zu stark beschnitt, warf ihm sein Vater vor, er würde die Familie verhungern lassen. Später enterbte er ihn. Doch da war es schon zu spät.

E s gibt beim Weinmachen nur wenige Regeln, die immer richtig sind. Eine ist die Regel über das umgekehrte Verhältnis von Quantität und Qualität. Oder einfacher gesagt: Um einen wahrhaft guten Wein zu machen, müssen die Erträge eines Weinbergs streng limitiert werden. Freilich ist das nicht immer leicht. Beispiel: die Langhe. Kaum irgendwo in Italien ist der Kampf um eine bessere Weinqualität so massiv durch Generationskonflikte gekennzeichnet wie im Hügelland um Alba. Während die Alten zeitlebens gegen den Hunger zu kämpfen hatten, kämpfen die Jungen heute um ganz andere Ziele: große Weine zu erzeugen. Ohne zu dramatisieren: das, was sich in den Wohnstuben der Winzer abspielt oder schon abgespielt hat, könnte den Stoff für eine Fortsetzung von Turgenjews *Väter und Söhne* abgeben. Nirgendwo tobte dieser Kampf so ausdauernd, so heftig und endete so bitter wie in der Familie von Elio Altare. Dieser kleinwüchsige, drahtige Mann, der jedem aus dem Stand eine Lektion in Önologie erteilen kann, entwickelte sich dank der Fähigkeit, mit der Rebschere umzugehen, in den achtziger Jahren zur führenden Persönlichkeit in Barolo.

Seine Familie stammt aus Dogliani, im Süden der Barolo-Zone. Dogliani ist ein Zentrum der Dolcetto-Erzeugung. Die Altares waren wohlhabende bäuerliche Winzer. Durch den Zusammenbruch einer Bank verloren sie in den frühen zwanziger Jahren ihre gesamten Ersparnisse. Danach waren

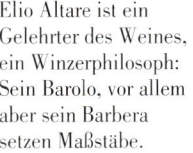

Elio Altare ist ein Gelehrter des Weines, ein Winzerphilosoph: Sein Barolo, vor allem aber sein Barbera setzen Maßstäbe.

sie gezwungen, als kleine, abhängige Bauern zu arbeiten. Sie ließen sich in La Morra nieder. Durch ihren Fleiß waren sie aber in der Lage, das Land, welches sie bearbeiteten, zu erwerben. Doch ihr Leben war durch die bitteren Ereignisse der folgenden Jahrzehnte gekennzeichnet: Faschismus, Weltwirtschaftskrise, Zweiter Weltkrieg. Für Giovanni Altare, Elios Vater, war es eine Gnade Gottes, wenn im Herbst viele Trauben an den Rebstöcken hiengen. Eine geringe Ernte bedeutete dagegen Armut, Mühsal, Hunger. In jener Zeit kam es auf große Erträge an, und natürlich auf einen möglichst traditionellen Ausbau des Barolo. Lange Gärzeiten, langes Altern in Holzfässern, häufiges Umziehen von einem Faß ins andere, um den Wein von dem Trub zu reinigen – das war der Standard. Danach wurde der Wein noch leicht gesüßt, damit ihm die Härte des Tannins genommen wird. All das geschah selbst um den Preis, daß der Wein schon im jungen Stadium die Farbe eines alten Weines annahm und wie Port und Madeira duftete – also oxidierte. Elio Altare, der seinem Vater 1976 folgte, war noch ein junger Mann ohne klare Vorstellungen darüber, was er mit dem übernommenen Besitz machen und wie er den Wein ausbauen sollte. Eine Reise nach Burgund im Jahre 1978, die eigentlich als Vergnügungsreise gedacht war, geriet für ihn zum entscheidenden Ereignis, gar zur Offenbarung. Er hatte nach eigenem Eingeständnis vorher nie Weine getrunken, die so eindrucksvoll männliche Wucht und femininen Charme, Kraft und Eleganz in sich vereinten. Was ihn aber noch stärker beeindruckte: Obwohl die Burgunder, die er genießen durfte, wunderbar altern konnten, konnte man sie auch als junge Weine mit großem Genuß trinken. Er empfand sie als unerhört fruchtig, geschmeidig, geschliffen. Schließlich bemerkte er auch, daß die Burgunder fünf- bis zehnmal so hohe Preise erzielten wie die heimischen Weine. Kurz: Sie stellten das genaue Gegenteil des Barolo dar, den sein Vater erzeugte, auch wenn dieser, wie Altare sich heute schmunzelnd erinnern kann, Kunden gegenüber immer versichert hatte, daß seine Weine, jetzt rauh und hart, in 15 bis 20 Jahren hervorragend rund, gefällig und weich sein würden. Es dauerte nicht lange, bis er erkannte, welches die Schlüsselfaktoren für den Erfolg (kommerziell wie qualitativ) der Burgunderweine waren: Die Ernten waren niedrig – geringer als 45 Doppelzentner pro Hektar. Die Weine reiften in kleinen Eichenfässern, nicht in den großen, alten, ovalen Gebinden, die von Generation zu Generation vererbt wurden. So entschied er sich, einen neuen Weg zu gehen. Das war nicht einfach. Je mehr er es den Franzosen gleichtat, desto stärker wuchs der Widerstand in der Familie. Altare ließ sich jedoch nicht beirren. Er schnitt die Reben erbarmungslos zurück. Sein Vater, geprägt von den Jahren des Hungerns und Darbens, wurde rasend. »Gott wird dich verfluchen«, beschimpfte er seinen Sohn. »Du stiehlst das Brot aus dem Munde deiner eigenen Familie.«

Die Auseinandersetzungen blieben keineswegs nur verbaler Natur. Beim Tode seines Vaters entdeckte Altare, daß er von ihm enterbt worden war. Wenn er inzwischen nicht erste Anerkennungen erfahren hätte, hätte er den Besitz von seinen Brüdern und Schwestern zurückkaufen müssen. Der 82er Barolo war dem Urteil der Fachleute zufolge bereits ein feiner Wein. Den Durchbruch aber brachte der 85er Barolo Vigneto Arborina, und zwar gleich auf internationaler Ebene. André Parce aus Banyuls, Sekretär der berühmten *Académie Internationale du Vin*, erklärte in einer verdeckten Degustation diesen Wein zum feinsten aller Barolo.

Noch etwas zeichnete diesen Wein aus: Die Nebbiolo-Trauben hatten in kleinen Eichenholzfässern gereift – ein Experiment, dem viele Kollegen von vornherein keine Chance geben wollten, weil – so fürchteten sie – der exzessive Eichenholzton die zarten Aromen und Düfte des Weins vergewaltigen würden. Aber Altares Wein erwies sich dann als Triumph des Mutes: eine geglückte Verbindung von Frucht und Holz, eine gelungene Symbiose aller im Wein vorhandenen Komponenten.

Noch spektakulärer wirkte Altares Barrique-Barbera, der unter dem Namen Vigna Larigi in den Handel kam. Mit ihm führte Altare seine Philosophie einer extrem minimierten Produktion an ihre äußerste Grenze: Nicht mehr als 20 Hektoliter pro Hektar erntete er in dem Weinberg. Zudem kappte er eigenhändig die Spitze der Trauben, um die Säure niedrig zu halten, die bekanntlich die Achillesferse beim Barbera ist. Sodann wurden die Trauben nicht mit der Maschine, sondern mit der Hand zerquetscht, um einen Wein von größtmöglicher Weichheit zu bekommen. Zwölf Monate Alterung in neuen Barriques vollendeten den Ausbauzyklus und ergaben dann, was Robert Parker, der einflußreiche amerikanische Weinpapst, »den größten je erzeugten Barbera« nannte.

Die Weinzeitschriften hatten Altare daraufhin schnell entdeckt. Sein Gesicht, immer ernst, manchmal etwas melancholisch, gelegentlich ein wenig professoral, blickte auf einmal von den Titelseiten der internationalen Weinmagazine von Wien bis San Francisco. Luigi Veronelli, der bekannte italienische Weinkritiker, schrieb 1989 über ihn: »Ich schreibe nun schon 33 Jahre über Wein, und doch gibt es immer noch Sensationen für mich. Seine Weine zum Beispiel, hergestellt mit Intelligenz, Leidenschaft und Hingabe.«

Altare hat inzwischen eine Schar junger Schüler um sich versammelt, die seine Lehren hören und seine Philosophie aufsaugen. Er selbst hält sich für einen jungen Weinmacher, der immer noch experimentiert, immer noch hinzulernt, und keineswegs überzeugt ist, das letzte Geheimnis des Weinmachens entdeckt zu haben. »In 15 oder 20 Jahren werden wir mehr wissen«, antwortet er auf entsprechende Fragen.

Bruno Giacosas Barolo und
Barbaresco sind unerreicht.
Er ist ein großer *vinificatore*,
aber besitzt auch enzy-
klopädisches Wissen der
besten Weinlagen.

BRUNO GIACOSA

Der Meister aus Neive

Bruno Giacosa gilt als Traditionalist, der nichts ändern will. Doch so traditionell ist er nun wieder auch nicht, daß ihm neben seinen opulenten Barbaresco und Barolo nichts Neues mehr einfallen würde.

Bruno Giacosa ist der *elder statesman*, der Meister des klassischen Barbaresco und Barolo. Doch was heißt klassisch? Es sind mächtige, opulente, explosive, langlebige Weine, die für viele das darstellen, was das Piemont zu der so facettenreichen Welt großer Rotweine beigesteuert hat.

Die Geschichte der Giacosas fängt mit Carlo Giacosa an, Brunos Großvater, der 1870 in Neive geboren wurde. Er war ein *mediatore* oder Vermittler, einer der eine Verbindung herstellte zwischen den Tausenden kleiner bäuerlicher Winzer, die ihre eigenen Trauben weder zu Wein machen konnten noch wollten, und den großen kommerziellen Weinkellereien, die nur geringen oder gar keinen Weinbergsbesitz hatten.

Die Tätigkeit des *mediatore* wurde vom Vater auf den Sohn und Enkel weiter vererbt. Das heißt: Bis in die jüngste Zeit besaßen die Giacosas keinen einzigen Weinberg. Ihre Fähigkeit bestand und besteht darin, die besten Weinberge und Kleinanla-gen anderer Winzer ausfindig zu machen und ihnen Kontrakte über die Lieferung der Trauben an große Weinhäuser anzubieten. Noch heute findet Bruno Giacosa immer Zeit, durch die Weinberge seines Dorfes zu streifen und nach guten Trauben Ausschau zu halten für den Barbaresco des Hauses Fontanafredda.

Aber Carlo Giacosa hatte nicht nur einen Sinn für gute Trauben. Er machte sie teilweise auch selbst zu Wein und füllte diesen unter eigenem Etikett in Flaschen ab. Resultat: zahlreiche Goldmedaillen bei internationalen Prämierungen. Die Zeiten jedoch änderten sich schnell, und zwar in eine Richtung, die für das Haus nicht günstig war. Der Erste Weltkrieg, das Aufkommen des Faschismus, die Weltwirtschaftskrise, der Zweite Weltkrieg ließen den Markt für Flaschenweine zusammenbrechen. Sowohl Privatkunden als auch Restaurants zogen es vor, Wein in großen Korbflaschen zu kaufen und selbst in Flaschen abzufüllen.

Mario Giacosa ging den Weg seines Vaters Carlo weiter. Er arbeitete als *mediatore* für große Firmen wie Riccadonna und Gancia. Bruno setzte die Arbeit fort. Er suchte zum Beispiel für das berühmte Weinhaus Bersano nach guten Weinbergen. Die besten Trauben reservierte er jedoch für sich, um einen eigenen Wein zu machen, die Spitze des Barolo und Barbaresco. 1970 fiel die Entscheidung, diese Weine von ausgewählten Lagen unter dem Namen der Giacosa auf den Markt zu bringen. Die ersten Barolo und Barbaresco der großen Jahrgänge 1961 und 1968 waren in Italien eine Sensation, übertroffen nur noch von dem Lagen-Barolo Rionda di Serralunga und dem Lagen-Barbaresco Santo

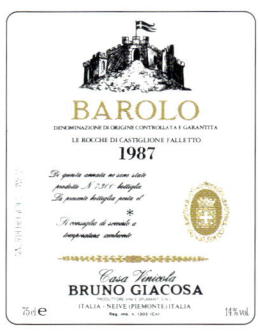

50

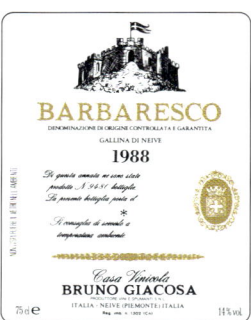

Stefano di Neive, die in den siebziger Jahren auf den Markt kamen.

Giacosa besitzt eine beinahe enzyklopädische Kenntnis der Geographie von den beiden Zonen. Die Lagen um das Dorf La Morra, in der Barolo-Zone gelegen, hält er zum Beispiel schlichtweg für schwach: die Weine sind zu leicht und reifen zu schnell. Nach seiner Meinung sollte dieses Gebiet überhaupt nicht zur Barolo-Zone gehören. Ähnlich kritisch äußert er sich zu bestimmten Hanglagen in Serralunga und seinem Heimatdorf Neive.

Giacosa hat immer geringes Interesse an Neuerungen im Keller gezeigt (wenn er auch einer der ersten war, die Stahltanks mit automatischer Temperaturkontrolle im Keller installierten): »Ich bin der Traditionalist, ich habe nichts geändert.« Einem Wandel hat er sich dennoch gezwungenermaßen unterwerfen müssen. Denn Trauben wie vor 20 Jahren, die eine bis zu zwei Monate lange Maischegärung aushalten konnten, sind nach seiner Meinung nicht mehr verfügbar. So verwendet er dann auch nicht mehr viel Zeit, über die Ursachen nachzugrübeln. Nostalgische Anwandlungen liegen ihm sowieso fern. Ihn hat vielmehr die Frage interessiert, welche anderen Weine sich – neben dem klassischen Sortiment – im Piemont erzeugen lassen.

Obwohl ursprünglich ein reiner Rotwein-Produzent, hat er neuerdings begonnen, dem Arneis Zeit und Aufmerksamkeit zu widmen, einer weißen Traube, die wegen ihrer Schwierigkeiten beim Anbau und beim Gärvorgang schon fast aus den Weinbergen verschwunden war. Heute versucht fast jeder Winzer, diesen Wein zu produzieren. Auch ließ Giacosa lange, bevor der Grappa-Boom einsetzte, die ausgepreßten Schalen (Trester) seiner Weine destillieren. Zusammen mit seinem alten Freund Italo Stupino, Besitzer des Weinguts Castello di Neive, gründete er 1978 eine Grappa-Brennerei, in der Grappa vom Barolo, Barbaresco, Barbera, Dolcetto, Grignolino, Arneis und Gavi erzeugt wurden. Sogar ein gesüßter Grappa aus Pinot Noir ziert inzwischen sein Angebot. Giacosas jüngstes Produkt ist ein trockener Schaumwein: etwas radikal Neues, sowohl gegen die Tradition des eigenen Hauses wie auch des gesamten Anbaugebietes gerichtet, wo Schaumwein gleichbedeutend war mit Asti Spumante. Es sei die größte persönliche Herausforderung für ihn gewesen, erklärt er, aber auch die größte Genugtuung, die er in den letzten Jahren erfahren hätte.

Die Idee dazu kam ihm, als er vor geraumer Zeit das Oltrepò Pavese bereiste, ein Gebiet 50 Kilometer südlich von Mailand, das viele der großen Spumante-Häuser in Italien mit Trauben beliefert; hier stieß er auf einige überragende Pinot-Noir-Weinberge. Einen Schaumwein ohne die mildernde aromatische Zugabe von Chardonnay zu versuchen, war in der Tat eine kühne Entscheidung. Doch als die ersten Flaschen auf den Markt kamen, wurde dieser Schaumwein sogleich mit den feinsten italie-

nischen Spumanti von Cà del Bosco, Bellavista und Giulio Ferrari verglichen. Giacosa produziert nun jährlich etwa 20 000 Flaschen, die meist schon verkauft sind, bevor sie in seiner Liste erscheinen.

Die Weine, die den Ruhm des Hauses begründet haben, sind und bleiben jedoch die Barolo und Barbaresco aus den bekannten Einzellagen. Giacosa hat wohl mit einer gewissen Zahl neuer Lagen geliebäugelt, aber ist schließlich doch seinen fünf Traditions-Crus treu geblieben: Gallina und Santo Stefano in Barbaresco, Collina Rionda in Serralunga, Rocche und Villero in Castigliole Falletto. Keine dieser Lagen befindet sich in seinem Besitz. Jedes Jahr schließt er von neuem Kontrakte mit den betreffenden Winzern, damit sie ihm im Herbst die Trauben verkaufen. Nur einmal hat er, zur Überraschung aller, einen Weinberg gekauft: im Jahre 1984, zusammen mit seinem schweigsamen Freund Italo Stupino. Dieser Weinberg, Falletto di Serralunga, liegt nur einen Steinwurf weit weg von der Lage Collina Rionda (und grenzt an den Weinberg Ornato von Pio Cesare). Giacosa hatte erstmals 1982 einen Barolo von Falletto gemacht und wußte genau, welch großer Wein in dieser Lage wuchs.

Woher die Eigenart und die besondere Qualität seiner Weine rührt, ist vielen Kollegen bis heute ein Geheimnis geblieben. Es gibt andere Barolo und Barbaresco, die fruchtiger sind und mehr Finesse haben, als die von Giacosa, ebenso wie es andere gibt, die herber und intensiver sind. Aber niemand konnte bislang Frucht und Intensität, Körper und Eleganz so kombinieren wie er. Auch Angelo Gaja zollt, bei allen Kontroversen mit Giacosa, seinem Konkurrenten höchsten Respekt: »Ich versuche, aus der Nebbiolo-Traube einen eleganten Wein, Bruno Giacosa dagegen einen opulenten Wein zu erzeugen. Aber in ihrer Kategorie sind seine Weine Klassiker.«

Ohne Zweifel sind sie auch die langlebigsten Weine des Gebietes. Sowohl die 1971er wie die 1964er besitzen noch eine Frische wie junge Weine. Das Geheimnis? Giacosa zuckt nur mit den Schultern. Lange Gärzeiten? »Man kann die Trauben nicht mehr wie früher fermentieren – heutzutage werden sie alle schon im Weinberg chemisch behandelt.« Hohe Gärtemperaturen? »Man darf nicht zu hoch gehen, man brennt dann das Aroma weg.« Zusatz von Preßwein? »Man kann die Nebbiolo nicht zu stark abpressen. Das ergäbe einen herben und bitteren Geschmack.«

Wie aber heißt Giacosas Erfolgsformel? »Man wählt Trauben aus den besten Lagen, hält den Ertrag niedrig und sorgt dafür, daß sie völlig ausreifen. Man fermentiert sie lange genug, um ausreichend Tannin und Farbe zu bekommen, aber nicht zu lange, damit der Wein nicht zu herb wird. Schließlich sind saubere Fässer nötig, in denen er reifen kann.«

Das größte Geheimnis von Bruno Giacosa scheint zu sein, daß er keines hat.

LUCIANO SANDRONE

Star
wider Willen

**Er besitzt nur fünf Holzfässer.
Doch was darin reift, versetzt die Fach-
welt jedes Jahr wieder in Jubel. Sie
hat Luciano Sandrone zum Aufsteiger
des Jahrzehnts ausgerufen.
Ihm selbst ist gar nicht wohl dabei.**

D ie Weindörfer der Langhe gehören zu den Gebieten in der Welt, in denen der Rebbau am intensivsten betrieben wird. Hier gibt es keine Wälder, keine rebenfremden Ackerfluren wie im Chianti-Gebiet, auch keine oberen Berghänge, die unbestellt geblieben sind wie an der Côte d'Or im Burgund. In der Langhe wachsen überall Reben. Die Tätigkeit der Bevölkerung ist ganz und gar der Pflege der Weinberge gewidmet, dem Gärprozeß der Trauben, der Produktion von Weinen, ihrer richtigen Alterung und schließlich ihrer Vermarktung.

In diesem Zusammenhang gesehen, ist Luciano Sandrone so etwas wie ein Außenseiter. Zwar ist er geboren und aufgewachsen mitten im Herzen des Barolo-Gebietes, nämlich im Dorf Barolo selbst, aber die Sandrones besaßen kein Land, waren auch nicht im Weinhandel tätig. Lucianos Position als Außenseiter, der erst relativ spät dazu kam, Weine selbst zu machen, sollte sich jedoch als ein Vorteil erweisen. Nichts ist tödlicher als Routine bei der Herstellung edler Weine, und Luciano hatte sich nur wenig Routine aneignen können.

Seine Karriere begann in den Kellern der Weinfirma des Marchesi di Barolo, einem großen Haus, das Trauben kauft, Wein aus ihnen macht, diesen ausbaut und vermarktet. Darüber hinaus besitzt das Haus aber auch einige der besten Lagen im Dorf Barolo selbst: Weinberge, die früher zum Besitz der Marchesa Giulia Falletti gehört hatten. In ihren Kellern war der Barolo so, wie wir ihn heute kennen – reich, mächtig, trocken – erfunden und am königlichen Hof des Hauses Savoyen eingeführt worden. Jedenfalls wurde Luciano schon früh vertraut mit Weinen der unterschiedlichsten Qualitätsstufen, und schnell entwickelte sich bei ihm die Erkenntnis von der fundamentalen Bedeutung der Lagen für die Qualität des späteren Weines. Vielleicht noch wichtiger war, was Luciano in den Kellern von Marchesi di Barolo bei der Herstellung von Weinen sah – es waren Prozeduren, die tradi-

Luciano Sandrone heißt der neue Stern am Barolo-Himmel. Wenn ihm der Rummel zuviel wird, flieht er in den Weinberg – mit dem Moped.

tionell und typisch waren für das gesamte Anbaugebiet. Keineswegs alle waren nach seinem Geschmack. Die überaus lange Maischegärung brachte oft Weine von exzessiver Herbe und Bitterkeit hervor. Jahrelanges Altern in großen Fässern ließ sie leicht ermüden und austrocknen. Und die dauernde Bearbeitung der Weine, nur um sie zu klären, vollendete die Oxydation, die durch das lange Altern in Holzfässern begonnen hatte.

Die mächtige, muskulöse Statur Luciano Sandrones vermittelt nicht eben den Eindruck eines sensiblen Ästheten. Doch der Eindruck täuscht. Er wünschte sich die Weine eleganter, fruchtiger, frischer. Natürlich sollten sie die traditionelle reiche Fülle und Unverwechselbarkeit des Barolo behalten, aber dennoch mehr Harmonie, Grazie und Ausgeglichenheit aufweisen. Die Gelegenheit, mehr zu tun als bloß über einen neuen Barolo-Stil nachzudenken, ergab sich in den späten siebziger Jahren, als eine kleine Landparzelle in Cannubi Boschis, einer der allerbesten Lagen des Dorfes, zum Verkauf stand. Er griff zu und begann, seine eigenen Weine zu erzeugen.

Sandrone war sich früh darüber klar, daß er, wenn er die Gärdauer kürzen wollte, um eine abgerundetere, weichere Frucht zu erhalten, Trauben benötigte, die hinsichtlich Geschmack, Intensität und Fülle von überlegener Qualität sein mußten. Niedrigere Erträge wurden ein wichtiger Teil seiner Strategie, aber auch neue Produktionsmethoden im Keller waren erforderlich. Nach vielen Versuchen und Fehlschlägen entdeckte Sandrone, daß ein gewisser Anteil ganzer Trauben, nur entstielt, aber nicht zerquetscht, dem Wein die Frische und Geschmeidigkeit schenkte, die er suchte, ohne dabei die Wucht und Konzentration des Barolo zu mindern. Kürzere Alterungszeiten im Holzfaß, neue und kleinere Fässer wurden mit jener äußersten Sorgfalt ausgewählt, die seine Karriere gekennzeichnet hat.

Sein erster Barolo, der von 1980, zog bereits viel Aufmerksamkeit auf sich. Der großartige 1982er aber katapultierte Sandrone ins nationale und auch internationale Rampenlicht, wobei Weinexperten ihn bereits als einen Star seiner Zunft ausriefen.

Die winzige Familien-Domäne (die gesamte Arbeit sowohl im Weinberg wie auch im Keller wird von Sandrone selbst, seiner Frau und seiner Tochter, seinem Bruder und seinem Onkel verrichtet) hat sich trotz weltweiter Anerkennung nur vorsichtig weiterentwickelt. Kein Produzent im Barolo kann nur mit einem einzigen Wein überleben. Und ein Nebbiolo kann nur in ausgesuchten Lagen gedeihen, die optimal hinsichtlich Höhe und Sonneneinstrahlung sind. Außer dem Barolo mußten andere Weine entwickelt und verbessert werden.

Sandrones Barbera war schon immer ein guter Wein gewesen, aber mit den 1989er und 1990er Jahrgängen wurde ein völlig neues Qualitätsniveau durch den Gebrauch eines neuen französischen 700-Liter-Eichenfasses erreicht, eine wahre Pionierleistung. Mit dem Dolcetto, obwohl eindeutig als einer der besten des Gebietes beurteilt, wird noch experimentiert – in der Vermutung, daß eine noch kürzere Alterung im Holz ihn verbessern wird.

Sandrones kleiner Keller ist mit Gärtanks aus Edelstahl und Holzfässern vollgestellt. Es fehlt an Platz, zumal Landkäufe und langfristige Pachtverträge seinen Besitz auf 6,5 Hektar vergrößert haben. 1990 entschloß sich Sandrone, endgültig ernst zu machen mit dem eigenen Wein. Er gab seine Stellung als Kellermeister bei Marchesi di Barolo auf, um sich ganz dem eigenen Gut und den eigenen Weinen zu widmen. Ein neues Etikett wurde entworfen, eine neue Flaschenform auch, und mit dem Bau eines neuen Kellers wurde ebenfalls begonnen. Eines weiß er allerdings auch: Für die Kundschaft werden die Mengen, die er produziert, nie ausreichen.

ANGELO GAJA

Vordenker des Piemont

Mit 18 trank er nur ungern Wein, mit 25 jobbte er im Fast-Food-Restaurant, mit 45 war er ein Star der internationalen Weinszene: Angelo Gaja, das Multitalent plant weiter.

D ie berühmtesten französischen Weingüter tauchten bereits früh in der Geschichte oder Literatur auf: Haut Brion in Bordeaux zum Beispiel 1663 durch den englischen Tagebuchschriftsteller Samuel Pepys, die Domaine de la Romanée Conti im 18. Jahrhundert durch General Conti und die königliche Mätresse Madame Pompadour. Solche Historie gibt es in der Langhe nicht. Die Geschichte des modernen Barolo und Barbaresco ist verhältnismäßig jung, und geschrieben wurde sie – zumindest die jüngste – zu einem nicht unerheblichen Teil von Angelo Gaja.

Zweifellos hat der Weinbau im Piemont eine lange Tradition. Aber es war selten eine glorreiche oder glänzende. Sie roch vielmehr nach Erde, Schweiß, Armut, und die Ergebnisse des bäuerlichen Fleißes waren nicht immer nach dem Geschmack führender Kreise in der Gesellschaft. Angelo Gaja war nicht der erste, der diese Traditionen überdachte, aber der letzte in der kurzen Geschichte des Weines. Sein Ziel war es, das, was gut war, zu bewahren und den Ballast über Bord zu werfen. Eine solche Person brauchte Piemont nach Jahrzehnten der Stagnation und Isolation dringend. Er gehört zur vierten Generation einer der ältesten und solidesten Familien von Barbaresco. Er verfügt nicht nur über ein außerordentliches Talent für die Weinproduktion, sondern setzte auch alles daran, Piemont und seine Weine in der ganzen Welt bekanntzumachen und die Skeptiker davon zu überzeugen, daß in Barbaresco Weine wachsen, die mit internationalen Spitzenweinen konkurrieren können.

Angelo Gaja macht Weine, welche die Welt in Staunen versetzen. Er ist der erste, der sie zu Preisen verkauft wie französische Hochgewächse.

53

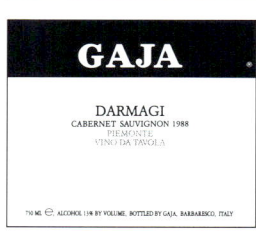

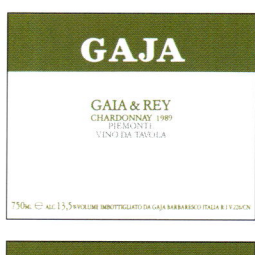

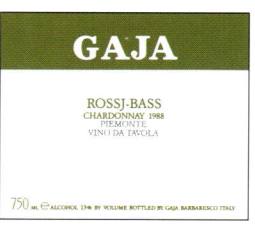

Die Gründung des Hauses Gaja fand in Stille und in aller Anonymität statt, wie dies bei vielen Ereignissen der Fall ist, die sich in den Nebel von Legenden hüllen. Giovanni Gaja wurde 1859 als eines der sieben Kinder des Angelo Gaja geboren, welcher die *Osteria del Vapore* in Barbaresco gründete, das damals ein Dorf mit 2000 Seelen war. Diese Osteria diente zugleich als Krämerladen. Man verkaufte den Familienwein in Fässern oder in größeren Mengen vom Faß. Die Osterien in der Gegend waren auch Orte leidenschaftlicher Kartenspiele. In seinem Buch »Die Welt der Besiegten« spricht der piemontesische Autor Nuto Revelli von der Passion der Bauern für Karten und das Kartenspiel und berichtet von Geschichten jener, »die sich ihre Hände durch die Gewalt, mit der sie die Karten auf den Tisch schlugen, blutig machten«. Diese Osteria ermöglichte es der Familie Gaja, das Kapital anzusammeln, welches sie für die spätere Weiterführung und Expansion ihrer Geschäfte brauchte.

Die Dinge begannen mit Angelo Gajas Großvater, ebenfalls Angelo geheißen, besser gesagt mit dessen Heirat mit Clotilde Rey im Jahre 1905. Die junge Dame aus dem Val di Susa war im savoyischen Chambéry aufgewachsen, sprach fließend Französisch und war kultiviert, was in der bäuerlichen Welt von Barbaresco die Ausnahme war. Sie zeichnete sich durch Energie, Integrität, Genauigkeit und Selbstdisziplin aus. Schnell drückte sie dem Familiengeschäft ihren Stempel auf: Wenn Angelo für die Weinberge und den Keller verantwortlich war, so hielt sie die Büro- und Verwaltungsangelegenheiten in der Hand. Sie prägte das Leben und die Arbeit ihres Sohnes Giovanni und ihres Enkels Angelo, der später seine beste Barbera-Lage ihr zu Ehren Vignarey taufte (»Reys Weinberg«) und seinen bahnbrechenden Chardonnay Gaja & Rey.

Giovanni Gaja, der Sohn von Angelo und Clotilde, wuchs organisch in das Familienunternehmen hinein, gewissermaßen ohne das elterliche Gleichgewicht, das sich dort eingependelt hatte, zu stören. Von Beruf Geometer und als solcher in der Bauindustrie aktiv, war er damit einverstanden, die Geschäftspolitik seiner Mutter und den bewährten Angestellten anzuvertrauen, wie etwa Luigi Rama, dem Kellermeister, oder Luigi Cavallo, dem Verantwortlichen für die eigenen Weinberge. Die Bezeichnung »Angestellte« paßt eigentlich nicht für diese Personen: Rama, der an den Mahlzeiten der Gajas teilnahm, gehörte beinahe mit zur Familie. Giovanni Gaja, übrigens 25 Jahre lang Bürgermeister von Barbaresco, verfolgte jedoch genau, was im Weingut passierte. Er überwachte den Austausch der alten Gärbottiche gegen – für jene Zeit – moderne Zementtanks und begann mit der Mechanisierung der Kellerarbeit. Er kaufte sogenannte »Garolla-Stopfer« aus Eisen und Holz und einen Elektromotor, die, als sie 1934 eintrafen, unter den Winzern des Ortes zu ungläubigem Staunen führten. Von elektrischen Pumpen hatte man noch nie

gehört. Aber Giovanni Gajas Talente lagen im strategischen, nicht im technologischen Bereich. Er ließ die Weinberge von der traditionell gemischten Kultur auf Monokulturen umstellen, wodurch die Erträge von 20 auf 60 Doppelzentner pro Hektar anstiegen, was für jene Zeit sehr niedrig war. Die Gajas verstanden früh die Notwendigkeit geringer Erträge, um hohe Qualitäten zu erzielen. Noch wichtiger war eine in den fünfziger Jahren gestartete Kampagne zum Erwerb neuer Weinberge, die den Familienbesitz in 15 Jahren auf 60 Hektar brachte, darunter einige der besten Lagen des gesamten Anbaugebietes. Damit war Gaja der größte Weinbergbesitzer in Barbaresco geworden. Heute gehören mehr als 40 Angestellte zum Weingut. Dies bedeutet höhere Unkosten, aber auch ein höheres Niveau an Professionalität. Die Grundlage für den Qualitätsanstieg der Weine in den Jahren 1960 bis 1990 war damit gelegt.

Giovannis Sohn, Angelo Gaja, der heutige Inhaber, gibt zu, daß er als junger Mann kein großer Weinliebhaber war. Er absolvierte 1959 die Schule für Weinbaukunde von Alba. Dann ging er nach London, wo er 6 Monate lang in einem Fast-Food-Restaurant arbeitete und Hamburger über den Tresen schob. Schließlich kehrte er nach Barbaresco zurück und schrieb sich 1963 an der Universität Turin ein. Während er noch die Universität besuchte, begann er bereits im eigenen Weingut zu arbeiten. Sein Vater schickte ihn in die Weinberge. Dort begann seine Karriere. Durch strengen Beschnitt der Reben halbierte er die Anzahl der Knospen pro Rebschenkel von 24 auf 12 »Augen«.

Stickstoff-Dünger wurde verbannt; der Einsatz von synthetischen Spritzmitteln gegen Insekten und Pilzbefall eingestellt. Gaja ist zwar kein Grüner, aber er hält ökologische Prinzipien hoch.

Ende der sechziger Jahre absolvierte er eine Reihe von Lehrgängen an der *Station Expérimentale de Viticulture* im südfranzösischen Montpellier. Dabei kam der junge Gaja in Kontakt mit dem modernen französischen Weinbau, und zwar sowohl in der Theorie als auch in der Praxis. Dort lehrten nicht nur berühmte Professoren und bedeutende Weinhersteller; die Schule ist gleichzeitig auch ein voll funktionierendes Weingut. Diese Verbindung von Theorie und Praxis war von großem Nutzen: Gaja erinnert sich noch heute an den Unterricht von Jean-Jacques Perrin von der Domaine de Beaucastel in Châteauneuf-du-Pape über organische Düngung, die Kurse über Temperaturkontrolle bei der Gärung, über Faßverwendung, Rebenveredelung und ausgewählte Weinbergstechniken.

Die neuen Techniken in Barbaresco einzuführen, war nicht einfach. Ein riesiges Thermometer, das mit einer hölzernen Scheide in die Gärbottiche gehalten wurde, um die Temperatur zu messen, verursachte große Heiterkeit im Orte. Die Installation einer Heizung, mit der die Kellertemperatur angehoben werden konnte, ermöglichte es zwar, die malolaktische Gärung sofort nach der alkoholischen Gärung durchzuführen. Aber die Mitarbeiter waren keineswegs begeistert. Denn nun herrschten Temperaturen wie in einem Türkischen Bad im Keller, während draußen der November- und Dezember-Frost klirrte.

Gajas Drang zu experimentieren und die Dinge zu verändern, stieß auf Widerstand. Denn die Weine des Familienguts galten allgemein als die besten der Zone und wurden zu einem höheren Preis verkauft als der teuerste Barolo. Doch zu offenen Konflikten kam es nicht. Als im Jahre 1970 Luigi Rama erkrankte, mußte Angelo in die Verantwortung: Er holte sich Guido Rivella, einen talentierten Önologen etwa gleichen Alters ins Haus, womit die Weichen für die folgenden 20 Jahre gestellt waren.

Gajas und Rivellas erste Aufgabe war es, den Barbaresco, den wichtigsten Wein des Hauses, zu verbessern. Ein erster Schritt in diese Richtung hatte schon 1967 stattgefunden, mit der erstmaligen Erzeugung eines Lagen-Barbaresco, dem Sori San Lorenzo. Er stammte aus einem von Giovanni Gaja 1964 gekauften Weinberg. 1970 kam der Sori Tildin und 1978 der Costa Russi dazu. Die erste Batterie temperaturkontrollierter Gärtanks wurde 1973 installiert. Weitere folgten. Inzwischen sind alle Tanks in ein computergesteuertes System integriert, das die Gärtemperaturen reguliert.

Die bedeutendste und tiefgreifendste Neuerung war jedoch die Einführung kleiner Eichenfässer für das Altern des Weines. Die ersten Experimente wurden schon früh vorgenommen, aber die Ergebnisse waren nicht zufriedenstellend. Die Nebbiolo-Rebe ist eine Sorte, die von Natur aus reich an Tannin und Säure ist. Noch mehr Tannin durch die Holzfässer schien sie nicht vertragen zu können. Nicht einmal die Beratung durch den legendären André Noblet, den Kellermeister von der Domaine de la Romanée-Conti, schuf Abhilfe für das Problem. Die Weine, so bestätigte es Gaja selbst, rochen nach Sägemehl, und die Blume des Nebbiolo wurde von dem penetranten Geschmack nach neuer Eiche erstickt. Eine Lösung wurde erst nach Gesprächen mit Professoren der Universität Turin sichtbar: Die Fässer wurden vor Gebrauch einer speziellen Behandlung unterzogen, damit nur ein Minimum an Aroma übrigblieb, um den Wein zu »würzen«. Die Grundfunktion des kleinen Fasses besteht nämlich darin, es dem Wein zu ermöglichen, während einer beschleunigten Oxydation durch die Holzporen zu atmen: Das ist, nach Gaja, das eigentliche Geheimnis dieser Barriques. So wurde ein Dampfstrahlgerät gekauft, um die kleinen Fässer mit kochendem Wasser und Dampf reinigen zu können. Versuche ergaben, daß eine 50minütige Behandlung ausreichte, um das unerwünschte Eichenholzaroma zurückzudrängen, gleichzeitig aber einen gewissen Loheton zu belassen. Robert Mondavi, der berühmte Weingutbesit-

zer aus Kalifornien, war entsetzt, als er davon hörte: »Sie sind verrückt. Sie werden das gesamte Aroma zerstören.« Nach zehnjähriger Experimentierphase wurde der 1979er Jahrgang erstmals erfolgreich in den kleinen Fässern ausgebaut. Seitdem sind sie immer wieder verwendet worden, und nicht nur für den Barbaresco. Der Vignarey, Gajas Lagen-Barbera, wird ebenfalls in neuen Barriques ausgebaut. Er ist so zu einem echten Rivalen für Giacomo Bolognas Bricco dell' Uccellone und Elio Altares Vigna Larigi geworden. Und der Einsatz von gebrauchten Barriques hat aus dem Vignabajla, Gajas Dolcetto, einen differenzierten und raffinierten Wein gemacht.

Die Verwendung kleiner Fässer machte auch Änderungen bei der Weinerzeugung erforderlich: Gaja und Rivella bemühten sich beim Auspressen der Trauben, die Beeren weder zu verletzen noch allzusehr zu strapazieren. Außerdem verwendeten sie eine kleinere Menge ungemahlener Beeren. Dadurch sollte die Extraktion herber, bitterschmeckender Tannine reduziert werden.

Ausschlaggebende Faktoren blieben jedoch die niedrigen Erträge im Weinberg: weniger als 30 Hektoliter pro Hektar. Gajas Ziel war es, einen neuen Barbaresco zu schaffen, der die Intensität und Kraft des Bouquets und des Aromas, welche diese alten Sorten auszeichnet, mit einer neuen Seidigkeit, Eleganz und Fruchtigkeit verbindet.

Es ist ein moderner Barbaresco, der aber statt 12 Tage 18 bis 25 Tage auf den Schalen vergoren wird. Kein Wein, der nach 5 Jahren mit einem Fuß im Grabe steht, sondern ein Barbaresco von abgerundeter Fülle, weich und geschmeidig mit Schliff und einem Hauch von süßer Eiche.

Angelo Gaja ist ständig auf Reisen. Er spricht fließend Englisch und Französisch und ist inzwischen eine Größe in der internationalen Weinszene. Aber er ist immer ein leidenschaftlicher Patriot des Piemont geblieben. Er spricht mit seiner Familie und seinen Freunden den einheimischen Dialekt, und zwar mit unverhohlenem Vergnügen. Er läßt keine Gelegenheit aus, die Vorzüge seiner Heimat

Ohne das Weingut von Gaja (im Vordergrund) wäre Barbaresco ein verschlafenes Dorf in der Langhe. Es hat maßgeblich dazu beigetragen, daß der Name dieses Dorfes für einen hochklassigen Rotwein steht.

55

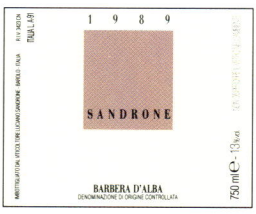

zu preisen – ihre Küche, die weißen Trüffel und die Haselnüsse, die berühmte piemontesische Rinderrasse, die heimischen Käse, wie zum Beispiel den Roccaverano und Castelmagno. Auch sein Vertrauen in die Nebbiolo-Traube ist nie erschüttert gewesen. Allerdings ist er der Meinung, daß Barolo und Barbaresco eine Kategorie für sich darstellen. Sie sind Weine, die mit einem Cabernet Sauvignon oder einem Pinot Noir nicht verglichen werden können. Deswegen wuchs in ihm der Wunsch, im Piemont auch andere Sorten zu kultivieren, etwa Cabernet Sauvignon sowie die weißen Chardonnay und Sauvignon blanc. Er war überzeugt, daß diese Sorten auch im Piemont Qualitäten hervorbringen, die es mit den besten Weinen der Welt aufnehmen können. Cabernet Sauvignon wurde 1978 gepflanzt. 1983 war der erste Jahrgang, der auf dem Markt erschien. Als Giovanni Gaja zusehen mußte, wie Barbera- und Dolcetto-Reben herausgerissen wurden, um an deren Stelle Cabernet zu pflanzen, konnte er nur mit dem Kopf schütteln und *darmagi!* ausrufen: »Wie schade! Was für eine Schande!« Dies wurde zum Namen von Angelo Gajas Wein.

Das Problem des Darmagi bestand darin, dieselbe Komplexität zu erreichen wie die großen Bordeaux-Weine – die meist aus einem Verschnitt von Cabernet Sauvignon, Cabernet Franc, Merlot bestehen. Das Problem beim Chardonnay war dagegen, Säure und Fruchtigkeit in einem Klima aufrechtzuerhalten, das weitaus wärmer als das des Burgund ist. Gaja mußte deshalb sein ganzes Können aufbieten, wobei er von vielem profitierte, was er in anderen Weinbaugebieten, die er besucht hatte, gesehen und gehört hatte. In seinem Chardonnay Gaja & Rey sind zum Beispiel kalifornische Einflüsse (länger als 24 Stunden Kontakt von Beerenhäuten und Most; Gärung in rostfreiem Stahl, ehe der Wein ins Holz geht), mit französischen (Verwendung von wilden Hefen, verlängerter Verbleib des Weines auf seinem Bodensatz) vermischt. Beim Darmagi ist es ähnlich.

Angelo Gaja gönnt sich keine Ruhe. Er plant weiter. Einen neuen Sauvignon, der mit den trockenen Graves- und Barsac-Weinen konkurrieren kann, hat er gerade auf den Markt gebracht. Weiter denkt er daran, auf Auktionen französische Eiche einzukaufen, um sicher zu sein, daß er nur allerbeste Qualität bekommt. Die Fässer sollen unter seiner Aufsicht im Piemont gezimmert werden. Ein einschneidendes Ereignis war der Kauf eines großen Weinberges in der Barolo-Zone im Jahre 1988. Angelo Gajas nächstes Ziel ist es, sich mit den großen *barolista* – Bruno Giacosa, Aldo und Giovanni Conterno, Prunotto – zu messen. Die Lagen Rivette und Marenca, die er gekauft hat (zusammen 50 Hektar), gehören zu den besten des ganzen Anbaugebietes.

Gespannt warten alle auf 1993, wenn die 1988er Barolo freigegeben werden. Dann zeigt sich, ob Gaja seinen bisherigen Erfolgen einen weiteren hinzufügen kann.

ALBERTO DI GRESY

Einsteiger mit Fortune

Alberto di Gresy besitzt ein berühmtes Weingut, beste Lagen bei Barbaresco und einen adeligen Namen. Doch im Gegensatz zu manchem anderen seiner Zunft hat er etwas aus diesem Erbe gemacht.

A lberto di Gresy ist normalerweise ein bescheidener Mensch. Nur beim Wein macht er manchmal eine Ausnahme: »Ich habe nicht den Wunsch, für eine wichtige Person zu gelten, noch suche ich Ruhm, aber ich wünsche mir, daß mein Wein als einer unter den zehn besten Italiens gilt.«

Di Gresy ist ein Nachfahre einer Savoyer Adelsfamilie und Urenkel von Francesco Pelizzari, welcher die rechte Hand von Premierminister Giovanni Giolitti war, Italiens führendem politischen Kopf in der Zeit vor dem Ersten Weltkrieg. In dieser Adelsfamilie wurde Französisch gesprochen, wie das damals auch in vielen anderen aristokratischen Familien Norditaliens üblich war. Großmutter Giulia Pelizzari in Cisa Asinari di Gresy pflegte den Köchen ihres Haushaltes Anweisungen auf Französisch zu geben, und noch heute besitzt die Familie ein französisch geschriebenes Kochbuch mit Menüs von Mittag- und Abendessen, die zu Hause serviert wurden und die in jenem Französisch abgefaßt waren, welches das transalpine Erbe der großen Familien im italienischen Teil Savoyens war.

Der Grundbesitz der Familie geht bis ins 18. Jahrhundert zurück; die herrlichen Weinberge von La Martinenga, dem Kronjuwel im Familiendiadem, wurden um das Jahr 1790 vom Marquis Deabbate di Moncalieri erworben. Neben den 22 Hektar Weinland von La Martinenga in Barbaresco besitzt die Familie 10 Hektar Rebengebiet am Monte Aribaldo im benachbarten Dörfchen Treiso und 22 Hektar Landwirtschaft in Cassino, in der italienischen Provinz Alessandria, wo einer der feinsten italienischen Muskatellerweine hergestellt wird. Zieht man in Betracht, daß Alberto di Gresys Onkel, Paolo di Gresy, die 22 Hektar Weinberge von Casa Grossa in Barbaresco während der sechziger Jahre verkaufte, so kann man sich leicht den Umfang und die Bedeutung vorstellen, die der Familiengrundbesitz vor 25 Jahren noch hatte: mit den 54 Hektar bestem Weinanbauland in der D.O.C.-Zone von Barbaresco konnten die di Gresys sogar mit dem Imperium, das von Giovanni Gaja, Angelos Vater, errichtet wurde, konkurrieren.

Daß dieses Patrimonium eine reale und nicht nur potentielle Bedeutung für den Weinbau Piemonts erlangte, ist das Verdienst und die Leistung

Alberto di Gresy am Fenster
der Villa la Martinenga:
Sie liegt inmitten der
besten Weinbergslagen von
Barbaresco. Von dort
kommen seine Weine.

Alberto di Gresys; aber die Weinbaugeschichte dieses Familienbesitzes beginnt keineswegs mit ihm.
Familienphotographien aus dem ersten Jahrzehnt
dieses Jahrhunderts beweisen, daß die zwei schönsten Parzellen der Besitzung, Gaiun und Camp
Gros, bereits mit Reben bepflanzt waren, und zwar
mit an Sicherheit grenzender Wahrscheinlichkeit
mit Nebbiolo-Trauben. Alessandro di Gresy, Alber-
tos Vater, verkaufte solche nämlich bereits in den
zwanziger und dreißiger Jahren an Fontanafredda.
Wegen der großen Wertschätzung, die der Lage des

Weinberges damals schon zukam und aufgrund der
Tatsache, daß dieses der einzige und größte zusammenhängende Besitz in Barbaresco war, diente der
Preis, der für die Nebbiolo-Traube erzielt werden
konnte, als Preisindex für das gesamte Gebiet. Als
im Jahre 1959 die Weinkellerei-Genossenschaft
von Barbaresco neu gegründet wurde, unterstützte
sie Alessandro di Gresy mit Begeisterung, ja er war
sogar der zweite unter den Weinanbauern aus dem
ganzen Dorf, der dieser Kooperative beitrat. Als
dann die Produktion auf 1000 Tonnen jährlich

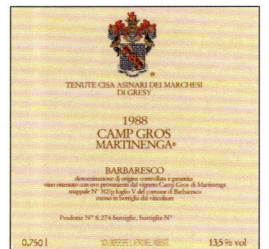

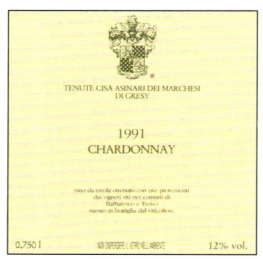

anstieg, war die Kooperative nicht mehr in der Lage, Ernten dieser Größenordnung aufzukaufen, und die besten Häuser des Piemont – zum Beispiel Prunotto, Pia Cesare, Bersano sowie Ceretto – wetteiferten darum, regelmäßig mit Nebbiolo-Trauben von La Martinenga beliefert zu werden.

Die Hauptlast und -verantwortung für die Umgestaltung von La Martinenga und für die anderen di Gresy-Besitztümer fiel auf Alberto di Gresy, als er noch ein junger Mann war. Allerdings war dies für ihn eher eine Sache der Auslese, denn der Wahl: Sein älterer Bruder Luigi war dank seiner Karriere bereits gut in Mailand etabliert und seine beiden Schwestern waren schon verheiratet. Alberto di Gresy hatte eine große Vorliebe für das Landleben, ein Gefühl, das bis auf seine Kindertage zurückging und aus der Zeit in ihm fortlebte, als die Familie noch in der Villa Giulia, ihrem Sommersitz am Monte Aribaldo (im benachbarten Treiso), ihre Ferien verbrachte. Die Erinnerungen an die Spiele im Garten, an das Gefühl der Freiheit, an die Hügel und Felder, die Arbeit mit den Bauern, die Weinberge mit den in der Juli- und Augusthitze reifenden Trauben, waren ihm treu geblieben. Vielleicht begünstigte die Tatsache, daß er ein Amateur und ein Außenseiter in Sachen Wein geblieben war, seine Unternehmungen. Durch eine finanzielle Entscheidung seiner Familie, waren ihm beim Aufbau des Weingutes klare Grenzen gesetzt. Demnach durften nämlich Verbesserungen nur durch bereits in vorhergehenden Jahren erwirtschaftete Gewinne finanziert und ausgeführt werden. Dies hat einer schnellen Expansion Einhalt geboten, ebenso einer raschen Neuausrüstung des Kellers. Diese Selbstbeschränkung hatte aber auch einen positiven Aspekt. Alberto di Gresy blieb nämlich genügend Zeit für sorgsames Experimentieren.

Die ersten Weine mit eigenem Etikett – Dolcetto und Nebbiolo – wurden 1973 abgefüllt. Der Nebbiolo hatte bereits Anspruch darauf, sich »Barbaresco« zu nennen. Doch nur Nebbiolo-Weine bester Qualität sollten sich, so di Gresy, mit diesem Namen schmücken dürfen. Diese Politik ist bis heute durchgehalten worden. Derzeit gibt es drei Nebbiolo-Weine:

• die Spitzen-Barbaresco Camp Gros und Gaiun – das Beste, was die Weinberge in La Martinenga hervorbringen. Ihre Produktion blieb auf die besten Jahrgänge (nämlich 1978, 1979, 1982, 1983, 1985, 1986, 1987, 1988, 1989, 1990) beschränkt;

• den regulären Barbaresco La Martinenga, der nur in relativ guten Jahren – wie 1980, 1981 und 1991 – (neben den vorgenannten überlegenen Jahrgängen) erzeugt und in durchschnittlichen Jahren aufgebessert wird durch den Zusatz der Trauben von den Lagen Camp Gros und Gaiun;

• der einfache Nebbiolo d'Alba, der auch in den mittelmäßigsten Jahren ein ordentlicher Wein sein kann, wenn er auch nie dasselbe Niveau erreicht wie der Barbaresco; in weniger erfolgreichen Jahren wird er im Faß verkauft und gar nicht erst auf Flaschen gefüllt.

1982 wurde der Keller von Monte Aribaldo geschlossen und die Weinproduktion direkt nach La Martinenga verlegt, wo temperaturkontrollierte Edelstahltanks installiert worden waren, moderne Pressen standen und vor allem Platz für ein Lager von insgesamt 130 000 Flaschen geschaffen worden war. Dieses Expansionsprogramm wurde von di Gresy persönlich geplant, geleitet und überwacht, unterstützt von zwei Mitarbeitern: zum einen dem Weinbauexperten Paolo Torchio, der damals Weinmacher auf der Tenuta Carretta war und heute Direktor des Weinguts Bel Colle ist; zum anderen dem Kellermeister Giuseppe Cortese, heute ein führender Kleinproduzent mit einem hervorragenden Barbaresco, der unter eigenem Namen firmiert. Sie zusammen machen La Martinenga zu einem Spitzenerzeuger für den Barbaresco.

Eine wichtige Neuerung trat 1984 ein. Zum ersten Mal wurde mit kleinen Barriques experimentiert. Dabei versuchte di Gresy, dem Lagen-Barbaresco etwas mehr Ausdruck und jenen Flair zu geben, wie ihn das internationale, vor allem amerikanische Weinpublikum liebt. Der 1985er Lagen-Barbaresco Gaiun feierte einen triumphalen Erfolg. Der amerikanische *Wine Spectator* gab ihm 96 von maximal 100 Punkten.

Weitere Experimente mit Barriques sind im Gange: zum Beispiel mit einem im Faß gereiften Dessertwein aus der Moscato-Traube, der auf dem Familienbesitz in Cassino produziert wird; mit einem Chardonnay, mit einem Cabernet Sauvignon. Allerdings ist bis 1992 noch keiner dieser Weine zum Verkauf freigegeben worden. Alberto di Gresy hält sie noch nicht für gut genug, um neben seinen Barbaresco bestehen zu können.

Eine kleine Veränderung steht auch für seinen Spitzenwein ins Haus, den Barbaresco Camp Gros. Dieser Wein demonstrierte immer eine eigene Persönlichkeit, hervorgerufen durch die besonderen Böden, die besondere Lage und deren Mikroklima. Er reflektierte aber auch die Philosophie und den Geschmack Alberto di Gresys, der in ihm immer einen traditionellen Wein sah: opulent, kraftvoll, fein. Um ihm noch mehr Komplexität zu geben, ihn »noch eine Spur traditioneller« zu machen, ließ er ihn ab 1989 etwas länger auf der Maische gären als vorher: ein authentischer, maximaler Barbaresco.

Ob er zu den zehn besten Weinen Italiens gehört? Vielleicht ist es noch nicht ganz so weit. Aber für einen Neu-Einsteiger hat di Gresy in den vergangenen 20 Jahren einen weiten Weg zurückgelegt.

Große Weine aus Alba

FRANCO FIORINA s.r.l.
via della Liberazione 3 - 12051 ALBA (Cn) - ITALIA
Tel. 0173/440.234 - Fax 0173/362.536

JAHRGANGSTABELLE

Späte Ernüchterung

Große Barolo, Barbaresco und Barbera gibt es nur in wenigen Jahren. Doch auch viele »kleine« Jahrgänge sind besser als ihr Ruf.

D ie Nebbiolo, aus der Barolo und Barbaresco gekeltert werden, ist eine spätreifende Traube. Sie wird Mitte bis Ende Oktober gelesen. Dann ist sie, einen normalen Witterungsverlauf vorausgesetzt, vollreif. Regnet es vorher, ist die Aussicht auf einen guten Jahrgang dahin. Die Beeren blähen sich auf. Der Most ist buchstäblich verwässert. Regnet es nicht, bleibt es aber kühl, werden nur wenige Trauben reif. Der Wein wirkt später hart, adstringierend: Der Gaumen zieht sich zusammen. Man spricht von einem kleinen Jahrgang, und kleine Jahrgänge verkaufen sich genauso schlecht wie in Bordeaux oder an der Rhone.

Aber die Qualität eines Jahrgangs ist auch abhängig von dem Ruf, der ihm vorauseilt. Und für den guten Ruf tun die Winzer alles. Kaum ein Herbst, in dem sie nicht Optimismus ausstrahlen. Auffällig ist, daß – keineswegs nur in Italien – die letzten Jahrgänge in der Presse häufig hohe und höchste Bewertungen bekommen. Nach einigen Jahren erst kommt die Ernüchterung. Bedarf es dafür eines Beispiels, ist dies gewiß der Jahrgang 1987.

All das bedeutet nicht, daß Barolo und Barbaresco kleiner Jahrgänge untrinkbar sind. Im Gegenteil: Sie können sehr delikat sein, wenn sie auch nicht die typischen Merkmale dieser beiden Weine aufweisen: etwa das teerige Aroma, den Duft reifer Früchte, vor allem nicht das mürbe, reife Tannin. Für viele Weinfreunde sind die Weine aus kleinen oder mittleren Jahrgängen sogar viel angenehmer zu trinken als die superkonzentrierten, oft von einem dichten Tanninvorhang umschlossenen Weine aus großen Jahren. Das gilt zum Beispiel für den 1984er, der unter dem schlechten Ruf, den dieser Jahrgang in Bordeaux genießt, bislang mehr gelitten hat als nötig wäre. Gewissenhafte Winzer begegnen dem Problem kleiner Jahrgänge dadurch, daß sie am Stock streng verlesen und nur die reifen Trauben verwenden. Die Menge des Weines, den sie abfüllen, halbiert sich natürlich gegenüber der Menge in guten Jahrgängen.

Schließlich gibt es auch Jahrgänge, die zu früh als Jahrhundertweine gefeiert werden, weil sie allzu einseitig nach Mostgewicht und Farbtiefe beurteilt werden. So ein Jahrgang dürfte, wenigstens teilweise, der 1985er im Piemont gewesen sein.

Probleme mit den Jahrgängen gibt es auch beim Barbera, obwohl diese Sorte normalerweise etwas früher gelesen wird als die Nebbiolo. Es kommt allerdings darauf an, daß die Säure, welche diesen Wein charakterisiert, nicht zu hoch ist. Sonst schmeckt der Wein »grün«, wie die Fachleute sagen. Als junger Wein mag er auch in kleinen oder mittleren Jahrgängen akzeptabel sein. Doch zum *grande vino* wird er nur, wenn auch der Jahrgang *grande* ist.

Noch etwas: Barolo, Barbaresco und Barbera wachsen größtenteils in verschiedenen Anbaugebieten. Sie liegen nicht weit voneinander entfernt. Aber die Jahrgangscharakteristiken können, wie die Tabelle zeigt, weit auseinanderdriften. Auch innerhalb eines Jahres gibt es eine gewisse Schwankungsbreite der Qualität. Sie ist in der Tabelle mit ( ) gekennzeichnet.

	Barolo	Barbaresco	Barbera
1991	★ (★)	★ (★)	★ ★
1990	★ ★ ★ ★	★ ★ ★ ★	★ ★ ★ ★
1989	★ ★ ★ (★)	★ ★ ★ (★)	★ ★ ★ ★
1988	★ ★ ★	★ ★ ★	★ ★
1987	★ (★)	★ (★)	★ ★
1986	★ ★ ★	★ (★)	★ ★
1985	★ ★ ★ (★)	★ ★ ★ (★)	★ ★ ★ ★
1984	★ ★	★ ★	★ ★ (★)
1983	★ ★	★ ★ ★	★ ★ (★)
1982	★ ★ ★ ★	★ ★ ★ ★	★ ★ ★
1981	★ (★)	★ (★)	★ ★
1980	★ ★	★ ★	★ (★)
1979	★ ★ ★	★ ★ ★	★ ★
1978	★ ★ ★ (★)	★ ★ ★ (★)	★ ★ ★ ★
1977	★	★	★ ★
1976	★ ★	★ ★	★ (★)
1975	★ ★	★ ★	★ ★
1974	★ ★ ★	★ ★ ★	★ ★ ★
1973	★ ★	★ ★	★ ★
1972	★	★	★
1971	★ ★ ★ ★	★ ★ ★ ★	★ ★ ★ ★
1970	★ ★ ★	★ ★ ★	★ ★ ★
1969	★ ★	★ ★	★ ★
1968	★ ★	★ ★	★ ★
1967	★ ★ ★	★ ★ ★	★ ★ ★
1966	★ ★	★	★ ★
1965	★	★	★ ★
1964	★ ★ ★ ★	★ ★ ★ ★	★ ★ ★
1963	★	★	★
1962	★ ★	★ ★	★ ★ ★
1961	★ ★ ★	★ ★ ★ ★	★ ★ ★
1960	★	★	★
1959	★ ★	★	★
1958	★ ★ ★	★ ★ ★	★ ★ ★
1957	★ ★	★ ★ ★	★ ★
1956	★ ★	★ ★	★ ★
1955	★	★	★ ★

LA SPINETTA

Moscato d'Asti
Barbera „Ca' di Pian" (Barrique)
Dolcetto d'Alba „San Rümu"
Grignolino d'Asti

Parusso

Dolcetto d'Alba „Mariondino"
Nebbiolo d'Alba
Barbera „Bricco di Pugnane"
Barolo „Bussia Rocche"

EREDI LODALI

Chardonnay del Piemonte
Dolcetto d'Alba „Sorj Canta"
Barbaresco „Rocche 7 Fratelli"
Dolcetto d'Alba „Asili"

DER WEIN VON JORDAN

Rainer Jordan, Weinberatung · Alfredstraße 345 · 4300 Essen 1
Tel. 0201-424379 · Fax 0201-412464

Die besten Lagen
DIE GRANDS CRUS DES PIEMONT

W er die Barolo-Zone durchmessen will, braucht mit dem Auto kaum mehr als eine Viertelstunde. Aber es ist ein ständiges Auf und Ab, ein Umkurven von Hügeln, ein Durchschreiten von Talsohlen, ein Überqueren von Hügelkämmen. Die unregelmäßige Bodenoberfläche und die großen Höhenunterschiede lassen auch den unerfahrenen Reisenden erahnen, daß nicht an allen Stellen dieser Zone ein gleich guter Wein wächst.

Diese Vermutung täuscht ihn nicht. Oft genügt schon eine Höhendifferenz von 20 Metern, damit aus erstklassigen Trauben mittelmäßiges Lesegut wird. Manchmal ist es nur eine Kurve, die eine Dorflage von einer Spitzenlage trennt.

Die besten Weine wachsen zweifellos auf den Kuppen der Hügel, wobei Süd- und Südwestlagen sich als besonders vorteilhaft erweisen. Denn die Nebbiolo-Traube ist eine spätreifende Sorte. Die Intensität und Dauer der

Sonneneinstrahlung spielt daher eine große Rolle. Vor allem aber sind die Böden in den Höhenlagen besser für den Weinbau geeignet. Sie enthalten weniger organische Substanzen, sind also nährstoffärmer. Die Rebe muß mehr arbeiten, um gute Früchte zu tragen. Lagen wie Bussia und Pian Romuldo, zwischen den Dörfern Castiglione Falletto und Monforte gelegen, ergeben deshalb besonders gute Barolo beziehungsweise Barbera.

Auch die Weinberge südlich von Serralunga, in denen zum Beispiel einige Barolo von Batasiolo, Ceretto, Pio Cesare, Giovanni Conterno, Bruno Giacosa wachsen, vereinen alle Vorzüge der Höhe, Sonnenexposition und Bodenstruktur miteinander. In La Morra gelten Lagen wie La Serra, Brunate, Cerequio und Sarmassa als besonders wertvoll, im Bereich der Gemeinde Barolo sind die Cannubi erste Wahl.

Es gibt zwar keine offizielle Klassifikation der Lagen, aber ein recht genaues Wissen bei den Winzern und Traubenaufkäufern darüber, woher die besten Qualitäten kommen. Das gilt nicht nur für die Nebbiolo-Trauben, sondern ebenso für Barbera, Dolcetto und die anderen Rebsorten des Anbaugebietes. Es basiert auf der langjährigen, oft von Generation zu Generation tradierten Erfahrung und schlägt sich sichtbar nieder in den Preisen, die der Markt im Herbst für das Lesegut zahlt. Erst der

Den höchsten Punkt des Hügels bezeichnet man im Piemont als *sori* oder *bricco*. Dort schmilzt der Schnee im Frühjahr zuerst – Beweis dafür, daß es sich um eine erstklassige Lage handelt.

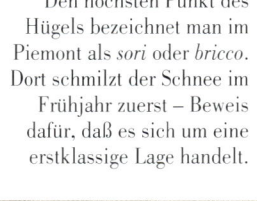

Barolo – Die besten Lagen

I. Historisch bekannte Weinbauzonen

Arione	Marcenasco
Arnulfo	Monfalletto
Cannubi	Monfortino
Costa di Rose	Ornato
Dardi	Sarmassa
Fontanafredda	Santo Stefano di Perno
Ginestre	Zonchetta
Grassi	

(Nach: Renato Ratti)

II. Weinberge von besonderer Güte

Baudana	Fontanile
Brea	Le Turnote
Bussia Soprana	Monfalletto
Bussia Sottana	Pian della Polvere
Cannubi	Rocchette
Ceretta	Sarmassa
Conca	Santo Stefano
Cucco	Vigna Rionda

III. Erstklassige Lagen

Brunate
Cannubi
Cerequio
Gabutti
Lazzarito
Marenca
Monprivato
Parafada
Rivette
Rocche (Annunziata)
Rocche (Cast. Falletto)
Villero

Umstand, daß ein Barolo aus einer guten Lage kommt, macht seine Qualität und seinen Wert aus. Ähnliches gilt für den Barbaresco. Dort sind die Grenzen des Anbaugebietes sogar noch enger gezogen. Dennoch existieren gewaltige Unterschiede in puncto Stil und Qualität. Viele Barbaresco aus Neive sind körperreich und tanninstark, die meisten Barbaresco aus Barbaresco dagegen weich, fruchtbetont und elegant. Es gibt aber auch Lagen, die nur recht magere Weine hervorbringen, welche sich zwar Barbaresco nennen dürfen, aber leichtgewichtiger sind als mancher einfache Nebbiolo d'Alba.

Barbaresco ist also nicht Barbaresco, so wie Barolo nicht Barolo ist. Die Unterschiede sind groß. Bis in die sechziger Jahre dieses Jahrhunderts war es deshalb für die großen Weingüter und Kellereien, die das Monopol auf die Flaschenabfüllung hatten, selbstverständlich, Trauben von verschiedenen Lagen zu kaufen und zu mischen, um auf diese Weise einen ausgewogeneren, auch über die Jahrgänge hin gleichmäßigeren Barolo (oder Barbaresco) zu erhalten. Damit wurde das vorhandene Qualitätspotential nicht ausgeschöpft – einer der Gründe dafür, daß es so wenig alte, trinkbare Barolo aus dieser Zeit gibt.

Die einzigen, die Lagenweine hätten erzeugen können, waren die kleinen Winzer. Doch sie verkauften ihre Trauben oder, wenn sie selbst Wein erzeugten, füllten sie diesen nur zum Hausgebrauch in Flaschen ab. Bis heute hat sich diese Situation nicht grundsätzlich geändert. Der größte Teil der Weine kommt als unspezifizierter Barolo und Barbaresco auf den Markt. Fontanafredda, Marchesi di Barolo, Batasiolo, Prunotto, Pio Cesare, Oddero, Gaja – sie alle erzeugen Weine, die auf einem Verschnitt verschiedener Lagen beruhen. Auf diese Weise werden Standard-Qualitäten erzeugt, die sicherstellen, daß die Weine auch in ausreichender Menge auf den Markt kommen. Darüber hinaus aber bieten – das ist die Neuerung der letzten 15 Jahre – fast alle Erzeuger ihre besten Lagen separat an. Von diesen Lagen-Barolo und -Barbaresco werden meist nur wenige tausend Flaschen abgefüllt, die manchmal sogar doppelt so teuer sind wie die unspezifizierten Barolo und Barbaresco. Dafür bieten diese Weine eine erhebliche qualitative Steigerung. Diese Situation schafft Probleme. Bei Urteilen, die über die beiden Weine abgegeben werden, ist oft nicht klar, ob es sich um Standard-Qualitäten oder um Weine ausgewählter Lagen handelt. Dadurch kommt es zu Fehleinschätzungen. So wie der Rang des Burgunders sich nicht an den Standard-Qualitäten, also an den Weinen aus Gemeindelagen, bemißt, sondern an den

Grands und Premiers Crus, so sollten auch Barolo und Barbaresco an ihren Spitzenqualitäten gemessen werden.

Der in der Toskana lebende amerikanische Weinjournalist Burton Anderson macht keinen Hehl daraus, daß er den Barolo für den größten Wein Italiens hält, und plädiert deshalb mit aller Entschiedenheit für eine Lagenklassifikation. Die fundamentale Bedeutung der Lagen hat zum ersten Mal ein Landvermesser aus Monforte namens Lorenzo Fantini erkannt. Das war Ende des 19. Jahrhunderts. Er hat die Eignung der Flächen für die landwirtschaftliche Nutzung untersucht. Sein Ziel war es nicht, die besten Lagen für den Weinbau herauszufinden. Aber im Zuge seiner Untersuchungen war es unvermeidlich, daß er auch auf Zonen stieß und sie namentlich benannte, in welchen die Reben besonders gute Früchte trugen: zum Beispiel Brunate und Cerequio. Den nächsten Versuch, die weinbaulich geeignetsten Zonen festzuhalten, unternahm der Professor Vignolo Lutati Ende der zwanziger Jahre. Er beschränkte seine Untersuchungen allerdings auf die Barolo-Gemeinde Castiglione Falletto. Dort nahm er eine sehr präzise Kartierung vor.

Die erste umfassende Klassifizierung der Lagen stammt aus jüngerer Zeit. Renato Ratti, 1988 verstorbener Inhaber des Weingutes Abbazia dell' Annunziata in La Morra, hat bereits in den sechziger Jahren eine Karte der historischen Lagen von Barolo und Barbaresco präsentiert, die er in den achtziger Jahren neu überarbeitete. Dabei klassifizierte er zwischen geschichtlich ausgewiesenen Weinbauzonen, Weinbergen von besonderer Eignung und erstklassigen Lagen. Die Karte ist kein offizielles Dokument, aber eine seriöse, wenngleich nicht in jedem Detail akzeptierte Grundlage für eine spätere, genauere Klassifikation geworden. Eine interessante, wenn auch inoffizielle Verfeinerung hat diese Karte erfahren durch zweijährige umfangreiche Recherchen der *Arcigola*-Organisation, die sich in den vergangenen Jahren mit mehreren Weinführern und Publikationen einen Namen gemacht hat. Deren Mitglieder haben auf der Basis von Befragungen alter Winzer, die ihr Leben im Weinberg verbracht haben, ein feingerastertes Profil der historisch höchstbeleumundeten Lagen der Barolo-Zone erstellt.

So sinnvoll und wichtig eine solche Arbeit ist, sie hat auch Probleme aufgeworfen. Eine Lage wie Rabajà, die ohne Zweifel zu den Grands Crus von Barbaresco gehört, produziert heute viele leichtgewichtige, einfache Weine. Der Grund: Seitdem die Lage inoffiziell klassifiziert ist, versuchen alle benachbarten Winzer ihre Weine unter diesem Lagennamen zu vermarkten. Es fehlt nämlich eine genaue Festlegung der Grenzen. Es fehlt vor allem an einem gesetzlichen Lagenschutz. Rabajà ist so zu der am häufigsten mißbrauchten Lagenbezeichnung geworden. Hinzu kommt, daß auch eine erstklassige Lage keine Garantie für höchste Qualität ist. Gerade im besten Teil der Cannubi, einer erstklassigen Barolo-Lage, werden in guten Jahren auffällig viele unausgewogene Weine produziert. Die Trauben reifen dort früher als in anderen Teilen der Zone. Wer sie zu spät liest, erhält einen alkoholischen, »gekochten« Wein. Schließlich fällt auf, daß einige der besten Barolo, die es heute gibt, von Lagen kommen, die nicht als erstklassig eingestuft worden sind. Elio Altares Barolo Vigna Arborina kommt, nach der Ratti-Karte, ebenso wenig aus einer privilegierten Lage wie Gio-

vanni Conternos stupender Barolo »Monfortino«. Selbst Sori Tildin und Sori San Lorenzo, von denen Gajas hochwertige Lagen-Barbaresco kommen, gehören nach Meinung der Klassifikatoren offensichtlich nicht zu Lagen mit traditionellem Ruf. Erst durch eine besondere Bearbeitung und durch extreme Selektion der Trauben entstanden dort erstklassige Weine. Klassifizierung macht also nicht nur die Natur, sondern auch der Mensch. Ratti hat, zumindest in seiner überarbeiteten Barbaresco-Karte, diesem Umstand Rechnung getragen. Fünf Einzellagen hat er mit einem Sternchen gekennzeichnet: Ghiga, Santo Stefano, Martinenga, Sori Tildin und Sori San Lorenzo. Sie stellen Lagen dar, denen durch außerordentliche Winzer-Leistungen der Status eines Grand Cru gebührt.

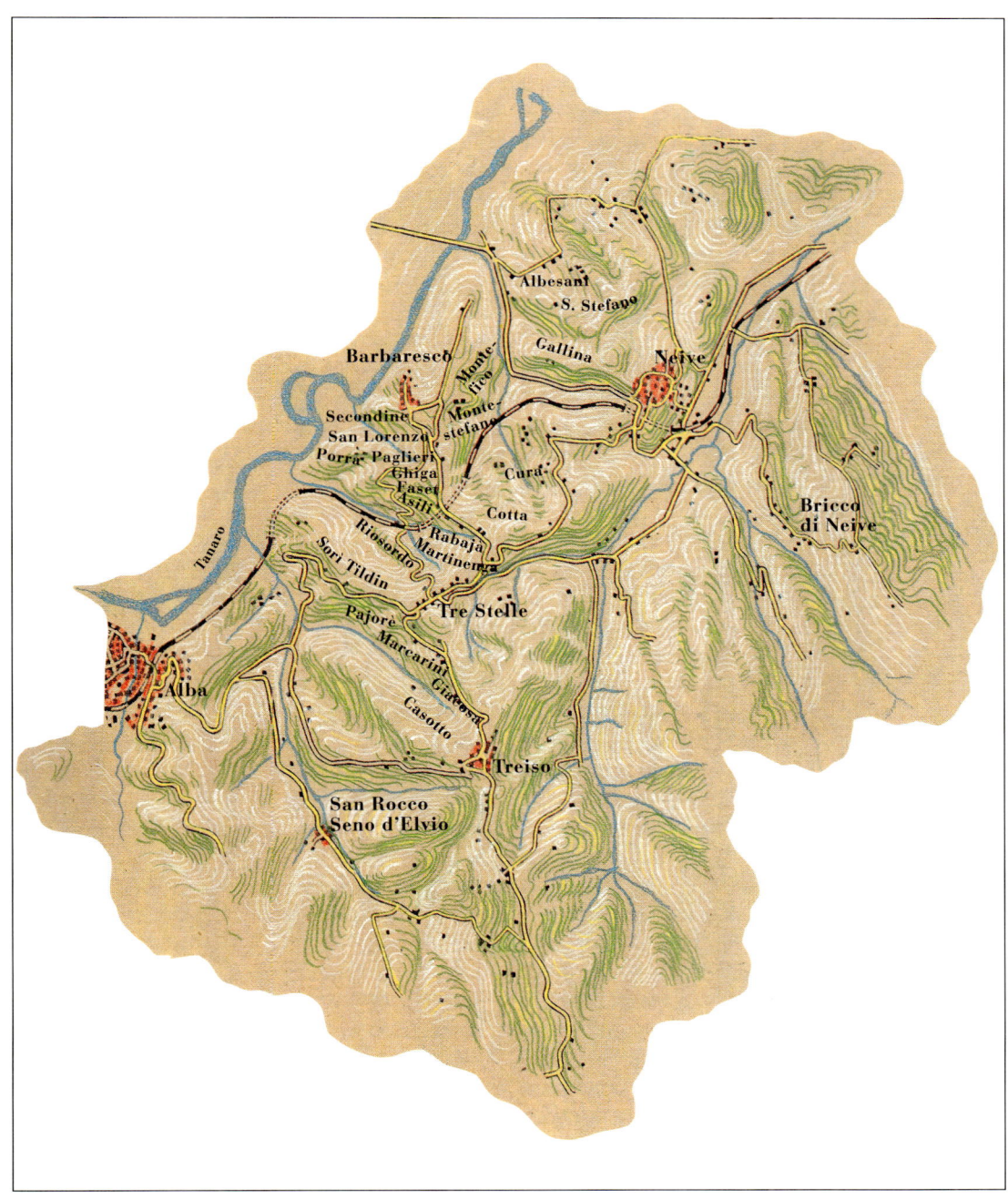

Barbaresco – Die großen Lagen

I. Die historischen Weinbauzonen

Albesani
Asili
Gallina
Giacosa
Marcarini
Montefico
Montestefano
Paglieri
Pajorè
Porra
Rabajà
Riosordo
Secondine

II. Die »menschlichen« Cru

Ghiga
Martinenga
Sori San Lorenzo
Santo Stefano
Sori Tildin

(Nach: Renato Ratti)

65

Unbekanntes Potential

Der amerikanische Weinjournalist Burton Anderson über die Schwierigkeiten, die besten Lagen im Piemont zu klassifizieren.

D ie Weinbauern von Alba haben als erste in Italien die Bedeutung des Cru erkannt. Für Weine wie den Barolo und den Barbaresco, die nur in beschränkter Menge hergestellt werden und die mehr auf den Elitemarkt als auf den Massenmarkt zielen, ist dies die einzigartige Möglichkeit zu zeigen, daß sie ihre Qualität von einer noblen Rebsorte, der Nebbiolo, und vom erstklassigen Boden der Langhe, erhalten. Es scheint, daß die meisten der Barolo- und Barbaresco-Hersteller der Nennung der Lage beziehungsweise ihres Weinbergs auf dem Etikett positiv gegenüberstehen. Jene Weinbauern und Weinmacher, die der Auffassung anhängen, ein guter Wein bestünde immer aus dem Verschnitt von Weinen mehrerer Lagen, befinden sich inzwischen in der Minderheit.

Wie aber kann man diese Crus erkennen? Da wäre zuerst einmal die frühe Klassifizierung von Lorenzo Fantini aus dem Jahre 1879, in der er die Lagen der Barolo- und Barbaresco-Weingüter aufgeteilt hatte in »gute«, »sehr gute« oder »ausgezeichnete«. Viele seiner Bewertungen scheinen auch heute noch Gültigkeit zu besitzen. Aber manchmal haben sich die Namen geändert oder das Weingut existiert nicht mehr.

Neueren Datums ist da die Landkarte von Barolo, die der verstorbene Renato Ratti, selbst Weingutsbesitzer und einer der profundesten Kenner der Zone, entworfen hat. Er hat die Weinberge in zwei Klassen unterteilt: gute mit einem historisch gewachsenen Ruf und sehr gute, wenn die Weine, die von dort kommen, besondere qualitative Merkmale aufweisen. In diesem Fall hat er die Lagen als »erstklassig« bezeichnet.

Andere haben versucht oder versuchen gerade, die Crus selbst zu unterteilen. Diese Versuche erscheinen mir verfrüht, da die Angaben, die über die einzelnen Weinberge zur Verfügung stehen, noch ungenügend sind. Damit will ich nicht den Sinn solcher Unterteilungen in Frage stellen. Allein Gegenden wie Cannubi, Bussia, Rocche di Castiglione, Brunate und Cerequio werden durch ihren Jahrzehnte hindurch erstklassigen Barolo eindeutig ausgezeichnet. Es gibt Trauben-Händ-

ler, welche die Charakteristik der jeweiligen Reben Zeile für Zeile und von jedem einzelnen Jahrgang kennen. Aber wenn man zehn Barolo-Hersteller um eine Bewertung bittet, so werden zehn verschiedene Klassifizierungen herauskommen. Die Beurteilungen der Kritiker würden sicher noch weiter auseinanderklaffen. Allem fachlichem Urteil zum Trotz, werden am Ende nicht die absolute Qualität, sondern immer Geschmack, persönliche Vorlieben oder Vorurteile entscheiden.

Ich möchte in diesem Zusammenhang daran erinnern, daß die Klassifizierung der Bordeaux-Weine ursprünglich auf der Beurteilung des Marktwertes über einen langen Zeitraum beruhte. Für den Barolo benutzt man erst seit kurzem die Bezeichnung des Weinguts auf dem Etikett. Damit ist er für eine Beurteilung nach Bordeaux-Muster ungeeignet. Außerdem garantiert der historische Ruhm eines Weinguts durchaus nicht, daß auf ihm ein ausgezeichneter Wein entsteht.

Ursprünglich kennzeichnete man mit dem Ausdruck *sori* oder *bricco* im Piemont den höchsten Punkt auf einem Hügel. Im Frühjahr schmilzt hier der Schnee zuerst, und im Herbst weisen die dort reifenden Trauben den höchsten Zuckergehalt auf. *Sori* bedeutete also zugleich, daß es sich um eine erstklassige Lage handelt. Dies war sicherlich richtig, solange man einen Barolo noch nach seinem Alkoholgehalt und seiner Kraft beurteilte und nicht nach seiner Feinheit. In warmen Jahren ergeben *Sori*-Lagen in der Tat zuckerreiche Trauben mit viel Tannin und Extrakt. Aber manche Hersteller dieser Gebiete haben festgestellt, daß in heißen Jahren die weniger guten Lagen einen fruchtigeren, blumigeren Wein ergaben, der zwar weniger stark war, aber mehr Gleichgewicht besaß.

Einige erstklassige Barolo- und Barbaresco-Lagen sind, wie gesagt, seit mehr als einem Jahrhundert bekannt. Andere führen die Bezeichnung *sori* oder *bricco* erst seit kurzem auf dem Etikett ihrer Weine. Die Entwicklung dieser Weine kann nur über einen kurzen Zeitraum verfolgt werden. Ein Urteil darüber abzugeben, ob die Weinqualität auf den Boden oder auf das Talent des Winzers zurückzuführen ist, fällt somit schwer. Es scheint sinnvoll, zwischen einem durch außerordentliche Winzerleistung entstandenen Cru und einem natürlichen Cru zu unterscheiden. Einige der besten Barolo- und Barbaresco-Weingüter haben ihre Lagen so zu einem »Arbeits-Cru« aufwerten können.

Mit dem Risiko, einige unverbesserliche Traditionalisten vor den Kopf zu stoßen, behaupte ich, daß die Weine aus Alba sich in den letzten Jahren außerordentlich verbessert

haben, und das nicht nur wegen der technischen Neuerungen im Keller, sondern auch wegen einer Reihe herausragender Jahrgänge. Auch die vielen jungen Weinbauern haben die Qualität ebenfalls erheblich verbessern können.

Der traditionelle Barolo, der lange in Fässern altert, begeistert nur noch einen kleinen Kreis von Kennern. In der Vergangenheit war die Zurückhaltung dem Barolo gegenüber oft Vorurteilen zuzuschreiben: Burgunder-Liebhaber und Bordeaux-Freunde konnten zum Beispiel die geschmackliche Eigenart des Barolo und des Barbaresco nicht akzeptieren. Aber auch die großen Qualitätsunterschiede zwischen den Weinen haben Zweifel an der wirklichen Größe von Barbaresco und Barolo aufkommen lassen.

Nun muß die wirkliche Größe nicht unbedingt ein historisch verbrieftes Merkmal sein. So stellt der Barolo auch in seiner modernen Machart einen internationalen Spitzenwein dar. Dies bedeutet aber nicht, daß der moderne Barolo dem Burgunder, oder der Barbaresco dem Bordeaux gleichen müßte. Ganz im Gegenteil.

So wie die anderen großen Weine mit Weltruf sollten auch sie unabhängig beurteilt werden, jedoch auf gleicher Ebene. Allerdings wird dies nur dann möglich sein, wenn sie dem Verbraucher auf der ganzen Welt vertrauter werden.

Ich habe tatsächlich festgestellt, daß der qualitative Aufstieg des Barolo mit der zunehmend positiven Kritik im Ausland, vornehmlich in Deutschland, der Schweiz und Österreich, einherging. Es zeigt, wie stark Wertschätzung stimuliert, und durchaus zu mehr Leistung motivieren kann. Natürlich gibt es noch sehr viel zu tun, nicht nur in den Weingütern und Kellereien, sondern auch im Marketing, im Erarbeiten eines Images. In diesem Bereich sind die Piemonteser noch weiter hinter den Franzosen zurück. Eine Klassifikation der Weingüter wäre ein Schritt, um der Realität besser gerecht zu werden und das Image des piemontesischen Weines zu verbessern.

Sie wird sich, da bin ich sicher, im Laufe der Zeit von selbst ergeben. Um sie zu legalisieren, wird es aber sicher noch mindestens eine Generation dauern.

Es gibt im Piemont zwei Arten von Spitzenlagen. Die einen hat die Natur dazu gemacht, die anderen sind durch außerordentliche Winzerleistungen in den Rang eines erstklassigen Cru befördert worden.

Barbera
WEIN DER ZUKUNFT

W enn Winzer zu Superlativen greifen, muß es schlecht um den Wein bestellt sein. Auch ein Meister wie Angelo Gaja muß das gelegentlich erfahren. Als er einmal, fast beiläufig, vom Barbera als einem »Wein der Zukunft« sprach, mochte ihn niemand recht ernst nehmen. Zu sehr verbindet sich mit dem Namen Barbera die Vorstellung schlichter, wenn nicht schlechter Weine, die aus den Rebenmeeren, die das Piemont auch besitzt, an den Strand kommerzieller Abfüller und Vermarkter gespült werden. Auch den Zusammenhang mit den Weinskandalen Mitte der achtziger Jahre haben viele der Weintrinker noch nicht vergessen.

Dennoch ist die Bezeichnung vom »Wein der Zukunft« nicht einfach so dahingesprochen. Der Barbera ist, viel stärker noch als Barolo und Barbaresco, in den letzten Jahren Gegenstand intensiver Pflege und ständigen Experiments gewesen, und noch heute gibt es keinen anderen Wein im Piemont, an dem so viel herumgefeilt und verbessert wird wie an ihm. Eine einheitliche Stilistik dieses Weines ist kaum noch zu erkennen. Das muß kein Nachteil sein. Es beweist vielmehr, daß sich dieser Wein in der Phase des Übergangs befindet. Aber Übergang wohin? Zu einem schweren, alterungsbedürftigen Wein? Zu einem Barrique-Barbera? Zu einem hochwertigen Verschnittwein? In jedem Fall zu einem Wein, der nicht nur das Publikum einer Dorftrattoria in Begeisterung versetzt, sondern auch anspruchsvollere Geschmäcker befriedigt. Was immer das im Detail heißen kann: Der Barbera hat, wenn er derselben extremen Pflege unterzogen wird wie die Spitzen-Barolo und -Barbaresco, alle Voraussetzungen, um ein internationaler Erfolgswein zu werden. Das meinte Gaja, als er von ihm als »Wein der Zukunft« sprach. Und er sagte es in dem Bewußtsein, daß die Weine aus der Nebbiolo-Rebe wegen ihrer geschmacklichen Besonderheiten eher Schwierigkeiten bei den Konsumenten haben. Ein guter Barbera ist schwarzrot in der Farbe, was in einer Cabernet-geprägten Weltweinkultur schon mal als Ausweis hoher Qualität gilt. Er ist nicht übermäßig stark mit Tannin befrachtet, wodurch er einfach trinkbar ist. Seine eher dezente Frucht prädestiniert ihn, zusammen mit dem geringen Tanningehalt, durchaus für eine Lagerung in Barriques, wodurch er – darin dem Bordeaux nicht unähnlich – mehr *souplesse* bekommt, wie die Franzosen jene Eigenschaft eines Weines nennen, die mit Charme, Weichheit, Trinkbarkeit nur sehr grob

Der Barbera ist der dritte große Rotwein des Piemont. Er wächst auf den Hügeln von Alba und Asti. In Alba steht die Barbera-Rebe unter der Nebbiolo-Rebe, in Asti dagegen in besten Lagen: wie etwa an den Hängen dieses imposanten Hügels bei Costigliole.

69

umschrieben ist. Wer die neuen Barbera-Weine, einschließlich Gajas eigenem, unter die Lupe nimmt, wird unschwer feststellen, daß sie mit den harmlosen Weinchen, die in Pizzerien karaffenweise ausgeschenkt werden, nichts mehr zu tun haben. Dafür kosten sie auch ein bißchen mehr.

DAS MODELL DES BRICCO DELL'UCCELLONE

Der erste dieser neuen Generation von Barbera war der Bricco dell'Uccellone von Giacomo Bologna. Dieser Wein, seit 1982 erzeugt, ist bis heute ein Monolith in der Welt des Barbera geblieben. An ihm orientieren sich Dutzende von anderen Winzern, und ebenso viele versuchen ihn zu plagiieren. Bologna hat mit ihm gezeigt, daß sich aus der Barbera-Traube ein Wein produzieren läßt, welcher die Menschen auch außerhalb des Piemont überzeugen kann. Weinkenner, die bislang auf Pommard oder kalifornische Cabernets schwörten, erlagen rasch dem Charme dieses Weines oder zollten ihm zumindest höchsten Respekt. Die besten Restaurants in und außerhalb Italiens waren gezwungen, ihn auf die Weinkarte zu setzen, weil die Gäste oft schon nach ihm verlangten, bevor die Patrons sich von seiner Güte überzeugt hatten.

Der Bricco dell'Uccellone wächst in einem kleinen Weinberg oberhalb von Rocchetta Tanaro, einem Dörfchen östlich von Asti, in dem immer schon Barbera erzeugt wurde, von dem jedoch nie größer Notiz genommen wurde. Bologna, eigentlich ein Weinhändler, der mit Hochgewächsen jedweder italienischen und französischen Herkunft ein Vermögen verdient hatte, war jedoch immer ein Mensch geblieben, der sich zuerst der Erde des Piemont verbunden fühlte. Das heißt: dem Barbera, speziell dem von Rocchetta Tanaro.

Doch einen Wein, wie er ihn sich vorstellte, gab es in Rocchetta nicht. Den ersten Barbera, der seiner Idee von einem großen Wein nahekam, fand er ausgerechnet in Kalifornien, wo überhaupt nur ein Dutzend Winzer die Barbera-Rebe anbauen: weich, würzig und in kleinen Fässern aus junger französischer Eiche gealtert. Das war Anfang der achtziger Jahre. Voller Enthusiasmus über die Möglichkeiten, die dieser Wein eröffnete, aber zugleich tief deprimiert, daß nicht einer der tausend Barbera-Winzer im Piemont einen solchen Wein zustande brachte, kehrte er nach Italien zurück.

TRIUMPH DES BARRIQUES

Immerhin stand sein Entschluß fest, zu versuchen, selbst einen solchen Barbera zu erzeugen. Der erste Anlauf mißlang noch. Doch der zweite geriet besser. Bologna hatte begriffen, wie wichtig es ist, daß der Wein gleich nach der stürmischen, alkoholischen Gärung eine kontrollierte malolaktische Gärung durchmacht. Dabei wird die hohe natürliche

Dort, wo die rauhe Langhe in die lieblichere Hügelwelt des Monferrat übergeht, sind die Hügel rund, oval oder gebogen wie ein Hufeisen. Ihre Form prägt die Landschaft. Zwischen den Rebzeilen schimmert der helle, kalkhaltige Untergrund durch. Der Wein, der dort wächst, ist kräftig und geschmacksintensiv.

71

Aldo Vaira aus Vergne bei Barolo erzeugt einen Barbera eigener Art. Er nennt ihn einen »essentiellen Wein«, der sich auf das Wesentliche beschränkt: Frucht, Säure, Körper, basta.

Raffaella Bologna ist für die Weine von Braida zuständig, das Weingut, das ihr Vater Giacomo gegründet hat. Mit dem Bricco dell'Uccellone, den dieser 1982 zum ersten Mal erzeugt hat, wurde eine neue Ära in der Geschichte des Barbera aus Asti eingeleitet.

Apfelsäure, welche bei den Barbera oft störend wirkt, in die weichere Milchsäure umgewandelt. Und er ließ seinen Wein in neuen Barriques reifen, aber nicht, wie so häufig in Kalifornien, Bordeaux oder auch in der Toskana, in Barriques aus der großporigen, aromatischen Allier-Eiche, sondern in solchen aus der feineren Vogesen-Eiche. Als André Tchelistcheff, Kaliforniens berühmtester Önologe, wenig später nach Rocchetta kam und den Bologna-Barbera vom Faß probierte, rief er aus: »Das ist ein großer Wein. Er muß sofort auf die Flasche!« So geschah es, und weil der Wein so anders war als die meisten Barbera d'Asti, benannte Bologna ihn nach dem Weinberg, aus dem die Trauben kommen. Zur Ehre seines Heimatdorfes schrieb er »Barbera di Rocchetta Tanaro« auf das Etikett. Damit war klar, daß der Bricco dell'Uccellone ein *vino da tavola* sein sollte, ebenso wie die berühmten Sassicaia und Tignanello aus der Toskana – mit dem Unterschied freilich, daß er ebensogut ein D.O.C.-Wein sein

könnte. Denn Rocchetta liegt im Anbaugebiet des Barbera d'Asti, und der Wein ist ausschließlich aus Barbera-Trauben erzeugt.

Vom ersten Jahrgang an (von dem gerade 9000 Flaschen erzeugt wurden, später 12 000 Flaschen) war dieser Wein ein internationaler Erfolg, und er blieb es selbst in schwächeren Jahren (zum Beispiel 1986 und 1987). Da die Nachfrage nach ihm immer heftiger, der Weinberg aber nicht größer wurde, kaufte Bologna einen zweiten Weinberg in seinem Dorf: Bricco della Bigotta. Er liegt nur wenige Kilometer entfernt und ergibt einen noch fruchtbetonteren Wein, der von zehn Jahre jüngeren Reben kommt und etwa vier Monate länger in Barriques reift – selbstverständlich wieder Vogesen-Eiche. Er feierte die gleichen Triumphe. Damit war klar, daß der Bricco dell'Uccellone kein Einzelphänomen ist, sondern eine Stilrichtung. Die Amerikaner hatten gleich einen Namen für die Richtung: *new wave*.

KULTFIGUR GIACOMO BOLOGNA

Als Bologna 1989 starb, war er längst eine Kultfigur in Italien. 5000 Menschen kamen zu seinem Begräbnis in das kleine Dorf am Tanaro-Fluß. Sie ehrten seine Leistung, binnen weniger Jahre aus einem unbekannten Wein ein Hochgewächs gemacht zu haben, das sich zu einem vier- bis fünfmal so hohen Preis verkaufen ließ wie die anderen Barbera des Anbaugebietes. Kein Barolo und Barbaresco kann auf eine solche Karriere zurückblicken, sieht man von den Weinen Gajas ab. Er prägte eine ganze Generation neuer Barbera: »Ihre Ankunft auf den internationalen Märkten ist nur eine Frage der Zeit«, konstatierte erst kürzlich das amerikanische Fachblatt *The Wine Spectator*. Zu dem Erfolg trug zweifellos auch die Person Giacomo Bolognas bei. Er war ein Genußmensch, der den Tag mit feinster Filetsalami zum Frühstück beginnen ließ und mit einer Crème bavaroise zum Nachtmahl beendete, und während des Tages erwies er sich stets als der beste Konsument seiner eigenen Weine. Er war ein Mensch von barocker Leibesfülle, der sich nie als »Intellektueller des Weins«, sondern als dessen größter Liebhaber verstand. Wenn er im Herbst auf Reisen ging, hatte er oft ein paar Trüffel in der Rocktasche, die er an Freunde, Bekannte, und zu deren Entsetzen manchmal auch an Unbekannte verschenkte. Er besaß epikuräisches Format, war immer einladend, fröhlich, großzügig. Und als er starb, hinterließ er im Keller einen dritten Barbera, gewonnen aus spätgelesenen Trauben eines weiteren Weinbergs, den er inzwischen gekauft hatte: ein unerhört raffinierter, tiefgründiger, aber auch alkoholreicher Wein, der noch länger als die beiden anderen in kleinen Holzfässern reift. Zum Zeichen, daß mit seinem Tod die goldenen Jahre nicht zu Ende sind, nannte seine Familie diesen Wein Ai Suma. Im piemontesischen Dialekt bedeuten die Worte »Wir sind da«.

Die besten Barbera d'Alba: geschliffene Weine, dunkel in der Farbe, konzentriert im Geschmack und oft – aber nicht immer – in kleinen Fässern aus junger französischer Eiche gereift. Sie gibt ihnen eine komplexere Reife und zusätzlich ein würzigeres Aroma.

Die Weine Giacomo Bolognas haben Schule gemacht. Mehr noch als sich selbst, hat er den Erfolg der Barbera-Traube zugeschrieben, jener verkannten Rebsorte, welche zugleich die besten und die ungenießbarsten Weine im ganzen Piemont hervorbringen kann. Das Geheimnis ihrer Qualität konnte er in wenigen Worten ausdrücken: »Er meinte, daß man die Barbera behandeln müsse wie eine noble Rebsorte. Dann würde sie auch ebensolche Weine hervorbringen«, berichtet seine Tochter Raffaella Bologna, die jetzt für den Wein zuständig ist.

DAS BEISPIEL VAIRA

In Wirklichkeit war Giacomo Bologna nicht der erste, der mit dem Barbera experimentierte und versuchte, in Barriques auszubauen. Knapp zehn Jahre vor ihm hatte bereits ein anderer zwei dieser kleinen Fässer gekauft, um zu prüfen, ob sich mit ihnen die Qualität des Weines verbessern ließe: Aldo Vaira, ein junger Winzer aus Vergne in der Barolo-Zone, der gerade eine Doktorarbeit über »Die malolaktische Gärung bei Weißweinen« geschrieben hatte und nun zeigen wollte, was sich aus den Rotweinen der Gegend machen läßt. Da sein Vater ihm keine erstklassigen Barolo-, wohl aber großartige Barbera-Lagen hinterlassen hatte, konzentrierte er sich zunächst auf diesen Wein. Zur Reifung benutzte er bereits 1977 kleine Eichenholzfässer, in denen er den Wein vier, sechs und 12 Monate reifen ließ. Das Ergebnis stimmte ihn keineswegs froh. »Das Barrique verändert den Wein komplett. Wenn man ihn aus den Barriques nimmt, hat der Barbera einen Teil seiner Eigenarten verloren«, lautete sein Fazit.

Seitdem hat Vaira kein Barrique mehr angerührt. Sein jetziges Rezept, um aus dem Barbera den bestmöglichen Wein zu machen, ist einfach: Er reduziert die Erträge etwa um die Hälfte, liest spät, um die schneidende Säure zu mildern, fermentiert ihn – was heute eigentlich nicht mehr üblich ist – mit den Traubenstielen (zumindest seinen besten Barbera) und läßt ihn nach alter Väter Sitte im großen Holzfaß reifen. Das Resultat: ein ungemein dichter, fast samtiger Wein, der duftet wie brauner Sirup und Pflaumenmus, Kakao und frische Kirschen. Dieser Barbera d'Alba von der Lage Bricco Viole ist das pure Gegenstück der modernen *new wave*-Barbera: teilweise modern im Stahltank erzeugt, aber klassisch ausgebaut im großen Holzfaß. Die gute Lage, die alten Rebstöcke, die strenge Auslese und die kontrollierte malolaktische Gärung – mehr braucht es für einen guten Wein nicht, meint Vaira. Seinen Barbera versteht er denn auch als einen aufs Wesentliche reduzierten Wein, gemacht für jene, die nicht auf die schnelle Reizung ihrer Papillen, sondern auf nachhaltigen Genuß spekulieren. »Ich will essentielle Weine«, sagt er von sich. »Wozu ich Barriques benutzen sollte, weiß ich nicht«.

Die wenigen tausend Flaschen, die von diesem Wein erzeugt werden, sind ebenso schnell verkauft wie die seiner Barrique-Kollegen. Sie kosten auch nicht weniger Geld. Dennoch ist Vaira kein Protagonist geworden, sondern ein Außenseiter geblieben. Sein Wein mag, allein durch das größere Alterungspotential, mehr Zukunft haben als andere Barbera, aber jener »Wein der Zukunft«, von dem Gaja sprach, ist er nicht. Er ist ein Wein für Minderheiten,

Matteo Corregia hat nie eine Weinbauschule besucht. Aber sein Barbera ist besser als manche Lehrbücher es vorsehen.

Renato und Giuliano Corino aus La Morra: Sie haben bewiesen, daß ein Barbera so gut wie ein Barolo sein kann.

Eleonora Limonci vom Weingut Colle Manora: feinste Barbera aus dem verlassensten Teil des Monferrat.

Paolo, Piero, Gianni und Roberto Coppo aus Canelli: Ihr Pomorosso ist ein neuer Stern am Himmel des Barbera d'Asti.

aber als solcher eine nicht weniger imposante Demonstration dessen, was der Barbera eigentlich ist.

AUCH ALBA SETZT AUF BARBERA

Die Zukunft des Barbera, so scheint es, liegt im Barrique-Ausbau, nicht nur in Asti. Was Giacomo Bologna in Asti war, stellt Altare in Alba dar. Dort, wo die Barbera-Rebe in der Regel in zweit- und drittrangige Lagen abgedrängt wird, weil die erstrangigen für Nebbiolo-Reben reserviert sind, macht er einen wunderbar vollen, konzentrierten Wein, dessen schokoladig-fruchtiger Kern durch den würzigen Holzton vorsichtig unterstrichen wird. Altare ist der erste, dessen Barbera höheres Ansehen genießt als sein Barolo. Der Grund ist klar: Sein Barbera wächst in einer sehr guten Barolo-Lage und er behandelt die Reben auch so, als wären es Barolo-Reben. Keiner schneidet mehr weg als er, niemand hat so genau den Vorgang der Alterung untersucht. Altare ist eine charismatische Person, ein Winzer-Professor, dessen Einfluß weit über seinen eigenen Behuf reicht. Er hat, vor allem unter der jungen Winzergeneration, viele Schüler, die er regelrecht anlernt, wie gute Barbera gemacht werden: Matteo Correggia, Alessio Federico Grasso, Mauro Molino, Eraldo Viberti, Renato Massolino, Renato Corino. Letzterer hatte mit 13 die Schule verlassen und zehn Jahre lang im Weinberg gearbeitet, bis er merkte, daß er es auf die herkömmliche Weise nie schaffen würde, einen so exquisiten und teuren Wein zu produzieren wie sein berühmter Nachbar. Dieser half ihm. Inzwischen kommt Corinos Vigna Pozzi dem Vigna Larigi schon näher. Ähnlich erging es Matteo Correggia aus Canale. Dort im Roero, wo aus Nebbiolo-Trauben normalerweise nur junge, und aus Barbera nur relativ einfache Weine gewonnen werden, versucht er mit Altares Hilfe Substantielles zu produzieren – mit Erfolg. Sein Barbera gehört in den letzten Jahren zu den besten seiner Art im Piemont. Aber auch gestandene Winzer wie Clerico, Scavino, Elio Grasso und Roberto Voerzio tauschen sich gerne mit dem Meister aus. Ihren Barbera ist es anzumerken.

Abgeschrieben ist der herkömmliche Barbera deswegen jedoch nicht. Im Gegenteil: Es gibt viele, die wie Bruno Ceretto der Meinung sind, daß ein Barbera zwar auf moderne Weise vinifiziert werden darf, aber auf traditionelle Weise ausgebaut werden sollte – schon deshalb, weil der Barrique-Ausbau die Produktionskosten mehr als verdoppelt und der Wein so preislich in Dimensionen vorstößt, die gemeinhin für Barolo und Barbaresco reserviert sind. Ohne Zweifel hat dieses Markt-Argument viel für sich. Die Barbera d'Alba von Prunotto, Giacomo Conterno, Aldo Conterno, Giuseppe Mascarello, Vietti, Luciano Sandrone, Conterno Fantino, Renato Cigliutti und Ceretto selbst sind Beispiele für die außerordentliche Qualität von Barbera aus dem traditionellen Holzfaß.

Spitzenlagen für die Barbera-Traube

Allerdings war Giacomo Bologna trotz hoher Wertschätzung für gute Barbera anderer Anbaugebiete stets der Überzeugung, daß die besten Weine dieser Sorte im Astigiano wachsen. Dort steht sie in den besten Lagen, weil sie die Konkurrenz der Nebbiolo nicht zu fürchten braucht. Nebbiolo wird in Asti nicht angebaut. Und wenn ein Barbera der Spitzenklasse in den kleinen Eichenfässern reifen soll, braucht es auch Spitzenlagen, die ihn liefern. Dort im Astigiano, wo die rauhe, zerklüftete Langhe in das tiefergelegene Monferrat übergeht, wächst nämlich ein ganz anderer Barbera. Er ist ausladender im Körper, expressiver in der Frucht, höher im Alkohol, kurz: weniger unterkühlt, vielleicht auch etwas weniger elegant als der Barbera aus Alba.

Die Unterschiede sind nicht zufällig. Denn das Monferrat ist nicht die Langhe. Dort dominiert der langgestreckte, sich zungengleich (»Langhe« kommt vom lateinischen »lingua«) ins Tal erstreckende Hügelrücken, hier der einzelne Hügel. Er ist rund, oval oder wie ein Hufeisen gebogen, und zwischen den Rebzeilen ist der helle, kalkhaltige Untergrund sichtbar, welcher der Landschaft ihr charakteristisches Gepräge gibt.

Zwischen den Hügeln erstrecken sich oft ausgedehnte flache Ebenen. Dort, in rostroter oder sienabrauner Erde, wachsen Getreide, Gras oder Pappeln, aber keine Reben. Die Böden sind tief, fruchtbar, reich an organischen Substanzen – kein Untergrund für Reben.

Die Reben wachsen am Hügel, wobei es im Astigiano ebenso wie im weiteren Monferrat historisch ausgewiesene Barbera-, Freisa- und Moscato-Zonen gibt.

Den Weintrinkern sind diese Lagen meist nicht bekannt. Aber die Einheimischen kennen sie genau. Wenn jedes Jahr im Mai auf der Weinversteigerung im Hof des Schlosses von Costigliole die Barbera d'Asti der *Vigneti Storici*, der berühmtesten historischen Lagen, im Faß angeboten werden, spiegeln die Preisunterschiede – ähnlich wie bei der berühmten Weinversteigerung der Hospices de Beaune im Burgund – klar Rang und Nimbus der einzelnen Lagen wider. Die Händler, die bieten, wissen genau, was sich hinter Bezeichnungen wie Bricco Cremosina, Fontanile oder Bricco Olmo verbirgt.

Asti ist vor allem wegen seines süßen Spumante bekannt. Die Rotweinproduktion hat dagegen immer im Schatten von Alba gestanden. Während sich das Interesse der Weinwelt Barolo und Barbaresco zuwandte, dienten Barbera, Freisa und Grignolino, die drei typischen Rotweine der Provinz, vor allem dazu, den lokalen Bedarf der Bevölkerung zu decken. Und die hatte einen ganz anderen Geschmack.

Sie liebte – und liebt – den leichten, herben Grignolino, den die Menschen außerhalb Italiens meist nur mit langen Zähnen trinken. Bei Barbera und Freisa ziehen die Menschen auf dem Lande noch heute die *frizzante*-Version der klassischen trockenen Richtung vor. Mit den gestylten Barbera d'Asti, die jetzt Erfolge feiern, können sie wenig anfangen.

Die besten Barbera aus Asti und dem Monferrat: Weine, wie sie in diesem Teil des Piemont zu erzeugen noch vor zehn Jahren niemand geglaubt hätte – aber auch Weine im besten traditionellen Stil.

Maria Borio aus
Costigliole: Die Weine
ihrer Cascina Castlèt
sind Barbera der
alten Schule.

Mario Pesce von Scarpa
in Nizza Monferrato:
Hohepriester einer
Qualität im alten Sinne.

AUFBRUCHSTIMMUNG
IN ASTI

Solange der größte Teil des Weines von den eigenen
Landsleuten getrunken wurde, brauchten sich die
Kellereien nicht anstrengen. Sie kannten den
Geschmack und wußten, was zu tun ist. Aber der
Weinverbrauch ist in Italien um 30 Prozent gesunken, was die zahlreichen Abfüller und Genossen-
schaftskellereien, die im Astigiano dominieren, vor
große Probleme gestellt hat. Der Niedergang der
Landwirtschaft, die Arbeitslosigkeit, die bescheidenen Lebensverhältnisse und die erschreckende
Landflucht vor allem im Monferrat – all das trug
dazu bei, daß sich die Trinkgewohnheiten auf dem
Lande änderten. Die Kellereien waren gezwungen
sich umzustellen. Sie mußten neue Märkte finden
und konzentrierten sich wieder stärker auf den
klassischen Barbera. Dazu war es nötig, wieder
Anschluß an die neuen Entwicklungen auf dem Gebiet der Rotweinerzeugung zu finden. So tauchten
auf einmal hochspezialisierte Önologen auf, die
eigene Analyselabors unterhielten und allen ihre
Dienste anboten, die aus dem Barbera mehr machen
wollten, als bisher notwendig war. Namen wie
Giancarlo Scaglione, Giuliano Noè, Donato Lanati
machten die Runde. Diese Fachleute begannen,
Weinberge gezielt nach ihrer historischen Re-
putation auszuwählen und die alten Rebstöcke
teilweise mit neuen Barbera-Klonen zu veredeln.
Sie predigten Ertragsreduzierung, praktizierten
aber die moderne Kellerwirtschaft. Zuerst waren es
kleine private Weingüter, die ihren Rat suchten:

Die Provinz
erwacht

**Der Barbera kommt in Mode.
Die größten Fortschritte macht der
Barbera aus der Provinz Asti.**

Im Piemont sind über 31 000 Hektar
Weinberge mit Barbera-Reben bestockt. Der größte Teil steht in der
Provinz Asti. Sie erstreckt sich bis tief hinein
in das Monferrat, das Hügelland südlich und
nördlich des Tanaro-Flusses. Dieses Hügelland,
von Osten nach Westen leicht ansteigend, ist
eines der unterentwickelsten Weinanbaugebiete
des Piemont und zugleich aber dasjenige mit
dem größten unausgeschöpften Potential. Nach
jahrzehntelanger Ruhe ist jetzt Bewegung in die
Weinszene gekommen. »Mit den neuen Vini-
fizierungs- und Anbautechniken eröffnen sich
dem Barbera in dieser Zone ganz neue Möglichkeiten«, bestätigt Giancarlo Scaglione, einer
der führenden Önologen des Piemont.

Das Klima ist ausgesprochen mild, fast mit-
telitalienisch warm, wenn auch heftige Tempe-
ratursprünge verzeichnet werden. Asti gehört zu
den regenärmsten Zonen des Piemont. Nur etwa
600 Millimeter Niederschlag werden im Jahres-
mittel gemessen. Der Regen fällt fast ausschließlich im Frühjahr und Herbst. Im Winter
füllen regelmäßig dicke Nebel die Täler, während
oberhalb von 300 Metern oft blauer Himmel
herrscht. Die Böden in der Hügelzone sind stark
kalkhaltig und trocken. Das Zusammenspiel von
Boden und kontinental-mildem Klima macht die
besondere weinbauliche Eignung des Monferrat
aus. »Guter Wein wächst nur am Hügel«, erklärt
Francesco Prete, technischer Direktor der Genossenschaften Barbera Dei Sei Castelli und der
Cantina Sociale von Nizza Monferrato. »Wir entdecken die Bedeutung unserer historischen
Weinbergslagen neu.«

Die im Vergleich zur Langhe geringere Höhe
der Hügel hat dazu geführt, daß die Winzer
traditionell andere Rebsorten bevorzugen als beispielsweise in Alba. So ist das Monferrat – von
der Barbera abgesehen – die Heimat des Grignolino, einer Rebsorte, die außerhalb der Zone
nirgendwo kultiviert wird. Das dritte typische
Gewächs ist die Freisa, wenngleich diese Sorte in
den letzten Jahrzehnten stark zurückgegangen
ist. Schließlich wird auch ein wenig Dolcetto
angebaut.

Die Barbera ist im Monferrat jedoch immer
die mit Abstand wichtigste Rebsorte gewesen. In
vielen Teilen hat sie einen Anteil von über

75 Prozent im Weinberg. Nicht Barbera, sondern *vino da Osteria* nannte man den aus ihr erzeugten Wein früher, oder auch: *vino da carrettiere* – also »Fuhrmannswein«. Der Marchese Leopoldo Incisa della Rocchetta, Vorfahre jener Incisa, die heute in der Toskana den berühmten Sassicaia produzieren, beschrieb die Vorzüge dieser Weinsorte noch im Jahre 1852 so: »Sehr dichter Stoff, äußerst gut zur Weinerzeugung geeignet. Reinsortig vergoren, ergibt die Barbera einen vollmundigen, dunkelfarbenen Wein von beträchtlicher Lebensdauer. Es läßt sich mit ihm viel Geld verdienen, da er sich hervorragend zur Aufbesserung schwacher Weine eignet, und weil er sich auch geschmacklich und farblich gut mit diesen verbindet, entspricht er ganz den Wünschen des Weinhandels.«

Die Sache mit dem Geldverdienen hat sich zwischenzeitlich geändert. Aber ein dankbares Objekt für Winzer und Händler ist der Wein geblieben. Erzeugt werden heute Barbera aller Stilrichtungen und Qualitäten: vom *vino Novello*, der schon sechs Wochen nach der Lese in die Regale des Handels kommt, bis zum klassischen Barbera *superiore*, vom schäumenden Barbera bis zur Weißwein-Version dieses Weines, vom billigen *vino da tavola* in der Schraubverschluß-Flasche bis hin zum teuren Designer-Wein mit Barrique-Schliff. Gleichwie, der Ehrgeiz bei den Winzern nimmt zu, das Potential dieses Weines weiter auszuschöpfen. »Jahrelang haben wir Weine für den piemontesischen Geschmack gemacht«, beschreibt Piero Bava, ein Weinguts- und Kellereibesitzer aus Cocconato, die Situation. »Jetzt merken wir, daß der Barbera d'Asti ein großer, internationaler Rotwein sein kann.«

Insgesamt vier Barbera haben im Piemont eine amtliche D.O.C.-Ursprungsbezeichnung, zwei davon kommen aus der Provinz Asti: Der Barbera d'Asti und der Barbera del Monferrato (ein kleiner Teil der D.O.C.-Zone des letzteren Weines liegt in der Provinz Alessandria). Ihre Anbaugebiete überschneiden sich größtenteils, und auch die Herstellungsvorschriften sind weitgehend identisch. Der Unterschied zwischen beiden ist eher traditionell. Der Barbera d'Asti gilt als der höherwertige Wein (Höchstertrag 90 Doppelzentner pro Hektar), während einfachere Versionen meist als Barbera del Monferrato etikettiert werden (Höchstertrag 100 Doppelzentner). Beide Weine brauchen offiziell nur zu 85 Prozent aus Barbera-Trauben gekeltert sein. Der Rest kann aus Freisa, Dolcetto und Grignolino bestehen. Tatsächlich aber sind alle guten Barbera d'Asti reinsortige Barbera-Weine. Über die Art des Ausbaus existieren im übrigen keine Vorschriften. Ob klassisches Holzfaß oder französisches Barrique – das ist eine reine Geschmacksfrage. »Barbera und Eiche passen gut zueinander«, ist Giuliano Noè überzeugt, einer der gefragtesten Önologen im Astigiano. Andere sind reservierter gegenüber neuem Holz. »Wenn alle anfangen, ihren Barbera im Barrique auszubauen, bleibt irgendwann nur noch der Grignolino als echter piemontesischer Wein übrig«, drückt Dante Leone sein Unbehagen aus, Direktor der Bersano-Weingüter. Freilich, viele der eleganten *new wave*-Barbera sind als *vino da tavola* deklariert, und im übrigen hat die Rückbesinnung auf Qualität nichts mit dem Faßausbau zu tun. Livio Manera, einer der Direktoren der Kellerei Araldica: »Das Geheimnis des Barbera ist leicht zu erraten: niedriger Ertrag und gute Lage. Basta.« Über die Qualität der beiden D.O.C.-Barbera wacht das Schutzkonsortium vom Barbera d'Asti e del Barbera del Monferrato. 27 Genossenschaften, 32 Kellereien und 13 Weingüter sind hierin organisiert. Damit kontrolliert diese freiwillige Vereinigung über 50 Prozent des Barbera, der in der Zone erzeugt wird. Vor allem hat das Schutzkonsortium dafür gesorgt, daß auch die Genossenschaften und ihre Winzer sich den Fortschritten der modernen Önologie öffnen. So werden spezielle Programme entwickelt, um den Weinbau in den besten Unterzonen des Anbaugebietes zu fördern, die Weinbereitungstechniken zu verbessern, das Lesegut aus den historischen Weinbergslagen getrennt zu vinifizieren, die alten Lagenbezeichnungen wieder aufs Etikett zu schreiben. Für Experimente mit Barriques und neuen Rebsorten wie Char-

donnay und Cabernet Sauvignon können die Mitglieder fachliche Beratung in Anspruch nehmen von den besten Önologen der Zone. »Was sich in den letzten Jahren in Asti und im Monferrat vollzogen hat, ist eine kleine Revolution«, erklärt der Präsident des Schutzkonsortiums, Giovanni Garavello, nicht ohne Stolz. »Die qualitative Entwicklung beim Barbera unseres Anbaugebietes ist hoffnungsvoll.«

Jedes Jahr im Mai veranstaltet das Schutzkonsortium vom Barbera d'Asti e del Monferrato im Hof des Schlosses von Costigliole die Faßweinversteigerung der Barbera von den historischen Lagen.

Colle Manora, Tenuta La Tenaglia, La Barbatella, Villa Boemia, Mongetto, Bertelli. Dann wandten sich ihnen die größeren Kellereien zu. Schließlich zogen auch die Genossenschaften nach und bedienten sich ihres Rates. Das Engagement blieb nicht ohne Folgen. Es erschienen plötzlich Barbera d'Asti auf dem Markt wie es sie vorher noch nicht gegeben hatte: Konzentrierte, fleischige Weine von schwarzroter Farbe, die Säure gut eingebunden, feinblumig in Duft und Geschmack, so glatt und samtig wie Seide über die Zunge laufend – ganz gleich, ob im Barrique oder traditionellen Holzfaß gereift. Sie trugen Namen auf dem Etikett, wie sie in der Weinwelt bislang nicht üblich waren: Emozioni, Collezione, Vigna dell' Angelo. Mal waren sie *vini da tavola*, mal D.O.C.-Weine, immer jedoch Barbera aus Asti.

SUCHE NACH EINEM NEUEN STIL

Diese neuen Weine haben innerhalb von wenigen Jahren Schule gemacht. »Seit 20 Jahren experimentiere ich mit dem Barbera«, gibt Maria Borio, eine Winzerin aus Costigliole ihrer Überraschung Ausdruck. »Und jetzt kommen auf einmal Weine auf den Markt, von denen wir nie geglaubt hatten, daß es sie in unserer Zone geben könnte.« Mit den Weinen ihres eigenen Gutes in Costigliole, Cascina Castlèt geheißen, will sie eher alte lokale Traditionen aufrechterhalten, etwa das Antrocknen der Trauben, bevor die Maische angesetzt wird, oder die spontane malolaktische Gärung durch natürliche Erwärmung der Cantina im Frühjahr. Auch in Betrieben, die sich keinen externen Spezialisten leisteten, ist die Suche nach einem neuen Stil unverkennbar. Wo er gefunden wurde, stellte der Erfolg sich meist rasch ein. Die halbstaatliche Kellerei Terre da Vino, mit 2,5 Millionen Flaschen Wein im Jahr einer der größten Abfüller im Piemont, beginnt auf einmal zu exportieren. Weine der kleinen, aber feinen Cantina Sociale von Castel Boglione werden heute an Bord der Lufthansa gereicht. Die Barbera Bricco Alfieri von der Genossenschaft Araldica stehen auf der Karte mehrerer Spitzenrestaurants in Mailand. Michele Chiarlos Valle del Sole, ein im kleinen Holzfaß gereifter Barbera d'Asti, gehört zum Weinsortiment der Mövenpick-Restaurants. Um den Cua Longa, einen superben Barbera d'Asti von Alfiero Boffa in San Marzano, entsteht jedes Jahr ein Wettrennen der rund 20 besten Restaurants der Zone.

Nur eines fehlt noch am Fortschritt: eine klare Richtung. Immer wieder prallen verschiedene »Weinphilosophien« aufeinander, ohne daß entscheidbar wäre, welche das bessere Produkt hervorbringt. Ein Vergleich von zwei Weinhäusern wie Coppo in Canelli und Scarpa in Nizza Monferrato macht das deutlich. Scarpa ist der Hohepriester der Qualität im alten Sinne. Seine Barbera d'Asti sind zu Beginn oft enttäuschend, entwickeln aber nach einigen Jahren in der Flaschenreife eine Feinheit, wie sie nur wenige andere Weine aufweisen. Coppos Pomorosso, ebenfalls ein Barbera d'Asti, wirkt dagegen geradezu explosiv im Andruck. Vom ersten Tag an füllt er den Gaumen mit weicher, reifer Frucht und feindosiertem bittersüßen Tannin. Er ist ein Beispiel dafür, wie aus dem bisweilen spröden Barbera ein faszinierender Wein werden kann.

WIE EIN GEREIFTER VEGA SICILIA

Scarpa läßt den Barbera so tanninlos und ungewürzt, wie er ist. »Wir wollen eine Qualität, die heute nurmehr schwer zu finden ist«, bekennt Mario Pesce, der Inhaber. Er weiß, daß seine La Boglione und Il Piazzaro, beide spät gelesene Barbera d'Asti, nach zehn Jahren lagenbedingt eine Fülle entfalten wie ein gereifter Vega Sicilia. Wenn einmal ein paar tausend Flaschen nicht sofort verkauft werden, wachsen ihm deswegen keine grauen Haare. Die Liebhaber dieser authentischen Weine haben immer noch den Weg zu ihm gefunden. Coppo orientiert sich dagegen am modernen Weingeschmack, der Orientierungspunkte an anderen, bekannteren Weinen sucht. Ausbau in Barriques ist daher ein Gebot der Stunde, Temperaturkontrolle unerläßlich. Für Scarpa dagegen ist die Temperaturkontrolle nicht wichtig, und für Barriques hat Mario Pesce nur Spott übrig: »Die Verrücktheiten in Italien hören nicht auf. Ich bin sicher, daß spätestens in zehn Jahren die Barriques wieder ausgemustert sind.«

Die andere Weinphilosophie spiegelt die Unterschiede der Personen wider. Pesce ist ein Exponent der alten Schule, der bereits die Politik der niedrigen Erträge praktizierte, als alle ihr Geld mit Masse zu verdienen suchten. Stur in seiner Qualitätspolitik, verkauft er nicht selten ganze Jahrgänge im Faß, wenn sie nicht seinen Ansprüchen genügen.

Sein Lebensstil ist bescheiden. Das Büro in Nizza Monferrato ähnelt einem alten hanseatischen Handelskontor, das Labor dem Chemiesaal eines deutschen Gymnasiums. Die vier Coppo-Brüder haben dagegen aus ihrer Weinkellerei eine moderne *winery* gemacht. Die Gewölbekeller bieten nicht nur ideale Bedingungen für die Weinlagerung, sondern sind zugleich unterirdische »Showrooms«. Fast alle Weine, die dort reifen, lagern in Barriques: Barbera, Chardonnay, Cabernet Sauvignon. Selbst der traditionelle Freisa wird in jungem Holz ausgebaut: der vielleicht beste und teuerste Wein dieser Sorte im ganzen Piemont. »Wir wollen höchste Qualität, aber zugleich Weine, die vom Konsumenten keine große Überwindung verlangen, um sich ihnen zu nähern«, umschreibt Gianni Coppo ihr Programm. »Sie sollen so gut wie ein Premier Cru, aber so leicht zu trinken sein wie jeder Alltagswein.«

Gavi
SCHNELLER AUFSTIEG

I talien ist eines der ältesten Weinbauländer der Erde. Doch viele der heutigen Erfolgsweine haben eine kurze Geschichte. Auf die vielleicht kürzeste Geschichte kann der Gavi zurückblicken. Die erste Flasche dieses weißen Weines erschien erst 1950 auf dem Markt, und daß er 40 Jahre später ein gesuchter und hoch geschätzter Weißwein sein würde, war damals überhaupt nicht abzusehen. Der einzige, der mit diesem Wein etwas anfangen konnte, war der Besitzer des legendären Delikatessengeschäfts *Paissa* an der Piazza San Carlo in Turin. Er war bereit, ihn in eines seiner mit Luxusartikeln vollgestopften Schaufenster zu stellen, neben Champagner und Krimsekt. Für *Paissa* wurde der Wein zum ersten Mal in einer Flasche abgefüllt. Heute ist der Gavi der prominenteste Weißwein des Piemont. Noch vor 20 Jahren war nicht abzusehen, daß einmal zwei Millionen Flaschen von ihm zu relativ hohen Preisen verkauft würden. Vor allem in den deutschsprachigen Ländern und in Amerika genießt der Wein einen guten Ruf. Er wird aus der Cortese-Rebe gekeltert, die im Piemont, vor allem im Hügelland des Monferrat (Cortese dell'Alto Monferrato) und um die Stadt Tortona (Cortese dei Colli Tortonesi) weit verbreitet ist. Sie ist keine noble Sorte. Die Weine, die aus ihr gekeltert werden, sind wohl saftig und delikat, aber oft auch rustikal, um nicht zu sagen: etwas grob. Jedenfalls besitzen sie normalerweise nicht die Feinheiten der besten Südtiroler Weißweine oder die Fülle der Weißen aus dem Friaul. Hinzu kommt, daß Cortese-Weine wenig haltbar sind. Daß sie so spät erst entdeckt wurden, hat nämlich auch damit zu tun, daß früher der Wein, der ins benachbarte Ligurien verkauft wurde, nicht selten als Essig in Genua ankam. So war es jedenfalls noch vor dem letzten Weltkrieg, wie Zeitgenossen berichten.

Einer der Gründe für den Erfolg des Cortese di Gavi, wie er vollständig heißt, besteht denn auch darin, daß er einer der ersten, reduktiv ausgebauten Weißweine in Italien war (das heißt: unter weitgehendem Sauerstoffabschluß erzeugt) und als solcher nicht nur eine Mode, sondern einen Stil begründet hat: den der duftigen, hellfarbigen, frischen Weißweine. Sein Anbaugebiet liegt nördlich des 44. Breitengrades, im sogenannten Obstgürtel. Dort wachsen Weine, die nicht übertrieben alkoholhaltig ausfallen, aber ein ausgeprägtes Bouquet besitzen. Die Böden sind marinen Ursprungs: mehr oder minder kalkhaltig, arm an

Der Gavi ist der prominenteste Weißwein des Piemont. Doch der schnelle Erfolg dieses Weines hat sich auch lähmend auf die Innovationsbereitschaft vieler Winzer ausgewirkt.

organischen Substanzen, trocken. Die Winter sind hart, die Sommer heiß, aber von großen Temperaturunterschieden zwischen Tag und Nacht gekennzeichnet. In solchen Zonen werden die Weißweine nie fett, sondern bleiben schlank und elegant.

Gavi ist ein kleines Anbaugebiet, von seiner Ausdehnung her kaum größer als das Stadtgebiet von Mailand. Es besteht aus zehn Dörfern und einer schmucklosen Kleinstadt: eben Gavi (der Wein aus dem Bereich dieser Kommune darf sich als einziger Gavi di Gavi nennen). Die einzige Attraktion thront hoch oben über der Stadt: die *Fortezza*, ein imposantes Festungs-Bauwerk, 1625 auf den Überresten eines alten Kastells aus der Zeit des Kaisers Barbarossa errichtet. Es diente der Sicherung des Handelsweges nach Genua, der früher über Gavi verlief. Reben wurden auf den Hügeln um die Stadt freilich schon seit Hunderten von Jahren kultiviert (der älteste bekannte Weinberg des ganzen Piemont befindet sich bei dem Dörfchen Tassarolo nordwestlich von Gavi). Allerdings waren es vor allem rote Trauben, die an den Stöcken reiften. Der Wein, der aus ihnen gekeltert wurde, hieß Nebbiolo, bestand aber in Wirklichkeit aus einer Mischung aus Nebbiolo, Barbera, Freisa und Dolcetto sowie anderen lokalen Sorten. Das Verhältnis von rotem zu weißem Wein betrug Mitte des letzten Jahrhunderts etwa 3 : 1, und die Weißweine waren keineswegs alle aus Cortese-Trauben gekeltert. Noch in den fünfziger Jahren dieses Jahrhunderts machte der Rotwein in Gavi einen erheblichen Teil der Produktion aus.

Das Anbaugebiet von Gavi ist keine spektakuläre Weinlandschaft. Die Weinberge befinden sich an Hängen einer gemäßigten Hügellandschaft und ziehen sich bis auf 500 Meter hoch. Vor möglichen Spätfrösten sind sie durch die Kette der ligurischen Seealpen geschützt. Immer wieder unterbrechen kleine Wäldchen, Wallhecken und Wiesen die Reblandschaft. Das Flüßchen Lemme, das diese Landschaft durchzieht, ist an vielen Teilen nur ein Rinnsal. Fachleute unterteilen das Anbaugebiet in drei Unterzonen: Im Südosten herrschen stark kalkhaltige, im Norden mergel- und tonhaltige, im Westen eisenhaltige Böden vor. Entsprechend unterschiedlich fällt der Wein aus.

Die Geschichte des Gavi ist vor allem die Geschichte eines Weingutes: La Scolca. Dieses Gut, im Besitze von Vittorio Soldati und seinem Sohn Giorgio, hat den modernen Gavi entwickelt. Die Soldatis haben als erste die Mengen im Weinberg reduziert, die Weinberge selbst nach ihrer Güte klassifiziert, die Trauben rigoros verlesen. Sie haben neue Techniken der Weinerzeugung entwickelt und diese verfeinert. Sie haben der wenig geschätzten Cortese-Traube zu einem eigenen Ausdruck verholfen. Ihr Wein war es auch, der 1950 zum ersten Mal auf Flaschen gefüllt und nach Turin verkauft wurde. Der Erfolg von La Scolca hat viele andere Winzer der Zone veranlaßt, den roten Wein zu vergessen und sich ganz auf den weißen zu konzentrieren. Nicht allen gelang es auf Anhieb, einen Wein wie La Scolca zu produzieren. Doch in den siebziger Jahren erschienen einige andere gute Gavi auf dem Markt: der von Nicola Bergaglio zum Beispiel, oder der seines Schwagers Ferdinando Bergaglio. In jener Zeit zog es auch viele Industrielle aus Mailand, Savona und Genua nach Gavi, die dort Weinberge erwarben und eigene Weingüter gründeten: wie etwa La Battistina, La Giustiniana, Broglia und Villa Sparina. Spätestens in den achtziger Jahren kauften fast alle großen Weinkellereien und Weingüter aus Alba und Asti regelmäßig Trauben in Gavi, um einen eigenen Wein daraus zu erzeugen: Fontanafredda, Bersano, Banfi, Michele Chiarlo, Batasiolo, Franco Fiorina und Porta Rossa zum Beispiel. Viele Plagiate entstanden so, aber auch einige eigenständige Weine.

In den letzten Jahren haben sich auch einige junge Winzer des Gavi angenommen, um ihn zu perfektionieren oder ihm ihren eigenen Stempel aufzudrücken. Alessandra Gavoglio (Ca' da Meo) möchte zum Beispiel einen saftigen, vollmundigen Gavi erzeugen, keinen leichten, blumigen. Schließlich ist auch der alte Landadel aufgewacht und hat Ehrgeiz entwickelt. Des Marchese Paolo Spinolas erklärtes Ziel ist es, jetzt oder später den besten aller Gavi zu erzeugen. In den Weinbergen seines Castello di Tassarolo stehen 50 Jahre alte Reben, in seinem Keller lagern Hunderte von Barriques. Wie auch immer: Das Monopol auf Qualität läßt sich heute nicht mehr einem einzigen Weingut zuordnen. Mehr noch: Der schnelle Erfolg und die Leichtigkeit, mit welcher diese Weine auf den internationalen Märkten gute Preise erzielten, hat sich lähmend auf die Innovationsfreude vieler Winzer ausgewirkt. So ist nicht verwunderlich, daß – bei allem Respekt für die Eigenständigkeit des Gavi – die besten Weißweine der Region heute aus anderen Teilen des Piemont kommen und nicht aus der Cortese-Traube, sondern aus Chardonnay oder Sauvignon gewonnen werden.

82

Auf den mineralischen, mit Sand und Kalk durchmischten Endmoränenböden, die von den ligurischen Seealpen bis nach Alessandria in die Poebene hinabreichen, bringt die Cortese-Rebe ihre besten Qualitäten.

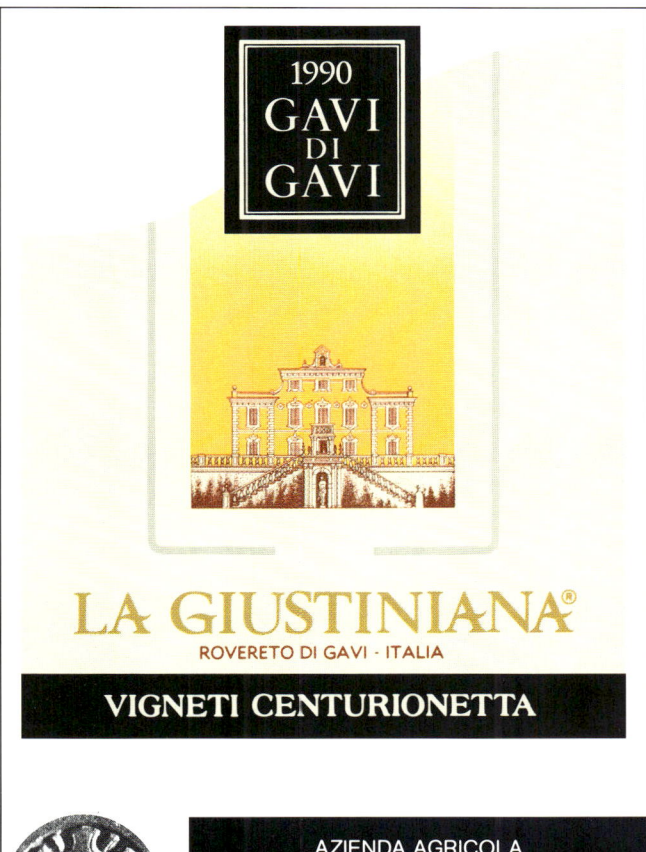

D ie Küche des Piemont ist bäuerlichen Ursprungs, und weit hat sie sich von ihren Ursprüngen bis heute nicht entfernt. Sie ist deswegen nicht ohne Feinheiten. Im Gegenteil: Wenn es um Kalbfleisch, Wild, Salami und um die hauchdünnen Tajarni, die typischen Eiernudeln des Piemont, geht, macht der Mamma niemand etwas vor. Sie reagiert nach wie vor in der Küche.

Die Küche Piemonts
SCHWER,
ABER SCHMACKHAFT

D ie drei großen B des Piemont: Barolo, Barbaresco – ja, auch Barbera – Weltspitzenweine können sie sein, schwere Kaliber freilich, den oberen Gewichtsklassen zuzurechnen. Und so passen sie zur Küche dieser Region, einer nach allgemeiner Vorstellung nicht eben klassischen Gegend Italiens. Man spricht von den Piemontesen als den Preußen des Landes. Mag das plausibel sein angesichts der hier verbreiteten professionellen Ernsthaftigkeit, die den Menschen in allen Lebenslagen eigen ist. Aber von der Mentalität abgesehen, gilt es auch meteorologisch. Es gibt im Piemont eine Art Kontinentalklima: mit schneidend kalten Wintern. Diese wirken sich auf die Küche mehr aus als die meist gut besonnten Sommer. Erstaunlich, wie trotz der ausgreifenden Industrie-Metropole Turin die genuinen Grundstoffe berühmter Gerichte sich noch heute finden lassen und in Ansehen stehen! »Auf die *materia prima* kommt es an«, betonen die Kenner der Küche Piemonts. Schon länger als anderswo halten sich hier kulinarische Traditionen, und eher als anderswo haben die namhaften Köche begriffen, daß es gegenüber der Monotonie internationaler Menü-Routine eben die kenntliche und damit unverkennbare, regionale Schmackhaftigkeit ist, auf die all jene aus sind, denen es nicht egal ist, was sie essen. Trotz der heutigen grenzüberschreitenden Mobilität mit ihren einebnenden Wirkungen unterscheidet sich die Küche Piemonts noch immer erheblich von jener der benachbarten, nicht einmal durch einen Bergzug oder einen Fluß deutlich abgetrennten Lombardei. Das mag daran liegen, daß die Piemontesen trotz ihrer stolzen Provinzialität immer schon einen lebhaften Güteraustausch pflegten, besonders mit Ligurien. Seit Menschengedenken erklommen Händler-Karawanen den unwirtlichen Apennin, um die begehrten Rotweine zu den Küstenbewohnern zu bringen. Mit purem Olivenöl und salzgelagerten Sardellen kehrten sie zurück. Während die lombardische Küche butterbetont ist, wiegt im olivenlosen Piemont die Ölküche vor. Dazu gehört beispielsweise das Nußöl aus dem Norden, das heutzutage kaum mehr zu finden ist, und wenn es etwa einem Wirt gelingt, auf dem Lande noch etwas aufzuspüren, gibt er seinem Olivenöl gerade ein Quäntchen davon hinzu, um die eigentümliche Duft- und Geschmacksnote zu erzielen.

Aus den Alpentälern kommen außerhalb des Piemont total unbekannte, aber hervorragende, charaktervolle Käse, die es mit den berühmten, doch

Statt Filet ißt der Piemontese *brasato*, statt Steak *muscolo*, ein saftiges Stück Fleisch aus dem Schenkel. Dieses wird, am Knochen selbstverständlich, im eigenen Saft geschmort, jenes schmurgelt stundenlang im Ofen und wird dabei mit Barolo übergossen.

Ein Kaninchenbraten wird, bevor er auf den Tisch kommt, mit Innereien und Gemüsen gefüllt. Beim *fritto misto* hingegen werden Fleisch, Innereien und Gemüse getrennt verarbeitet (Foto andere Seite). Das heißt: in Mehl paniert und in heißem Öl gesiedet. Auch Apfelringe und Makronentörtchen werden dieser Prozedur unterzogen. *Piatto reale* sagen die Piemontesen dazu – königliches Gericht.

Vor allem im Herbst und Winter ist die *Fonduta* ein Pflichtgang in jedem Menü. Sie wird aus geschmolzenem Fontina-Käse gemacht, dem ein wenig Mehl beigegeben wird. Das beste ist natürlich die Trüffel, wecher der Ober mit leichter Hand darüberhobelt.

Noch heute wird, wenn der Piemontese zu Hause ißt, die *Bagna Caoda* in einer großen Terracotta-Schale auf den Tisch gestellt. In sie dippen die Esser Paprika, Sellerie, Karden, Fenchel, Topinambur und alles, was knackig ist.

industriell nivellierten Produkten der transalpinen Verwandten mühelos aufnehmen und sie oft genug übertreffen. Drei davon auf dem Teller, und man vergißt ein süßes Dessert (samt zugehörigem Moscato-Wein oder Spumante) und kann beim liebgewonnenen Roten bleiben: ein Stück vom kleinen Schafskäse-Rundling Robiola, eines vom Raschera aus der Gegend von Bra, eine Ecke vom Oma di Murazzano oder vom Castelmagno zum Beispiel. Und das, obwohl die Autostadt Turin auch für ihre exqui-

siten Pralinen und Schokoladen bekannt ist und die *dolci* der Region, die süßen Näschereien, man sich durchaus schmecken lassen kann (vor allem, wenn sie mit Kakao veredelt sind wie das in seiner Schlichtheit unübertreffliche *bonet*, das in all seinen Spielarten fast nur aus Eiern, Milch und Sahne besteht). Sogar die allbekannte Zabaione kommt von hier, zusammengerührt aus Dottern, Zucker und Moscato-Wein. Auch sonst werden Eier, Haselnüsse, Kastanien und Früchte großzügig für Leckereien verwendet: kaum eine Süßspeise ohne sie.

Die Piemontesen sind keine geschickten Vermarkter, und selbst wenn sie das bessere Produkt – ob Wein, ob Käse – besitzen, nähren sie Minderwertigkeitskomplexe gegenüber dem preußischen Vetter jenseits der Berge, der die Geschäfte soviel rationaler und effizienter zu organisieren versteht. Wer kümmert sich schon um ihre Küche? Sie ist bäuerlicher Herkunft, und die Bauern waren arm. Sie ist kräftig und robust, auch eigenwillig, dem Klima gemäß, und differenziert allenfalls durch die Dosierung der Gewürze. Die spielen allerdings die Hauptrolle: König Knoblauch, ölgesalbt, und Königin Sardelle, ach, Rosmarin und schwarzer Pfeffer und was an Duftendem sonst noch im Gärtchen

Wer die *Bagna Caoda* nicht probiert hat, kennt Piemont nicht. Es ist ein cremiger Sud zum Eintauchen, hergestellt aus der piemontesischen Dreifaltigkeit von Knoblauch, Öl und Sardellen.

wächst. Und draußen, im Walde, verborgen: ein lukullisches Märchen von wildem Rukola, Knöterich und anderen aromatischen Kräutern, was vielleicht nur der ganz begreift, der den piemontesischen Dialekt versteht.

Wo immer ungekünstelt gekocht wird, bestimmen die Jahreszeiten die Rezepte, und die für den Gaumen beste beginnt hier gewiß im späten Herbst. Dann fallen die Steinpilze an, Fasan und Hase, Reh und Wildschwein. Die Tafel wird reich, die Küche erfinderisch – eine Winterküche sozusagen, deren Emblem jene gepriesene, kostbare weißliche Knolle mit dem Namen Trüffel ist, die »goldene Kartoffel« der Region. Die aus der Gegend um Alba erfreut sich eines preistreibenden Gütesiegels, dessen sich auch die weißen Trüffel aus der Emilia Romagna und von wer weiß wo gerne bedienen. Auf Umwegen gelangt diese außerpiemontesische Ware nach Alba, wo sie gleichsam weißgewaschen wird und als echte Alba-Trüffel zu echten Alba-Preisen in den Handel kommt. Sie wird, fein geschabt, stets roh genossen.

Die Köche jonglieren meist mit der billigeren schwarzen Trüffel. Die Einheimischen, die die geheimen Wohnstätten der adeligen Erdäpfel als Familiengeheimnis hüteten, gönnten sich früher die Köstlichkeit kaum. Sie lieferten sie an die herrschaftlichen Küchen der dominierenden Familien, um ihre Misere zu mildern. So hielten sie es auch mit dem Wildbret, das ihnen die Jahreszeit bescherte. Fleisch für sich selbst? Man leistete sich das Karnickel, den Stallhasen, den vielseitig verwendbaren, des einstigen französischen Präsidenten De Gaulles Lieblingsbraten immerhin, und gewann ihm auf mannigfache Weise das gastronomisch Bestmögliche ab. Das aber variierte und variiert von Familie zu Familie, von Trattoria zu Trattoria. Man kann nicht einmal ein verbindliches Basisrezept fixieren. Jedenfalls kommt, was an Feder- und Borstenvieh erhältlich ist, in dieser Küche gründlich zu Ehren. Alles, fast alles wurde und wird dort ins Geschmackvolle transformiert. Vom Ohr bis zum Paarzeh läßt das Schwein sich zu mindestens nahrhaften Speisen verarbeiten. Selbst sein Blut geht in eine besondere Lasagne ein. Aus der kulinarischen Phantasie der Bäuerinnen entwickelten sich Gerichte, die, veredelt in den Grundstoffen, Eingang in die höheren, anspruchsvolleren Stände fanden, wie die berühmte *finanziera*. Die Zutaten zu diesem Gericht erscheinen dem Nicht-Piemontesen eher befremdlich: Gewürfelte Schweinefilets, Hirn, Kalbsgekröse und andere Innereien, Hahnenkämme, Steinpilze unter Essig oder Öl sind unerläßliche Zutaten. Auch Nieren und Leber vom Schwein können in ihr enthalten sein. Der Rest ist raffinierte Zubereitung mit Brühe, Butter, Barolo und Marsala. Die *finanziera* wurde freilich in Turin ausgebraten, verbreitete sich aber schnell im ganzen Piemont. Wieso Turin? Mit dem Aufstieg des Bürgertums um 1800 kamen viele Mädchen vom Land in die rasch wachsende Stadt, »um zu dienen«. Sie brachten die Rezepte von Mutter und Großmutter mit und bereicherten die konventionelle Küche. Die Finanziers waren die verwöhntesten Gourmets von allen. So erhielt das damals bei ihren Arbeitsessen bevorzugte Gericht im Laufe der Zeit ihre eigene Berufsbezeichnung als Spitzname: eben *finanziera*.

Zurück in die Welt der Winzer führt eine mittlerweile Mode gewordene Köstlichkeit, die sogenannte *Bagna Caoda* (sprich: cauda). Wenn im November die Trauben eingebracht und gepreßt waren und der Most sich anschickte, Wein zu werden, dann gewährte das Jahr nach aller Schufterei eine Pause. Man kam zur Ruhe und zur Besinnung. Man lud, nein: ja man lädt noch heute die Freunde und Nachbarn ein, um den jungen, noch herben Wein zu probieren, seine Zukunft abzuschätzen und einfach zusammen zu sein. Nichts könnte dieses gelassene, frohgemute Miteinander besser stimulieren als die *Bagna Caoda*, wörtlich übersetzt: »heißes Bad«. Es ist nichts anderes als ein cremiger Sud zum Eintauchen von Paprika oder anderem Gemüse, hergestellt aus der piemontesischen Dreifaltigkeit – Knoblauch, Öl und Sardellen. Diese werden für eine Viertelstunde erhitzt. Dann kommt ein Klacks Butter dazu. Fertig. Früher wurde die *Bagna Caoda* in einer großen, beheizten Terracotta-Schale in die Tischmitte gestellt, und jeder tauchte das sauber geputzte, rohe oder blanchierte Gemüse hinein, vor allem Karden und Paprika, aber auch Fenchel, Staudensellerie, Topinambur, kurz alles, was frisch und knackig ist. Ein Armeleute-Essen, kurzfristig zu zaubern und durch keine kostbaren Zutaten zu verbessern. Heute bekommt jeder immerhin sein eigenes Gefäß und seine eigene Flamme; denn heiß muß die Bagna sein. Das ist Vorschrift. Strittig ist von Gegend zu Gegend nur die Knoblauchquantität. Einst rechnete man, sage und schreibe, eine Knolle pro Kopf. Heute nimmt man nur mehr wenige Zehen. Diese Speise baut auf und macht Durst.

Von ganz anderer Art, ohne solche Ingredienzen, gibt sich das andere, eher dem französischen Fondue verwandte, gleichwohl urpiemontesische Mahl, die *Fonduta*. Dieser Küchenklassiker ist aus dem fetten, kleingewürfelten Fontina-Käse hergestellt, der aus dem Aosta-Tal stammt. Die Käsewürfel werden geschmolzen. Bei ständigem Rühren und unter Beigabe von etwas Maismehl, Milch und einigen Eigelb entsteht ein dicker Brei, der, mit hauchdünn geschabten weißen Trüffel-

Ohne die *Agnolotti* ist die piemontesische Küche nicht vorstellbar. Die kleinen Ravioli, gefüllt mit Hackfleischfarce, werden in jeder besseren Trattoria von Hand gemacht. Die industriell fabrizierten *Agnolotti* dürfen die Menschen in der Stadt essen.

Das typische *primo piatto* des Piemont sind, neben den *Agnolotti* (Foto gegenüberliegende Seite), die *Tajarini*. Für diese hauchdünnen, mit dem Messer feingeschnittenen Nudeln werden bis zu 15 Eier pro Kilo Mehl verwendet – wenn die Köchin es gut mit den Gästen meint.

W o nicht Reben stehen, da wachsen im Piemont Obst und Gemüse. Vor allem das Roero ist ein Paradies für Vegetarier. Es ist berühmt für seine Himbeeren, Erdbeeren, Blaubeeren, Kirschen, Pfirsiche, Plaumen und Birnen, für grünen Spargel, Paprika, Porree und nicht zuletzt für Hasel- und Walnüsse sowie Maroni.

Das Finale eines langen Menüs ist immer süß, wobei an Kalorien nicht gespart wird. Nußtorten und Obstkuchen gehören ebenso zum Repertoire wie Schokoladencremes und die berühmten bonets, die Makronenplätzchen.

spänen bedeckt, die duftstarke Besonderheit dieses eigenartigen Pilzes so rein zur Wirkung kommen läßt wie kein zweites Gericht. Man kann dazu Reis aus der feuchten Ebene von Vercelli essen oder Polenta – Reis und Mais werden im Piemont seit rund zweihundert Jahren angebaut – oder einfach *Grissini*, jene geläufigen Brotstangen, die in jedem italienischen Restaurant eingetütet bereitliegen, aber eigentlich piemontesischen Ursprungs sind.

Wirklich gut sind sie nur, wenn sie kroß, krumm und hausgemacht auf den Tisch kommen. Man kann die *Fonduta* auch mit jenen *Tagliolini* (im Dialekt *Tajarini*) zu sich nehmen, die mit Eiernudeln zu übersetzen der Kundige sich allerdings sträuben wird. Aber aus nichts anderem als Mehl, Eigelb und Salz ist diese Pasta gemacht, blattdünn mit den Händen gezogen, sodann mit dem Messer in streichholzschmale Streifen geschnitten. Wie viele Dotter man dazu nehmen soll, vier oder fünfzehn für ein Kilogramm Mehl – darüber geraten sich Köche und Köchinnen durchaus schon mal in die Haare. Natürlich gibt es im Nudelland Italien eine schier unausdenkliche Vielfalt von Pastaprodukten. Die Piemontesen behaupten jedoch, auch die Ravioli erfunden zu haben, die daselbst Agnolotti heißen; Taschen aus dem gleichen Teig mit wiederum überall verschiedenen Füllungen aus Fleisch, Gemüse oder Käse oder einem Amalgam davon. Und wenn sie, wie weithin üblich, hausgemacht sind, kann man die Industrieprodukte gleichen Namens vergessen.

Früher einmal war eine Mahlzeit, was in unserer Wohlstandsgesellschaft nur noch eine Vorspeise ist oder auch ein Hauptgang. Die Piemontesen kennen eine Fülle appetitlicher und appetitanregender *Antipasti* für jede Jahreszeit. Doch das im übrigen Italien so unübersehbare Rot der Tomaten kommt hier und auch auf der Palette ihrer Menüs kaum vor. Früher einmal mußte das eingängige

Mahl schnell machbar sein oder, am Vorabend sorgsam angesetzt, in langen Morgenstunden allein seiner Vollendung entgegenköcheln. Denn auch die Bäuerinnen mußten aufs Feld oder in den Weinberg und dennoch am Mittag ein akzeptables Essen auf den Tisch bringen.

War einmal Rindfleisch im Haus, gestattete man sich *brasato*, ein stundenlang in Barolo – wenn nicht Barbaresco oder Dolcetto – gebadeter Braten. Das königliche, also zeitraubende Feiertagsgericht jedoch ist das *fritto misto* (schwärmerisch *piatto reale* geheißen). Kein einzelnes Gericht, sondern eine Speisenfolge, die in Zusammensetzung und Reihenfolge variieren kann. Dazu gehören in jedem Fall: Lammrippchen, Kalbsrippchen, Kalbsbries, mancherlei Innereien. So beginnt es. Dann kommen Fenchel, Zucchiniblüten, Karden, Steinpilze, Blumenkohl und Artischocken, bisweilen auch Schnekken, Frösche, Wachteln, je nach Jahreszeit und Gusto. Zum Schluß Obst: Pfirsiche, Apfelscheiben, Birnen. Alles wird paniert, in siedendem Öl geschmort, und muß zur rechten Zeit fertig sein, um heiß serviert zu werden.

Kunstreich, extravagant, aber vor allem barock hat man das *piatto reale* genannt. Um sich daran recht gütlich zu tun, bedarf es Weine, die in Qualität und Quantität angemessen sind, sowie einer Flasche ordentlichen Grappas. Gut, all das hat man im Piemont. Wichtiger ist darum, daß die Zeit, welche die Esser für die Einnahme des Mahls mitbringen, nicht zu knapp bemessen ist. Das gebührt schon der Respekt vor der Leistung des Küchenpersonals. Vier Stunden sind das Minimum, fünf Stunden die Regel. Nicht selten tafelt die Gesellschaft, am Ende von lauten Gesängen begleitet, bis Mitternacht. Essen ist, besonders im Piemont, ein zeitraubendes Geschäft, und wenn, was nicht zu hoffen ist, die Zeit eines Tages fehlt, wird es auch diese authentische, bäuerlich einfache und doch so mächtige Küche nicht mehr geben. Doch das steht kaum zu befürchten. Denn die Piemontesen sind, wie gesagt ernsthafte, gründliche Menschen mit professioneller Einstellung, auch beim Essen.

Rino Sanders

Barolo
von Fontanafredda

Die Dessertweine
SÜSSES FINALE

I n dem Dörfchen Santo Stefano Belbo ist die Welt nicht mehr in Ordnung. »Ich habe Krach geschlagen«, berichtet Giovanni Bosco, Vorsitzender »der Freunde des Moscato«. Was ihn erbost, sind die Zukunftsaussichten für sein Dorf. »Im Jahre 2000 werden in Santo Stefano Belbo 200 marrokanische Familien leben, die für die Weinindustrie arbeiten, während die einheimische Bevölkerung, sofern sie nicht schon weggezogen ist, nur noch als Staffage für japanische Touristen gebraucht wird, die die Weinberge besichtigen wollen.«

Das Szenario mag ein wenig schrill klingen. Aber das Unbehagen der Menschen in dem Dorf ist auf Schritt und Tritt spürbar. Santo Stefano Belbo liegt im Zentrum des Anbaugebietes für den Moscato, jener weißen Traube, aus welcher der süße, schäumende Asti Spumante hergestellt wird. Der größte Teil der Einwohner sind Winzer, die Moscato anbauen. Die meisten bewirtschaften ein paar Morgen, einige auch mehrere Hektar, und wenn die Zeit der Lese naht, verkaufen sie die Trauben an die großen Spumante-Häuser wie Martini & Rosso, Cinzano, Gancia, Tosti, Barbero, Riccadonna oder andere, welche den Asti erzeugen und weltweit vertreiben – leider nicht nur in erstklassiger Qualität.

Die Arbeit in den steilen Hängen ist hart. Aber sie wird gut entlohnt. Die Preise für die goldgelbe Muskateller-Traube sind fast so hoch wie die für den Nebbiolo aus dem benachbarten Neive, aus dem der noble Barbaresco erzeugt wird. Während von diesem aber nur maximal 70 Doppelzentner pro Hektar gelesen werden dürfen, bringt der Moscato es leicht auf 110 Doppelzentner. So betrachtet, dürfen die Winzer von Santo Stefano Belbo eigentlich nicht klagen. Doch ihnen geht es gar nicht zuerst ums Geld. »Es geht ums Überleben«, macht Bosco klar. »Wenn die Menschen, vor allem die jungen auf dem Lande bleiben und weiterhin im Wein arbeiten sollen, brauchen sie mehr als materielle Motive. Sie wollen eine Perspektive. Sie suchen nach Identifikation mit dem Produkt.«

Die Klage ist für Außenstehende nicht leicht verständlich. Aber daß ihre Moscato-Trauben anonym in einem fremden Produkt untergehen, das teilweise auf Supermarkt-Niveau gesunken ist, läßt immer mehr von ihnen die Faust in der Hosentasche ballen. Die Abhängigkeit von den Großen, die Unterordnung unter eine nicht immer der Qualität dienende Geschäftspolitik sowie die Befürchtung, eines Tages womöglich der Ersatzreserve billiger

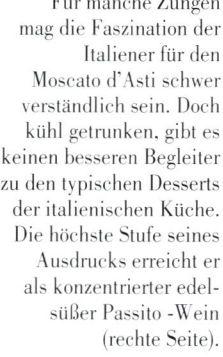

Für manche Zungen mag die Faszination der Italiener für den Moscato d'Asti schwer verständlich sein. Doch kühl getrunken, gibt es keinen besseren Begleiter zu den typischen Desserts der italienischen Küche. Die höchste Stufe seines Ausdrucks erreicht er als konzentrierter edelsüßer Passito -Wein (rechte Seite).

Arbeitskräfte aus fremden Ländern weichen zu müssen, all das reizt die junge Generation kaum mehr, in die steilen Hänge zu gehen und Reben zu beschneiden. Wenn sie sich schon die Hände schmutzig machen, möchten sie es für ein individuelles Produkt tun: für einen eigenen Wein mit eigenem Etikett zum Beispiel. Kein Asti Spumante – der ist und bleibt ein Produkt der Weinindustrie.

Der Moscato d'Asti ist ein klassischer Dessertwein. Er hat das typische Muskateller-Aroma, schmeckt aber etwas süßer als der Asti, bildet weniger Schaum und hat eine niedrigere Alkoholgradation. Doch der größte Vorteil ist, daß der Moscato d'Asti kein uniformes Produkt ist, sondern die Lage, in der die Trauben wachsen, ebenso widerspiegeln kann wie er die Handschrift des Winzers erkennen läßt. Er ist mehr Wein, weniger ein Produkt.

Und was für ein Wein er ist! »Es gibt nichts Vergleichbares auf der Welt«, ist Paolo Saracco aus dem hochgelegenen Dorf Castiglione Tinella überzeugt, ein junger, noch nicht einmal dreißigjähriger Winzer, der überhaupt erst 1984 angefangen hat, seinen eigenen Moscato zu machen. Sein Vater hatte die Trauben an Martini & Rosso verkauft. Für den Sohn war das keine Basis. Er nahm einen großen Kredit auf, kaufte sich Presse, Stahltanks, Kühlaggregate, Filter und begann, seine Trauben selbst zu Wein zu machen. Er hat es nie bereuen müssen. Heute gilt

Saracco als Spitzenproduzent. Schwierigkeiten, seinen Moscato abzusetzen, kennt er nicht. Im Gegenteil: spätestens Ostern sind alle 100 000 Flaschen, die er produziert, verkauft. Und bereits im September, noch bevor die Lese begonnen hat, erreichen ihn die ersten Anrufe der Exporteure, Händler und Gastronomen, die ungeduldig auf den neuen Wein warten. Denn für Desserts, wie sie die italienische Küche kennt, gibt es nichts Passenderes als eine gute gekühlte Schale Moscato d'Asti: für Obstsalate, Nußkuchen, Apfeltarte, Kastanientorte, Zabaione, halbgefrorene *torta inglese*. Und wenn *Mousse au chocolat* oder *Tiramisu* unvermeidlich sind, ist der Moscato der einzige Dessertwein, der dazu paßt. »Man braucht nicht lange über den Wein grübeln. Er ist leicht verständlich, trägt keine Geheimnisse in sich und ist schnell ausgetrunken.«

Der Stolz der Moscato-Winzer auf ihren Wein übersteigt sogar noch den der Barolo-Winzer. Für sie ist der Moscato wichtiger als Fußball, Politik und gutes Essen. Sogar die großen Asti-Produzenten bekommen das zu spüren, obwohl die Moscato-Winzer grundsätzlich dem Asti freundlich gesonnen sind. Schließlich wird er aus denselben Trauben gemacht. Aber wenn es um den direkten Vergleich geht, beziehen sie klar Stellung, und zwar so, wie der junge Giorgio Rivetti aus Castagnole Lanze, der einen der besten Moscato der Zone erzeugt: »Wer den Moscato liebt, trinkt keinen Asti.«

Paolo Saracco ist ein Moscato-Winzer der jüngeren Generation. Sein Wein ist nicht einfach nur süß, sondern besitzt auch eine erfrischende Säure. Mit dem Leinensack, den er in der Hand hält, wurden früher die Gärhefen weggefiltert.

Romano Dogliotti war der erste, der einen Moscato d'Asti erzeugte, welcher in den besten Restaurants Italiens auf die Karte kam. Seine Crus Caudrina und La Galeisa sind heute gesuchte Spezialitäten.

Giorgio Rivetti und seine Brüder erzeugen gleich eine Serie von Lagen-Moscato. Denn dieser süße Dessertwein fällt von Weinberg zu Weinberg anders aus. Also ein klassischer *vino da campanile*: Jedes Dorf hat seinen eigenen.

Die Behauptung ist kühn. Denn 98 Prozent der Moscato-Trauben werden zu Asti Spumante verarbeitet. Die restlichen zwei Prozent teilen sich ein paar Dutzend Moscato-Erzeuger. Das entspricht gerade vier Millionen Flaschen. Über die Vorlieben ist damit alles gesagt. Oder nicht? »Wir könnten glatt zehn Millionen Flaschen verkaufen, wenn das Image des Weines durch den Asti nicht gelitten hätte. Dann könnten mindestens 500 Familien mehr hier auf dem Lande bleiben und arbeiten«.

Doch der Moscato d'Asti will kein Konkurrenzprodukt für den Asti Spumante sein. Er ist ein alter, bäuerlicher Wein, der immer in handwerklicher, nie in industrieller Manier hergestellt wurde. Daran hat sich bis heute nichts geändert.

Die Trauben werden früh – meist September – gelesen und sofort weich abgepreßt, der Most in großen Stahltanks auf 0° Celsius heruntergekühlt. Meistens bleibt er einige Tage oder Wochen, ein Teil des Mostes auch einige Monate in diesem Zustand, damit sich der Trub setzen kann. Danach wird der Keller langsam erwärmt. Die Hefen nehmen ihre Tätigkeit auf, beginnen den Zucker in Alkohol umzusetzen. Dabei wird, wie bei jedem Gärvorgang, Kohlensäure freigesetzt. Die Gärtanks für den Moscato sind, im Gegensatz zu üblichen Gärtanks, jedoch hermetisch geschlossen. Die Kohlensäure kann nicht entweichen. Sie bleibt im Wein. Erst wenn der Wein ins Glas eingeschenkt wird, kann sie raus. Darum schäumt und perliert ein Moscato.

Wie aber kommt die Süße in den Wein? Das Besondere an der Herstellung des Moscato ist, daß der Kellermeister ihn nicht ganz durchgären läßt. Er stoppt die Gärung. Früher geschah das, indem man den halbvergorenen Wein durch eingmaschige Jutesäcke laufen ließ. In ihnen blieben die Hefen hängen. Der Wein konnte danach nicht mehr weitergären. Der unvergorene Zucker, der in ihm noch enthalten war, gab ihm seinen charakteristischen, natursüßen Geschmack. Heute wird die Gärung gestoppt, indem der Wein wieder auf 0° Celsius heruntergekühlt wird. Bei diesen Temperaturen stellen die Gärhefen ihre Tätigkeit ein. Danach wird der Wein durch dünne Papierscheiben gepumpt. Sie filtern die Hefen und den grauen Hefetrub weg. Der Wein wird klar.

Das Talent des Winzers besteht darin, den Zeitpunkt richtig zu bestimmen, an dem die Gärung gestoppt werden muß. Zucker, Säure und Alkohol müssen in der Balance sein. Manchmal ist diese Balance bei 5,5 Prozent Alkohol erreicht, manchmal auch schon bei 5 Prozent. »Notfalls muß ich dann um zwei Uhr nachts aufstehen, um die Gärung zu stoppen«, sagt Romano Dogliotti, der dritte Spitzenproduzent unter den Moscato-Winzern. Doch das tut er gerne, wenn es nur dem Weine dient. Eigentlich ist Dogliotti der erste unter den kleinen Winzern des Moscato. Zumindest hat er als erster den Moscato zu einem Spitzenwein gemacht, der von den besten Restaurants Italiens auf die Karte gesetzt wurde.

Doch mit dem Ehrgeiz, einen guten Moscato d'Asti herzustellen, haben die Erzeuger ihr Pulver noch nicht verschossen. Immer mehr Winzer beginnen, aus ihren Moscato-Trauben einen Passito herzustellen: einen konzentrierten, honigsüßen Likörwein, der in seiner Konsistenz dem französischen Sauternes vergleichbar, im Aroma und mit seiner blumigen, fruchtigen Süße jedoch ein unverwechselbarer Moscato ist. Er entsteht dadurch, daß die Trauben nach der Lese unter dem Dach der Scheune trocknen, bis sie auf die Hälfte ihres Gewichts geschrumpelt sind. Erst im Januar werden sie abgepreßt und der extrem zucker- und extraktreiche Most dann vergoren. Immer mehr Winzer im Astigiano entdeckten dieses urbäuerliche einfache, traditionelle Verfahren neu: Maria Borio in Costiglione, Secondino Barbero in Mango, Giovanni Ivaldi sowie das Weinhaus Marenco in Strevi zum Beispiel. Der junge Claudio Icardi in Castiglione Tinella hat sich schon richtig spezialisiert auf Passito-Weine: nicht nur vom Moscato, sondern auch von der Freisa- und der Brachetto-Traube.

Der erste moderne Moscato Passito kam jedoch aus einem weit abgelegenen Dorf im tiefsten Monferrat. Es heißt Loazzolo. Die meisten Moscato-Weinberge dort standen offen. Ein großer Teil der Winzer hatte den Ort verlassen. Sie sahen keine Zukunft mehr für sich und den Wein. Einer jedoch war neu zugezogen: Giancarlo Scaglione, Doktor der Önologie und einer der gefragtesten Weinberater im Piemont. Er nahm sich sofort des Moscato an. Das Resultat: der Forteto della Luja, ein im Barrique vergorener Passito. Die wenigen hundert Flaschen, die von ihm erzeugt wurden, waren trotz des hohen Preises sofort verkauft. Er wurde zum Prototyp der neuen Dessertwein-Welle in Italien.

Der Erfolg hat auch den anderen Winzern Mut gemacht. Sie wandten sich ebenfalls dem Passito zu, und heute kommen aus Loazzolo ein halbes Dutzend dieser extraktreichen Likörweine, ein Teil im Stahltank, ein Teil im Barrique vergoren, alle an ihren gut gestalteten, erfindungsreichen Etiketten erkennbar. Inzwischen haben die Weine aus Loazzolo sogar eine eigene D.O.C. bekommen. »Bei uns«, sagt Scaglione, »ist die Welt wieder in Ordnung.«

Wo Freude ist, ist immer auch Asti

Asti. Spumante D.O.C.
Consorzio dell'Asti Spumante
Piazza Roma, 10 - Asti - Telefon (0141) 5 42 15

Grappa
AUTHENTISCHER DUFT DES WEINES

Das schmiedeeiserne Tor ist fast immer verschlossen. Aber durch die Hecke daneben fällt der Blick in einen Teil des Gartens. Thymian, Basilikum, Petersilie, Knoblauch wachsen dort zwischen Kohlrabi, Zucchini und Melanzanen. Dazwischen stehen verwilderte Sträucher, über sie beugt sich ein Glyzinienbaum.

An der Hauswand klettert die Bougainvillea. Es ist der Garten von Romano Levi.

Levi wohnt in Neive, dem größten der drei Dörfer, welche zusammen das Anbaugebiet des Barbaresco bilden. Viele Menschen dort leben, direkt oder indirekt, vom Wein. Aber sie leben nicht allein von ihm. Die ausgepreßten Schalen zu destillieren und jenen Tresterschnaps zu produzieren, der in Italien Grappa heißt, hat sich für viele als ein äußerst lohnendes Zubrot erwiesen. Denn Grappa mögen die Menschen. Schuld daran ist Levi. Der Mann mit dem krausen Haarkranz um den Kopf, den Lachfalten um die Augen, hat den Grappa im Piemont zwar nicht erfunden, aber er hat ihn zu Ehren gebracht und durch seine eigene Person zum Mythos gemacht.

Es gibt Hunderte von Grappa im Piemont: milde und scharfe. Von Romano Levi, dem Eremiten, kommen rauhe, wilde Grappa mit hohem Alkoholgehalt. Ob er sie gut findet, verrät er nicht. Verkauft werden sie auch nicht an jeden. Aber die Etiketten entwirft er immer selbst.

Levi brennt seit dem 30. März 1945 Grappa. An diesem Tag griff eine alliierte Fliegerstaffel den Bahnhof von Neive an. Seine Mutter Teresina starb im Bombenhagel. Romano mußte das Geschäft übernehmen. Seitdem hat er keine Zeit mehr gefunden, sich mit etwas anderem zu beschäftigen als mit Grappa. Frühmorgens beginnt er mit dem Brennen. Zwei Nachbarn schleppen ihm in Jutesäcken den Trester heran, steigen auf die Leiter und entleeren den Inhalt der Säcke in die Brennblase. Er selbst schürt das Feuer. So geht es den ganzen Tag. Spätabends noch sitzt er am Schreibtisch und zeichnet Etiketten. Er hat sie einer imaginären *donna selvatica* gewidmet, der wilden Frau, die über die Hügel der Langhe fegt und so ist wie sein Grappa: stark, rauh, unwiderstehlich. Levi ist ein Künstler.

Sein Vater hatte das Brenngerät 1925 von einem Turiner Ingenieur namens Balbo entwerfen lassen. Er galt als der beste Konstrukteur von Brennblasen. Damals war das Gerät eine Sensation. Heute ist es hoffnungslos veraltet. Aber Levi beherrscht es, und deshalb ist die alkoholische Essenz, die aus dem Destillierkolben tröpfelt, nicht schlechter als das, was andere auf modernen Brennapparaten herstellen.

Denn in seinen Prinzipien hat sich der Vorgang des Brennens nicht verändert, nur in seiner Technik. Grappa wird, anders als Cognac, kontinuierlich destilliert. Das heißt: Jener Teil des Destillats, der nicht sofort abgeschieden wird, wird automatisch redestilliert. Die Meisterschaft eines Brenners hängt davon ab, welche Teile des Destillats er abscheidet und welche er nochmals brennt. Der Vorlauf (*testa*) enthält viel hochwertige Alkohole, aber wenig Frucht. Der Nachlauf (*coda*) ist dagegen recht fruchtig, enthält aber bereits einige minderwertige Alkohole. Der beste Teil ist der Mittellauf (*cuore*). Doch wo fängt er an und wo hört er auf? Levi schweigt. Viel wichtiger, so sagt er, seien gute, hochwertige Trester, die noch feucht sind, ihre Duftstoffe noch nicht veratmet haben. Sie mischt er nach eigenem Rezept. Moscato und Dolcetto sind immer dabei.

Levi hat sich nie über seinen Grappa geäußert. Er macht ihn, wie er es gelernt hat. Ob er ihn selbst gut findet oder mißlungen, läßt sich nur raten. Er verkauft ihn für wenig Geld, obwohl er weiß, daß Wein- und Grappahandlungen oft das Dreifache für ihn verlangen. Doch das stört ihn nicht. Dafür gibt er ihn auch nicht an jeden, der ihn haben will. Seine Nachbarn und Bekannten bekommen gern eine Flasche von ihm, schon weil sie ihn für die Verdauung und gegen die Gicht brauchen. Anderen öffnet er erst gar nicht die Tür.

Mitten auf dem Gartengrundstück steht ein moderner Bungalow mit Garage. Ihn hat er sich Mitte der siebziger Jahre hinstellen lassen. Aber bezogen hat er ihn nie. Moos wuchert die Wände hoch. Der Teppichboden ist verrottet. Wilde Katzen streunen durch die Zimmer. Er selbst lebt in dem alten, dunklen Wohnhaus vorne an der Straße. Es hat keine Heizung, kein Bad. Die Küche wird nie benutzt, da er nicht kocht. Auch den Fernseher hat er wieder abholen lassen, nachdem er ihn 15 Jahre lang nicht benutzt hatte. Ein Auto besaß er nie. Er fährt ein altes Fahrrad. Aber auch das benutzt er selten. Denn einzukaufen gibt es für ihn wenig. Morgens ißt er nur Müsli. Das Mittagessen holt er sich jeden Tag aus einem nahen Restaurant. Abends bringen ihm Nachbarn und Winzer, deren Trester er kauft, manchmal etwas zu essen. Viel mehr ist von Romano Levi nicht zu berichten. So anders wie er lebt, ist auch der Grappa: kein Brand für jedermann.

Grappa ist immer etwas für feine Nasen. Die Kunst des Brennens besteht darin, die authentischen Gerüche des Weines noch einmal einzufan-

Grappa wird aus den Trestern des Weines gebrannt. Bei der Erhitzung der ausgebrannten Schalen verdunstet der Alkohol. In der »Kolonne«, wie das Röhrengeflecht einer modernen Destille heißt (im Bild: Distilleria Bocchino), werden die Dämpfe wieder kondensiert. Sie enthalten dann nicht nur Alkohol, sondern auch ätherische Öle des Weines.

gen und zu binden, bevor sie sich in Luft auflösen. Insofern ist Grappa wie der Wein: ein Produkt der Erde, in welcher die Reben gewachsen sind. Es ist also sinnvoll, den Grappa aus Südtirol zu unterscheiden von dem aus Venetien, den aus der Toskana von dem aus Piemont. Im Piemont wachsen andere Trauben, aus denen andere Weine gemacht werden als in anderen Teilen Italiens. Und was heißt Grappa? Auch die Trauben können, ohne zu Wein verarbeitet zu werden, destilliert werden, gleichsam um den Duft zu extrahieren und ihn hinterher in Alkohol zu lösen. Freilich ist das dann nicht Grappa, was da herauskommt, sondern ein Obstbrand. *Acqua di frutta*, wie Antonella Bocchino,

eine nicht minder erfolgreiche Grappa-Produzentin, sagt. Sie ist, so scheint es, das Gegenstück zum kauzigen Levi. Eine zierliche, im Mailänder Chic gekleidete Frau, studiert, weitgereist, aus einem wohlhabenden Hause kommend. Niemand hat sie gezwungen, sich mit Grappa und anderen Destillaten zu befassen. Sie hat es freiwillig getan. Denn das Studium der Politischen Wissenschaften hat sie nicht sonderlich interessiert. Statt Macchiavelli zu lesen, vertiefte sie sich in alte Rebsortenkunde, statt Plato zu übersetzen, blätterte sie in Atlanten mit Zeichnungen ausgestorbener Traubensorten. Die Geschichte des piemontesischen Weinbaus zu studieren, war ihr wichtiger als alles andere.

Antonella Bocchino lebt in Canelli, mitten im Zentrum der Moscato-Zone. Dort befindet sich das Unternehmen der Familie Bocchino: die Destilleria. Zwei Millionen Flaschen Grappa werden dort im Jahr erzeugt. Der bekannteste ist der Gran Moscato. Er wird seit 1935 gebrannt und war der erste italienische Grappa, der aus den Trestern nur eines einzigen Weines erzeugt wurde: des Moscato. Wenn Antonella Bocchino, Studentin noch, nach Hause kam, packte sie ihre Gummistiefel ins Auto und fuhr in die Weinberge. Sie suchte nach alten Rebsorten, nach vergessenen Düften. Wenn sie einen Winzer traf, der gerade seine Reben beschnitt, fragte sie: »Haben Sie noch irgendwo Neirana stehen?« Neirana ist so eine Sorte, die schon lange nicht mehr angebaut wird. Aber mancher Winzer hat die letzten Stöcke, die noch in seinem Rebberg wachsen, nicht ausgehackt, sondern sie, aus nostalgischen Gründen oder aus Respekt vor dem Großvater, der sie angepflanzt hatte, einfach stehengelassen. Solche Winzer suchte die junge Frau. Und sie fand sie. Um Wein aus den Trauben zu machen, reichte die Menge für die Winzer nicht. Aber um Grappa aus ihnen zu brennen, waren ein paar Reihen gerade genug. 12 solcher Grappa aus alten, teilweise vergessenen Reben brennt sie inzwischen, vom Moscato bis zum seltenen Doux d'Henry, vom Nebbiolo bis zum unbekannten Lumassina. Manchmal sind es nur 800 Halbliterflaschen, die sie abfüllen kann. Doch auf die Menge kommt es ihr nicht an. Der Duft ist entscheidend. Vom Timuassa, wie sie – im piemontesischen Dialekt – den Timorasso nennt, treibt sie nur 1 200 Kilogramm Trauben auf. Daraus gewinnt sie 70 Liter Grappa. Aber er duftet nach Blüten und Erde, nach Honig und Schmalz.

Bei ihren Ausflügen in die Landschaft suchte sie aber nicht nur Reben. Hier entdeckte sie Sträucher und Bäume, von denen heute niemand mehr Notiz nimmt, deren Früchte ihre Großmutter aber früher gesammelt und zu Marmelade gemacht hatte: die Hagebutte zum Beispiel, die Vogelbeere, den Holunder, den Granatapfel oder den seltenen Erdbeerbaum, von dem sie als Kind so gerne aß. Auch diese wilden Früchte untersuchte sie auf ihre Eignung, zu fruchtigem Aquavit gebrannt zu werden. Es ging. Heute erzeugt Antonella Bocchino 17 Obstbrände, neben den genannten auch aus Haselnüssen, Walnüssen, Kakis, Himbeeren, schwarzen Johannisbeeren. *Le Bacche* heißen sie: die Beeren.

Antonella Bocchino ist kein menschenscheuer Einzelgänger. Sie arbeitet in einem komfortablen Büro, hat Familie, kocht, fährt Auto, nicht Fahrrad, und verkauft an jeden, der ihre Destillate haben möchte. Auch brennt sie nicht selbst. Sie läßt brennen. Als ihre Arbeit betrachtet sie es, das geeignete Rohmaterial zu suchen, sozusagen mit einer Wünschelrute durch die Welt der olfaktorischen Genüsse zu gehen und alles, auf das ihre Nase anschlägt, daraufhin zu untersuchen, ob und

wie sich diesem der Duft entziehen läßt. Sie hat sogar ein Buch geschrieben. Es heißt: *Tante Belle Cose*, zu deutsch: viele schöne Dinge. Es handelt von ihrem Großvater und ihrer Großmutter, die sie in das Reich der guten Düfte eingeführt haben, sei es in der Küche, sei es in der Natur. Sie haben ihr auch klargemacht, daß Tresterschnaps mehr sein kann als ein Genußmittel: nämlich Medizin. »Mit den Irrtümern der Ärzte könnte man die Erde pflastern«, spotteten sie über die Schulmedizin.

Daß so ein Mensch eines Tages auch auf den Roman »Das Parfüm« von Patrick Süßkind stoßen mußte, war abzusehen. Die Beschreibung der Duftwelten, vor allem die Beschreibung der handwerklichen Verrichtungen, die nötig sind, um den Duft aus der Materie zu extrahieren und die ätherischen Öle aufzufangen, faszinierte sie so, daß sie nach Grasse in der Provence reiste, wo ein Teil des Romans spielt. Dort arbeiten die besten Destillatoren der Welt und stellen duftende Essenzen für die Parfümindustrie her. In Grasse lernte sie, wie sich zum Beispiel Blüten destillieren lassen. Dort entwickelte sie die Idee für ihr nächstes Projekt: Aquavite herzustellen, die den Duft von Iris, Akazie, Birke, Rose und der Blüte des Orangenbaumes in sich tragen, jener Bäume, die einst die Weinberge von Canelli säumten, und jener Blumen, die am Fuße der Reben wuchsen. Inzwischen hat sie es geschafft, eine ansehnliche Reihe solcher Blütenbrände (*I Fiori*) auf den Markt zu bringen. Sogar Orchideen destilliert sie, allerdings kommt das Rohmaterial nicht aus dem Piemont. Orchideen sind fast ausgestorben und die wenigen Exemplare, die noch in irgendwelchen ökologischen Nischen wachsen, stehen unter strengem Naturschutz. Ihre Orchideenblüten kommen aus Japan. Dort werden sie in großen Kulturen gezogen. Antonella Bocchino läßt sie in Alkohol einlegen und nach Canelli schicken. Zwei Wochen dauert die Reise. Dann kann gebrannt werden. »Ich fühle mich als Alchimist«, sagt sie von sich. »Ich habe ein bißchen vom alten Piemont und seinen Gerüchen wieder auferstehen lassen.«

103

Antonella Bocchino brennt nicht nur Grappa. Sie destilliert auch seltene Trauben, Obst, Beeren und Blumen – sogar Orchideen. In ihren Bränden spiegelt sich eine versunkene Duftwelt des Piemont. Inspiriert wurde sie unter anderem von Patrick Süßkinds Buch »Das Parfüm«.

Die Bergkäse
URTÜMLICHE SPEZIALITÄTEN

Käse ist aus dem Piemont so wenig wegzudenken wie Wein. Das hat damit zu tun, daß diese italienische Region eine der größten Milchproduzenten Italiens ist. In der flachen Poebene und im Voralpenland ist die Milchwirtschaft ein wichtiger, auf den Höhen der ligurischen Seealpen oft der einzige landwirtschaftliche Erwerbszweig. Grana Padano und Gorgonzola sind die bekanntesten Käsesorten, die dort erzeugt werden, die unbekannten kleinen Bergkäse jedoch die interessanteren.

Fast die Hälfte des piemontesischen Käse (43 Prozent) kommt aus der Provinz Cuneo. Im Bergland der menschenleeren Alta Langhe, dem Hochland über 600 Meter, gibt es eine lange Tradition der Milchkuh- und Schafhaltung. Da das Klima dort rauh ist und das Gras auf den mageren Bergweiden nicht sprießt wie auf den fetten Böden im Tal, geben die Kühe wenig Milch. Aber es ist eine hochwertige, würzige Milch, die sich zur Käseherstellung besser eignet als zur Trinkmilchproduktion. Der weitaus größte Teil wird deshalb zu Käse verarbeitet.

Wie beim Wein, so gibt es auch beim Käse in Italien Ursprungsbezeichnungen (Denominazione di Origine Controllata, D.O.C.). Piemont hat sieben D.O.C.-Käsesorten. Sechs davon werden in der Provinz Cuneo hergestellt. Der Gorgonzola wird auch (und vor allem) außerhalb von Cuneo (Schwerpunkt: Novara), der Grana Padano auch außerhalb des Piemont produziert (Lombardei, Emilia Romagna, Trentino, Venetien). Doch die restlichen vier D.O.C.-Käse kommen ausschließlich aus Cuneo, genau: aus dem Bergland der Alta Langhe.

Murazzano: Der typische Käse aus dem hochgelegenen Teil der Langhe ist der Toma. Ursprünglich wurde er nur aus Schafmilch hergestellt. Das Futterangebot ist dort nämlich so gering, daß die Haltung von Milchkühen nicht mehr rentabel ist. Doch Schafmilchkäse sind in Italien aus der Mode gekommen. Seit der Toma die Ursprungsbezeichnung erhalten hat (1982), darf er bis maximal 40 Prozent Kuhmilch enthalten. Auch heißt er seitdem offiziell Murazzano, benannt nach dem kleinen Dorf gleichen Namens, das, ein wenig widersprüchlich, Zentrum der Schafzucht in der Langhe ist. Die Bevölkerung nennt ihn jedoch weiterhin Toma oder Robiola: ein kleiner Rundling mit dem Durchmesser einer Untertasse. Er ist ein rustikaler Käse, der von den Bauern früher jeden Tag in mühsamer Handarbeit hergestellt wurde. Er reift maximal zehn Tage, ist dann schnittfest, trocken,

mäßig streng und wird, ob zu Hause oder im Restaurant, nach jedem Essen serviert. Besonders delikat ist der Robiola, wenn er frisch, also noch am Tag seiner Herstellung, gegessen wird. Er ist dann leicht körnig, weniger trocken und läßt sich bestens mit süßem Traubenmus kombinieren, die jede Hausfrau auf dem Lande wie Marmelade herstellt: eine einfache Delikatesse, die zu servieren, selbst beste Restaurants sich nicht nehmen lassen.

Castelmagno: Der Castelmagno ist der feinste Käse des Piemont. Er ist streng-würzig mit einem

zarten erdigen Schimmelaroma, weich bis krümelig in der Konsistenz. Er kommt aus einem ganz engen Bezirk westlich von Cuneo. Die Kühe, so schreibt es das Gesetz vor, dürfen dort nur mit Grünfutter und Heu ernährt werden. Da der Castelmagno handwerklich erzeugt wird, sind die Unterschiede von Produzent zu Produzent groß.

Raschera: Der Raschera ist der rarste Käse. Er kommt aus dem Bergland südlich von Mondovi und wird nur in geringen Mengen hergestellt. Man findet ihn, außer im Piemont, praktisch nur noch in Ligurien. Auch er ist heute meist ein reiner Kuhmilchkäse. Nur selten wird ihm noch Schaf- oder Ziegenmilch zugesetzt. Er ist ein Halbfettkäse, schmeckt pikant, leicht salzig und reift normalerweise 90 Tage.

Bra: Der Bra ist der am weitesten verbreitete Käse. Er wird fast in der ganzen Provinz Cuneo hergestellt und ist der typische Schnittkäse der Zone: mittelfett, leicht würzig, fest und trocken. Als junger Käse ist er fast weiß in der Farbe, nach sechs Monaten wird er gelb und deutlich pikanter.

Die Bergkäse aus der Provinz Cuneo sind eine Spezialität der Langhe. Sie werden teilweise aus Schaf- und Ziegenmilch hergestellt und unterscheiden sich durch ihr würziges, säuerliches Aroma von den industriellen Käsesorten.

Weiße Trüffel
DIE BESTEN
KOMMEN AUS ALBA

N och ist es dunkel in der Stadt. Nebelschwaden wabern durch die Gassen. Ein feuchter, glitschiger Film liegt über dem Kopfsteinpflaster. Der fahle Schein der Straßenlaternen fällt auf endlose Reihen von parkenden Autos. Manchmal rumpelt ein Lastwagen über das feuchte Kopfsteinpflaster. In der Ferne knattert ein Motorrad. Es ist Samstagmorgen, 6 Uhr. Asti schläft noch. Nur das alte Café San Carlo ist hell erleuchtet. Drinnen drängen sich mindestens zwei Dutzend Menschen. Die Scheiben sind beschlagen. Stimmengewirr dringt nach draußen. Irgendwann geht die Tür auf, und drei Männer treten heraus, gehen ein paar Schritte zu dem parkenden Auto auf der gegenüberliegenden Straßenseite. Der Kofferraum wird geöffnet. Dann beugen sich alle tief herunter. Eine Taschenlampe leuchtet auf. Aber was der Lichtstrahl sucht, ist nicht zu erkennen. Nach ein paar Minuten wird der Kofferraum wieder zugeschlagen, und die drei Gestalten gehen schweigend ins Café zurück. Einer trägt eine Thermobox aus rotem Plastik in der Hand, wie sie Familien benutzen, die am Wochenende zum Picknick aufs Land fahren und ihre Getränke kühl halten wollen. Die Tür hinter ihnen fällt zu.

Es ist November. Neumond ist gerade vorüber, der Höhepunkt der Trüffelsaison erreicht. *La buttata* nennen die Trüffelsammler den Mondwechsel. Jetzt werden die größten, festesten und duftendsten Knollen aus der Erde gegraben, und das Café San Carlo in Asti ist einer der wichtigsten Umschlagplätze für die weiße Trüffel. Jeden Samstag, bevor der Tag beginnt, treffen sich Kleinhändler, Großhändler und Gastronomen in der unauffälligen Bar an der Piazza Cavour, um einige Kilo oder auch nur ein paar Knollen zu erstehen. Das Geschäft wird ebenso schnell wie diskret abgewickelt. Man zahlt in bar. Rechnungen werden nicht gestellt. Nach zwei Stunden ist alles vorbei. Dann haben oft umgerechnet eine halbe Million Mark den Besitzer gewechselt.

Was dann in bunten Thermoboxen weggetragen wird, landet einen Tag später im »Le Crocodile« in Straßburg oder im »Lucas Carton« in Paris, bei Hans Stucki in Basel und Eckart Witzigmann in München auf dem Tisch. Jedes bedeutende Restaurant und jedes Restaurant, das sich für bedeutend hält, will seinen Gästen zwischen Oktober und Weihnachten Trüffel vorsetzen – und zwar die weiße aus dem Piemont, lateinisch *tuber magnatum pico*, im Küchendeutsch Alba-Trüffel. In

Die weiße Trüffel aus dem Piemont ist der teuerste Pilz der Welt. Sein Geheimnis ist der Duft. Je ordinärer er riecht, desto begehrter ist er. Er wächst meist unter Linden, Birken, Eichen. Erschnüffelt wird er von eigens abgerichteten Spitzhunden.

In den letzten Jahren wurden immer weniger weiße Trüffel in Alba gefunden. Die Zersiedlung der Lanschaft, der Düngemitteleinsatz, aber auch der Trüffelvandalismus sind schuld an dieser Entwicklung.

hauchdünnen Scheiben wird sie über das Kalbsbries oder den Steinbutt gehobelt, in Kartoffelravioli eingearbeitet oder feingehackt zu Langusten gereicht. In Italien wird sie, nach alter, ländlicher Manier, vor allem über Spiegelei, *carne cruda* (Kalbfleischtatar), *fonduta* (Käsefondue mit Maismehl) und Butternudeln gegeben. Aber sonderlich wählerisch sind die Italiener nicht. Sie hobeln sie, genau genommen, fast über alles, was in der Hohen Zeit der Trüffeljagd auf den Tisch kommt.

Das Café San Carlo ist nur eine der Börsen für den begehrten Edelpilz. In vielen kleinen Dörfern und Städtchen des Piemont gibt es Lokale und Märkte, auf denen die duftenden Knollen gehandelt werden. Vor allem Alba, die ewige Rivalin des größeren Asti, ist ständig bemüht, den Ruf, der ihr vorauseilt, zu rechtfertigen. In der ersten Oktoberhälfte findet jedes Jahr eine internationale Trüffelmesse in Alba statt. Und jeden Samstag um acht Uhr morgens, wenn im Café San Carlo in Asti die Lichter ausgehen, öffnet der kleine Trüffelmarkt in der Via Vittorio Emanuele.

Dort, unter dem grün-weiß gestreiften Zeltdach, wird die Trüffel zwar nicht kiloweise in Thermoboxen angeliefert, aber ein gutes Dutzend Anbieter findet sich immer ein, an ihren kantigen Gesichtern und vierschrötigem Aussehen unschwer als Albeser

Landvolk zu identifizieren. Sie ziehen in weiße Papierservietten eingewickelte Knollen aus der Tasche, beriechen sie, reichen sie herum, um sie dann wieder stolz einzustecken, wenn ihnen das finanzielle Gegenangebot nicht ausreichend erscheint. Der *Tuber magnatum pico* ist nämlich nicht wohlfeil zu haben. Im Gegenteil: Wegen des stetigen Rückgangs der Ausbeute erlebt der Pilz in den letzten Jahren eine Preishausse nach der anderen. Unter 2000 Mark pro Kilogramm verläßt er kaum noch das Piemont. Bei den Delikatessenhändlern und Gastronomen kostet er, je nach Qualität und Marge, 5000 bis 7000 Mark. Damit ist er dreimal so teuer wie Kaviar. Das heißt: Wenn der Oberkellner in Wien oder Washington die Knolle zehnmal über das rasierklingenscharfe Hobelmesser zieht und etwa zehn Gramm papyrusdünne Trüffelblätter auf die dampfenden Tagliatelle fliegen, dann ist dieses urbäuerlich einfache Gericht schon mindestens 50 Mark wert. Daß angesichts solcher Preise ganze Dörfer im Piemont ausschwärmen, um der kalten Erde wenigstens eine kleine Knolle abzugewinnen, ist nicht verwunderlich. Obwohl nur knapp 5000 lizensierte Trüffelsucher (sie werden *trifolau* genannt) in Italien registriert sind, gehen weit mehr auf Trüffeljagd. Die Dunkelziffer liegt 50 Prozent höher, Tendenz steigend.

Was die weiße Trüffel so unerhört begehrenswert macht, ist ihr Duft. Dabei sind es, beim Namen genannt, keineswegs angenehme Gerüche, die sie verströmt. Medizinisch-streng sind sie, an Apotheke oder oxidiertes Blech erinnernd. Zur Zeit seiner besten Reife duftet sie überhaupt nicht mehr. Sie verströmt Gase wie faule Kartoffeln und wilder Knoblauch. Andere sagen, sie stinkt, und zwar auf eine ganz gemeine Art: nach Schweiß und Urin zum Beispiel. »Echt fies«, finden Andreas Jokisch und Stephan Burger aus München, die seit mehr als einem halben Jahrzehnt die weiße Trüffel importieren. Erschwerend kommt hinzu, daß es nahezu unmöglich ist, sich gegen den Geruch zu schützen. Er dringt aus allen Spalten und jeder kleinen Ritze. Selbst die luftdicht verschlossenen Thermoboxen halten dem Geruch nicht lange stand. Trüffel durch den Zoll zu schmuggeln, ist daher ausgeschlossen. Ohne den Koffer oder Kofferraum zu öffnen, schlägt selbst das erkältetste Riechorgan eines Zollbeamten bei diesem Duft sofort an.

Der Chemiker hat dafür eine einfache Erklärung. Während bei Steinpilzen die Trockenmasse rund 10 Prozent ausmacht (Rest Wasser), liegt dieser Wert beim Trüffel mehr als doppelt so hoch: bei 23 Prozent. Davon sind über vier Fünftel flüchtige Substanzen: eben Gase. Sie machen den durchdringenden Duft der Trüffel aus. Wie diese flüchtigen Substanzen, genau: Alkohole, sich zusammensetzen, haben deutsche Wissenschaftler der Hochschulen in München und Lübeck herausgefunden. Sie enthalten unter anderem einen Stoff, der dem männlichen Sexualhormon Testosteron ähnelt. Dieser Stoff ist, außer in der Trüffel, nur noch im Schweiß und im Urin von Menschen und Tieren nachgewiesen worden. Er hat eine stark stimulierende Wirkung, weswegen eine Sau, von Natur aus mit einem empfindlichen Riechorgan ausgestattet, eine Trüffel auch noch dann erschnüffeln kann, wenn sie einen Meter unter der Erdoberfläche liegt. Entsprechend erregt ist das Tier, wenn es die Witterung aufnimmt.

Allerdings werden im Piemont, überhaupt in allen Landstrichen, in denen Trüffel vorkommen, heute Hunde für die Jagd nach dem Pilz eingesetzt. Meist sind es kleine Spitzhunde, zum Beispiel die Volpini, oder andere Bastarde, die auf den eigentümlichen Geruch abgerichtet worden sind. Während eine Sau kaum zu bändigen ist, wenn sie ihn wahrnimmt, läßt sich der Hund mit einem Stück Brot oder Käserinde relativ einfach von dem Fund ablenken. Gute Trüffelhunde sind ein Kapital: Über 5000 Mark werden für erfolgreiche Tiere geboten. Das Geld spielen sie nicht selten in einer Saison

Während sich die großen Küchenchefs immer raffiniertere Trüffel-Rezepte ausdenken, zerbrechen sich die Italiener nicht lange den Kopf darüber, wozu der edle Pilz wohl schmecken mag: Sie schaben ihn über alles – oder nahezu alles, was auf den Tisch kommt, zum Beispiel über Robiola-Käse mit Olivenöl.

wieder ein. Es gibt sogar eine eigene Hunde-Universität im Piemont, auf der die Tiere in mehrwöchigen Kursen auf die Trüffelsuche dressiert werden.

Die Frage, wo die weiße Trüffel wächst und welche natürlichen Voraussetzungen erfüllt sein müssen, damit sie sich vermehrt, beschäftigt seit Jahrhunderten Bauern und Biologen gleichermaßen. Genaues aber hat keine der beiden Gruppen bis heute herausfinden können. Nur soviel ist gewiß: *Tuber magnatum pico* wächst zwischen 200 und 600 Metern Höhe auf alkalischen Böden. Sie braucht keine sonnenbeschienenen Hänge, sondern liebt schattige und feuchte Orte: entlang von Wasserläufen, im Unterholz oder in der Nähe von Alleebäumen. Linde, Eiche, Birke sind bevorzugte Baumarten, an deren Wurzeln sie gerne schmarotzt.

Ihr schwarzes Pendant, lateinisch *tuber melanosporum*, erreicht nie deren Duftintensität und Feinheit. Überhaupt ist die schwarze Trüffel in vielerlei Hinsicht von der Alba-Trüffel gänzlich verschieden. Sie wächst um alleinstehende Bäume, nicht um Baumgruppen. Sie braucht Wärme, um reif zu werden, nicht Kälte. Man findet sie daher vorwiegend an Süd- und Südwesthängen, nicht aber an schattigen Stellen. Und wenn die Saison für die weiße Trüffel längst vorüber ist, hat die für die schwarze noch gar nicht richtig begonnen. Sie dauert von November bis März. Vor allem ist das Verbreitungsgebiet der schwarzen Trüffel ungleich größer als das der weißen. In Italien reicht es vom Piemont über das Valpolicella bis nach Süditalien. Schwerpunkt ist in Umbrien.

Die berühmteste schwarze Trüffel aber kommt aus dem Périgord in Frankreich. Sie hat Jean-Anthèlme Brillat-Savarin, Frankreichs größter Küchentheoretiker des 19. Jahrhunderts und Autor des Standardwerks über *Die Physiologie des Geschmacks* gemeint, als er vom »schwarzen Diamanten der Erde« sprach. Die weiße Trüffel kannte er ebensowenig wie sein Kollege Marie-Antoine Carême, dessen Elogen ebenfalls nur der heimischen galten. Tatsächlich ist die weiße Trüffel erst spät von Literaten und Naturwissenschaftlern entdeckt worden. Erstmals beim Namen genannt wurde sie 1788 vom Piemontesen Vittorio Pico, der ihr die lateinische Bezeichnung verpaßte und seinen eigenen Nachnamen gleich daranhängte. Die erste wissenschaftliche Beschreibung stammt aus dem Jahre 1831 von dem jungen Arzt Carlo Vittadini, der fünfzig verschiedene Arten voneinander zu unterscheiden wußte.

Die weiße Trüffel gehört zur Klasse der Schlauchpilze. Sie liegt zwischen zwei und 20 Zentimeter unter der Erde und vermehrt sich durch Sporen, die sich in den mikroskopisch feinen Schläuchen im Inneren der Knolle bilden. Doch was heißt vermehren? Die Menge der Trüffel, die auf den Markt kommt, ist in den letzten Jahren stetig zurückgegangen. Die Bereinigung der Fluren hat das Habitat des Pilzes gründlich verändert: Bäume

wurden gerodet, Wallhecken abgetragen, Flußläufe begradigt, das Wegenetz ausgebaut. Dazu kommen die Wirkungen des sauren Regens und der chemischen Bodendüngung. Schließlich zollt auch der Trüffelvandalismus seinen Tribut. Würden nur heimische Trüffel auf den Markt kommen, wäre Alba sicher nicht die Welt-Trüffelkapitale, sondern eher einer unter vielen Satelliten, die um die kleine, duftende Knolle kreisen.

Der weitaus größte Teil der sogenannten Alba-Trüffel kommt in Wirklichkeit nicht aus dem Piemont, sondern aus anderen Teilen Italiens. In Brisighella in der Romagna, im toskanischen San Miniato sowie in Acqualagna, tief im Hinterland der Marken gelegen, befinden sich große Zentren der Trüffelproduktion. Der gesamte Apennin bis nach Kampanien ist ein Fundort für die weiße Trüffel. Ein auffällig großer Teil der Autos, die vor dem Café San Carlo in Asti parken, haben denn auch Nummernschilder mittelitalienischer Städte, etwa von Pesaro. Einige sind sogar als ausländische Fahrzeuge erkennbar. Die Halbinsel Istrien, zur Hälfte slowenisch, zur anderen Hälfte kroatisch, liefert einen großen Teil der weißen Alba-Trüffel. Oft fahren die Händler aus Istrien auch gar nicht bis ins Piemont, sondern bieten ihre Ware unterwegs an. Nach der *buttata*, dem Mondwechsel, sind die Ausfahrten der *Autostrada* zwischen Pesaro und Turin heftig frequentiert von fliegenden Trüffelhändlern. Bis zu sechs Kilo führen sie im Kofferraum mit sich. Daß Steuerbetrug ist, was sie machen, stört nicht einmal die *Carabinieri* oder die *Guardia di Finanza*, die Finanzpolizei. Zwar nehmen die Beamten gern in Augenschein, was sich in den Kofferräumen befindet. Doch wenn während dieser Warenbeschau ein Knöllchen in ihre Uniformtasche gleitet, können sie bei all den Vorgängen nichts Verdächtiges feststellen. Rom ist weit weg, und von den Besonderheiten des Trüffelmarktes verstehen die Politiker sowieso nicht viel.

Um so mehr glauben die Käufer zu wissen: Fachmännisch beriechen sie die Ware, um den inneren Wert des Pilzes zu ermessen. Die istrische Ware hat zum Beispiel nicht den besten Ruf. Auch Trüffel aus den Marken und der Toskana gelten nicht als die hochwertigsten. Die Romagna erfreut sich bei Händlern dagegen eines guten Ansehens. Die höchste Wertschätzung genießt nur die Trüffel von Alba. Alle wollen möglichst nur sie, weil sie das festeste Fleisch aufweist, den intensivsten Duft, angeblich die schönste Form. Nur, woran ist zu erkennen, daß eine Trüffel nicht aus den Abruzzen kommt, sondern der kalten Erde Albas entnommen wurde? Viele gehen noch immer davon aus, daß eine Knolle, die in Alba oder Asti auf den Markt kommt, auch dort gewachsen ist. Der größte Teil der weißen Trüffel wird jedoch erst durch den Transport ins Piemont zur Alba-Trüffel. Sie ist auch von vornherein nicht schlechter, nur weil sie von anderswo kommt. Doch Mythen haben ein langes Leben, besonders bei der Trüffel.

Wie ein Wein ohne Etikett

Stephan Burger und Andreas Jokisch, Geschäftsführer des größten deutschen Trüffelimporteurs La Bilancia in München, über die Schwierigkeiten, die wahre Identität einer Trüffel festzustellen.

Wie lange sind Sie schon im Trüffelgeschäft?
Jokisch: Seit 1985 importieren wir Trüffel direkt aus dem Piemont und beliefern Gastronomie und Delikatessenhandel.

Wieviel Trüffel importieren Sie?
Jokisch: In der Saison 1991 waren es genau 472 Kilogramm.

Betrachten Sie sich als Trüffel-Experten?
Jokisch: Je mehr wir hören und lesen, desto deutlicher merken wir, wie wenig wir wissen. Jedenfalls gilt das für die Biologie der Trüffel. Von der Qualität, der Herkunft der Trüffel und vom Trüffelmarkt verstehen wir allerdings mehr.

Ist die weiße Trüffel aus Alba die beste?
Burger: Die Alba-Trüffel ist schon ziemlich gut. Leider gibt es nur so wenig davon. Ich schätze, daß höchstens zehn Prozent der Ware, die angeboten wird, aus Alba, Asti und dem Roero kommen.

Und der Rest?
Burger: Der Rest stammt aus anderen Regionen Italiens oder aus Istrien.

Wo kaufen Sie sonst noch Trüffel?
Burger: Außer im Piemont kaufen wir in San Miniato in der Toskana sowie in Brisighella, Faenza und Imola in der Romagna.

Sind die Trüffel dort qualitativ weniger gut?
Jokisch: Das kann man nicht sagen. Es sinkt lediglich - je weiter südlich man kommt - der Prozentsatz der guten Knollen.

Die guten Trüffel aus anderen italienischen Regionen sind also nicht schlechter als die piemontesische Trüffel?
Burger: Zumindest die aus der Romagna nicht. Aber um das behaupten zu können, müßte man mit Sicherheit wissen, woher die angebotene Ware wirklich kommt. Die meisten Trüffel, die auf den Markt kommen, werden als Alba-Trüffel angeboten, auch wenn sie in Wirklichkeit aus anderen Gebieten stammen.

Woran erkennen Sie die piemontesische Trüffel?
Jokisch: Die Venatur, also die Äderung des Fleisches, ist feiner. Dazu kommt, daß sie meist kompakter, schwerer ist als andere Trüffel gleicher Größe. Außerdem ist die Haut heller. All das gilt aber auch für die Romagna.

Gibt der Duft keinen Aufschluß über die Herkunft?
Burger: Es gibt Käufer, die kennerisch an der Trüffel riechen und sagen: *Non é Alba!* Alles Quatsch! Am Duft kann man die Qualität einer Trüffel erkennen, aber nicht ihre Herkunft.

Woran kann der Käufer die Herkunft erkennen?
Jokisch: Die meisten glauben, daß eine Trüffel, die im Piemont gekauft worden ist, auch eine Alba-Trüffel sein muß. Das stimmt nicht, wie gesagt. Andere bilden sich ein, daß die rötliche Färbung ein Indiz für die piemontesische Herkunft ist. Auch das ist nicht wahr. Andere Trüffel weisen diese Färbung ebenfalls auf, und viele piemontesische Trüffel nicht. Wieder andere sind überzeugt, daß eine Alba-Trüffel daran zu erkennen ist, daß sie außen noch sandig ist. Darüber kann ich nur schmunzeln. Vor Jahren haben piemontesische Händler begonnen, die Knollen, nachdem sie gesäubert und gewaschen worden waren, ein wenig mit Sand zu panieren. Das sieht gut aus und verhindert, daß die Knollen schnell austrocknen. Seitdem glaubt die halbe Welt, eine piemontesische Trüffel könne man an den Sandspuren erkennen.

Was sagen Sie den Kunden über die Herkunft Ihrer Ware?
Burger: Wir bemühen uns, beste Qualität zu liefern, nicht eine bestimmte Herkunft. Und wenn die Ware nicht aus dem Piemont kommt, sagen wir es selbstverständlich auch.

Geben die Kunden sich mit dieser Antwort zufrieden?
Burger: Einige schon, viele nicht. Sie wollen das Gefühl haben, eine echte Alba-Trüffel zu bekommen, wenn sie schon so viel Geld ausgeben müssen.

Haben Sie dafür Verständnis?
Jokisch: Einen Wein zu kaufen, der zwar sehr gut ist, aber kein Etikett hat, fällt auch nicht leicht.

Höchstens zehn Prozent der weißen Trüffel kommen wirklich aus dem Piemont, schätzen die Trüffelexperten Jokisch (links) und Burger.

111

FISCHER + TREZZA

IMPORT GMBH
STUTTGART

Mercedesstraße 55
7000 Stuttgart-Bad Cannstatt
Tel. 0711 - 56 12 10
Fax. 0711 - 56 12 35

Weine
Italiens

Fordern Sie unsere Preisliste an!

Erstbestellungen - beliebig sortiert -
ab DM 250.- frei Haus.

Giacosa - Gaja - Conterno - Mascarello - Fontanafredda - Bologna - Duca d'Asti - Le Colline - Cantalupo - Travaglini - Nebbiolo Carema - La Scolca - Ceretto - Vigne dal Leon - Enfer - Spinola - Vescovo - Russiz Superiore - Felluga - Jermann - Pighin - De Tarczal - De Cles - Ca 'del Bosco - Bolla - Masi - Le Ragose - Maculan - Lazzarini - Giustinian - Visconti - Biondi-Santi - Barbi - Altesino - Villa Banfi - Mastrojanni - Lisini - Avignonesi - Bosca-relli - Fassati - Bigi - Antinori - Incisa - Volpaia - Monte Vertine - San Polo in Rosso - Castellare - Badia a Coltibuono - Banti - Poggio Antico - Fontodi - Rampolla - Ricasoli - Ruffino - Frescobaldi - Bonacossi - Falchini - Teruzzi & Puthod - Buonamico - Villa Cilnia - Terre Rosse - Paradiso - Cesari - Castelluccio - Lungarotto - Boncompagni Ludivisi - Colacicchi - Gotto d'Oro - Monte Schiavo - Simone - Conte Zandotti - Emidio Pepe - Tollo - Fazi Battaglia - D' Angelo - Mastroberardino - Rivera - Librandi - Leone de Castris - Tasca Almerita - Sella & Mosca - Duca di Salaparuta - Gatinais
Barrique:
Montesodi - Tignanello - Sassicaia - Solaia - Pergole Torte - Il Sodaccio - Grifi - I Sodi Niccolo - Sangioveto - Coltassala - Palazzo Altesi - Balifico - Castelluccio - Barilot - Palazotto - Fratta - Benefizio - Campo del Sasso - Flaccianello - Sammarco - Tavernelle - Darmagi - etc.

Ferner führen wir ein umfassendes Sortiment besten GRAPPE Italiens.

WINZER, WEINE UND RESTAURANTS

D er häufigste Grund ins Piemont zu reisen ist, ans Meer zu kommen. Ans Meer? Wer zur ligurischen Küste oder an die Strände Frankreichs will, muß fast zwangsläufig die Ebene zwischen Turin und Alessandria passieren. Piemont ist also ein Transitland. Schade. Denn es bietet etwas, das die Küste garantiert nicht hat: eine Küche, die jeglicher Anbiederei an Touristengeschmack unverdächtig ist, und die Begegnung mit Menschen, die Weine erzeugen, welche zu den besten der Welt gerechnet werden.

Touristisch ist Piemont allerdings auch noch wenig erschlossen. Aber wer die Ruhe sucht und Land liebt, braucht kein Minigolf und keine Spielcasinos. Er findet seine Erfüllung darin, bei der Weinlese zu helfen oder die Land-

schaft mit dem Rad zu entdecken. Die einzige Voraussetzung: Er muß Wein und gutes Essen lieben. Ohne diese Vorlieben wird niemand glücklich. Auf den folgenden Seiten sind die 170 wichtigsten Weingüter Piemonts zusammengestellt. Sie werden kurz charakterisiert und ihre Weine zur besseren Einschätzung klassifiziert (★ guter Alltagswein, ★★ sehr guter Wein, ★★★ Spitzengewächs, ★★★★ außergewöhnlicher Wein). Dazu werden Restauranttips gegeben und Hinweise, wo der Reisende in den Weinanbaugebieten übernachten kann. Zusammengestellt wurden diese Seiten vom Herausgeber dieses Buches sowie von Piero Sardo, Giovanni Ruffa und Paolo Massobrio, die an zahlreichen Reiseführern für das Verlagshaus Arcigola Slow Food mitgearbeitet haben.

113

Die Anbaugebiete:

BAROLO

Die Barolo-Zone ist das Herzstück der Weinregion Piemont. Sie ist in den letzten Jahren das Ziel eines ausufernden Wein- und Restauranttourismus geworden. Von August bis November, also in der Trüffelzeit, ist die Zone von Autos mit ausländischen Kennzeichen überflutet. Tische in den Restaurants sind nur schwer zu bekommen, Zimmer in den wenigen Hotels schon weit im voraus ausgebucht. Auch auf den Weingütern, vor allem den führenden, reagiert man, bei aller Gastfreundlichkeit, in dieser sensiblen Zeit der Lese auf den Besucherstrom eher verhalten. Der Besucherstrom bricht jedoch an den Grenzen des Anbaugebietes jäh ab. In den Dörfern im Hinterland sind auch in der Reisesaison oft noch Betten und freie Tische zu finden. Die Weine – neben Barolo vor allem Barbera, Dolcetto, Freisa und Moscato (ein kleiner Teil des Moscato-Anbaugebiets liegt in der Barolo-Zone) – hat jede Trattoria sowieso vorrätig. Auch an Trüffel mangelt es nirgendwo.

114

Barolo, das Dorf: Im Keller des Schlosses ist die Regionale Önothek untergebracht.

RESTAURANTS

DA CESARE
Albaretto Torre
Tel. 0173-520141

Tief im Hinterland der Langhe, bereits außerhalb der Barolo-Zone, hat Cesare Giaccone ein Restaurant eröffnet, das zum Wallfahrtsort der Eßschickeria geworden ist. Ob Schweizer Fabrikant oder Mailänder Modemacher, deutscher Chefredakteur oder piemontesischer Weingutsbesitzer, sie alle pilgern in das abgelegene Bergdorf, um sich von Cesare bekochen zu lassen. Der Mann, der sich auf seiner Visitenkarte „Akademiker des Kochens" nennt, hat tatsächlich geniale Züge. Mal schweben bei ihm die Speisen geradezu über dem Teller, mal wird der Abend bei ihm ein kompletter Reinfall. Das allerdings macht die Sache spannend. Denn wenn der Meister in Form ist, gibt es wohl niemanden im Piemont, der ihm das Wasser reichen könnte – und zwar völlig ohne Chi-chi. Milchzicklein in Alufolie im Kamin geschmort, Mittelmeerfisch mit Wildkräutern, kurz: Gerichte, wie sie ein zivilisierter Mitteleuropäer überhaupt nicht mehr kennt – da verschmerzt der angereiste Gast auch die Rechnung, die ihm am Ende gereicht wird.

Giorgio Rocca, Chef des Da Felicin, schneidet Tajarini von Hand.

DA FELICIN
Monforte d'Alba
Tel. 0173-78225

Giorgio Rocca und seine Frau Rosina waren die ersten, welche die Küche der Langhe auf einen Standard brachten, daß Schweizer und Deutsche das Restaurant überfluteten. Weder an der Gästeschar noch an dem Standard hat sich etwas geändert (obwohl es Zeiten der Stagnation gab). Selbst wer den Speisezettel der Zone schon hoch und runter gegessen hat, wird bei Felicin immer noch Überraschungen gewiß sein. Für seine Vorspeisen ist er berühmt, ebenso für die Tajarin und die Süßspeisen. Wer in dem Weinkeller – er darf besichtigt werden – nichts zum Trinken findet, ist selber schuld. Für Gäste, die länger bleiben (Vollpension) oder nachts durch den dicken Herbstnebel nicht zurück nach Alba wollen, hat Felicin einige Zimmer reserviert.

IL FALSTAFF
Verduno
Tel. 0172-459244

Ein äußerlich wenig auffälliges, innen jedoch elegantes Restaurant im Dorfzentrum von Verduno, in dem Franco Giolito die piemontesische Küche ein wenig nach Art der *nouvelle cuisine* zelebriert. Nicht alle Gäste erwarten eine solche Küche in der Provinz, schon gar nicht im abgelegenen Verduno. Doch was Giolito auf den Tisch bringt, ist nicht aufgesetzt. Er beherrscht sein Handwerk und weiß, daß es – *nouvelle cuisine* hin oder her – auf das Produkt ankommt und dann erst auf die Phantasie des Kochs. Übrigens: Im Herbst hängt der Trüffelduft unter der Decke.

WEINGÜTER

Abbazia dell' Annunziata
La Morra

Die Weine aus dem Gut des 1988 verstorbenen Renato Ratti sind beispielhaft an qualitativer Konstanz: ein saftiger Dolcetto Vigna Colombe ★(★), ein fleischiger Barbera ★, eine im Barrique gereifte Cuvée von Barbera, Freisa und Uvalino (alle im Astigiano gewachsen) namens Villa Pattono ★★ sowie die drei Barolo Marcenasco ★★★, Rocche ★★ und Conca ★★, die weniger durch ihre Schwere als durch ihren Duft und ihre Eleganz überzeugen. Von stupender Qualität sind die ersten Jahrgänge von zwei neuen Weinen: der Cabernet Sauvignon I Cedri ★★(★) und der Merlot Langhe ★★(★) – eine Meisterleistung von Massimo Martinello und Pietro Ratti, die heute die Verantwortung für den Wein tragen.

Lorenzo Accomasso
La Morra

Der alte Lorenzo Accomasso ist ein Barolo-Künstler. Er lehnt alles ab, was nicht traditionell ist, und füllt den Barolo ★★ (Lagen: Rocche und Rocchette bei Annunziata) ab, wann und wie es ihm paßt – manchmal sogar als einfachen Nebbiolo. Doch er verliest die Trauben streng, so daß seine Weine zwar tanninreich, aber nicht hart sind, sondern geschmeidig und gut trinkbar bleiben. Dolcetto ★.

Fratelli Alessandria
Verduno

Aus diesem kleinen, wenig bekannten Gut, das in einem pittoresken Palazzo im Dorfzentrum von Verduno untergebracht ist, kommen nur 20000 Flaschen Wein. Der aber ist von guter Qualität. Pelaverga ★, Barolo Monvigliero ★★.

Elio Altare
La Morra

Bis Anfang der achtziger Jahre existierte der Name Altare und der seines Weingutes Cascina Nuova nicht in Handbüchern und Kompendien über den piemontesischen Wein. Erst mit Mitte der 80er Jahre trat Altare hervor – mit Weinen, die von einem bisher nicht gekannten Niveau waren. Daran hat sich bis heute nicht viel geändert. Dolcetto ★★, Barbera ★★(★), Vigna Larigi (Barbera) ★★★★, Barolo ★★; Barolo Vigna Arborina ★★★.

Antico Podere di Averame
La Morra

Diese kleine Cascina mit 5,5 Hektar Weinbergen in der Spitzenlage Cerequio wurde kürzlich von Michele Chiarlo erworben, der in Calamandrana eine große Kellerei besitzt und in den letzten Jahren bereits erfolgreich zwei Lagen-Barolo (Vigna

Rionda ★★, Rocche di Castiglione Falletto ★★) auf den Markt gebracht hat. Mit dem neuen Weingut ist er nun selbst Weinbergsbesitzer geworden, und verfügt über eine der besten Lagen der ganzen Anbauzone. Der erste Cerequio-Barolo, der Jahrgang 1988, ist vielversprechend. Vom gleichen Jahrgang gibt es auch einen Barolo von der Lage Brunate. Vom Jahrgang 1990 wird es den ersten Cannubi-Barolo geben.

Ascheri
Bra

Der größte Nachteil dieses Gutes ist, daß es außerhalb des Barologebietes liegt. Die Weine selbst haben deutlich an Qualität gewonnen, seit der junge Matteo Ascheri die Regie übernommen hat. Er vinifiziert getrennt nach Lagen und bemüht sich, ein wenig vom traditionellen Ballast hinter sich zu lassen, um

fruchtige, leicht zugängliche Weine zu erhalten. Dolcetto Vigna Nirane ★, Nebbiolo Bricco S. Giacomo ★, Barolo Vigna Farina ★★, Barolo Monvigliero ★★.

Azelia
Castiglione Falletto

Daß hier Handarbeit geschätzt wird, macht schon die alte Uhr deutlich, die im Keller steht. Großvater Scavino hatte sie einst an langen Wintertagen in mühevoller Arbeit gefertigt. Sie schlägt noch immer. Enkel Luigi, der zusammen mit seiner Frau Lorella heute die Verantwortung für den Wein trägt, ist aus gleichem Holz geschnitzt. Die wenigen Hektar Weinberg werden ohne fremde Hilfe bearbeitet, der Wein auf ganz solide Art im Keller bereitet – aber durchaus mit Fingerspitzengefühl für die Feinheiten. Die Produktion ist klein, die Barolo überzeugen durch ihre unverbogene Art und durch vernünftige Preise. Dolcetto Bricco Oriolo ★, Barolo Bricco Punta ★★, Barolo Bricco Fiasco ★★.

Fratelli Barale
Barolo

Dieses renommierte, alte Gut erzeugt Weine von zuverlässig guter Qualität und einem günstigem Preis-Leistungsverhältnis. Im Keller geht man seine eigenen Wege, und die sind recht traditionell. Barolo ★★ und Barbaresco ★★ kommen von guten, aber nicht erstklassigen Lagen. Sie sind von mittlerem Körper, gleichwohl aber langlebig und gut balanciert. Dolcetto ★, Barbera ★.

Bel Colle
Verduno

Gegründet 1978, hat sich dieses Weingut (an der Straße zwischen Verduno und La Morra gelegen) als solider Erzeuger guter Weine mittlerweile einen Namen gemacht, allen voran des typischen Pelaverga ★, des für Verduno charakteristischen, duftigen Rotweins. Aber auch die anderen Weine wissen zu überzeugen: Arneis ★, Favorita ★, Dolcetto ★, Monvijé ★ (Nebbiolo), Barolo Monvigliero ★★.

Beni di Batasiolo
La Morra

Wer dem Vorurteil anhängt, daß gute Weine nur von kleinen Weingütern kommen können, ist bei Batasiolo falsch. Es ist das größte Weingut in der Barolo-Zone. Es umfaßt 60 Hektar Nebbiolo-Weinberge, 18 Hektar Moscato (in Serralunga) und 10 Hektar Chardonnay (in Vergne und Serralunga). Aber was seit Mitte der achtziger Jahre aus den Kellern gekommen ist, ist besser als die Weine vieler, vieler Kleinwinzer. Mit guten Lagen, insbesondere für den Barolo, ist Batasiolo allerdings auch reichlich gesegnet: in Serralunga, in Monforte und in Barolo selbst. Daneben hat die Familie Dogliani, die Besitzer, viel in den Keller investiert und Know-how eingekauft: gutes Personal, allen voran Mauro Monchiero, der Direktor. Schon der Standard-Barolo ist angesichts der 100 000 Flaschen, die von ihm erzeugt werden, von beachtlicher Qualität. Die Lagen-Barolo Bofani ★★ aus Monforte und Briccolina ★★ aus Serralunga (im Barrique ausgebaut) können auch Kennern Respekt abnötigen. Spitzenprodukt ist der Barolo Boscareto ★★ aus Serralunga. Aber auch die anderen Weine von Batasiolo sind erstaunlich gut gelungen, insbesondere der Lagen-Chardonnay Morino ★★ (in Barrique), der Standard-Chardonnay Serbato ★, der Barbaresco ★(★) und der außergewöhnliche fruchtige Moscato d'Asti ★. Von allen Weingütern der Barolo-Zone hat Batasiolo das beste Qualität/Leistungs-Verhältnis.

Boscareto, Weingut von Beni di Batasiolo bei Serralunga.

Giacomo Borgogno
Barolo

Mit den Weinen von Borgogno wurde einst die Einheit Italiens (1860) gefeiert. Der Ruhm dieses großen Gutes, das in den fünfziger Jahren dieses Jahrhunderts noch einmal auflebte, ist inzwischen etwas welk. Die Weine sind unspektakulärer Durchschnitt. Dolcetto, Barbera, Barolo ★(★).

Serio und
Battista Borgogno
Barolo

Die beiden Brüder Borgogno besitzen einen Weinberg im besten Teil der Lage Cannubi. Ihr Barolo ★(★) ist denn auch recht ordentlich. Daß er von einer Spitzenlage kommt, läßt er jedoch nicht erkennen.

Gianfranco Bovio
La Morra

Nur wenige der Gäste des Restaurants Belvedere in La Morra wissen, daß der Besitzer auch Winzer ist, ein passionierter sogar. Bei Annunziata besitzt er einen kleinen Weinberg. Leider ist Bovio höflich genug, seinen Gästen nie die eigenen Weine zu empfehlen. Deshalb müssen diese schon nach ihnen verlangen, um sich von ihnen zu überzeugen. Dolcetto Firagnetti ★, Dolcetto Dabbene ★, Barolo Gattera ★★.

Giacomo Brezza
Barolo

Oreste Brezza ist der Schwager von Bartolo Mascarello. Als Besitzer des Hotel Barolo hat er jedoch mehr erreicht denn als Winzer. Seine Barolo, obschon aus

guten Lagen stammend, sind leider nicht so eindrucksvoll wie sein Zwirbelbart. Dolcetto S. Lorenzo ★, Barbera Cannubi Muscatel ★, Barolo Sarmassa ★(★). Barolo Rüncot ★(★).

Brovia
Castiglione Falletto

Keiner in Castiglione Falletto hat bessere Barolo-Lagen als die Geschwister Giacinto und Marina Brovia. Doch das Aushängeschild dieses Weingutes ist der Dolcetto Solatio, ein spätgelesener Wein mit 15% Alkohol und enormer Konzentration. Die Meinungen über ihn sind geteilt. Die einen halten ihn für den besten Dolcetto ★★ überhaupt, die anderen lehnen ihn als exzessiv ab. Gleichwie: Barolo Garblet Suè ★★, Barolo Rocche dei Brovia ★★ und Barolo Monprivato ★★★ sind eindrucksvolle Weine mit Massen von Tannin und feinsten Nuancen – wenn sie eines Tages reif sind.

Commendator
G.B.Burlotto
Verduno

Ein Gut, das dem Herzog von Abruzzen einst Wein zum Nordpol lieferte (1899), hat es nicht leicht, sich auf die neuen Zeiten einzustellen. Marina Burlotto, die sich heute um den Wein kümmert, setzt deshalb die Tradition der rustikalen, manchmal etwas ungehobelten, oft aber auch delikaten und immer eigenwilligen Weine fort. Dolcetto ★, Pelaverga ★, Barolo Monvigliero ★★.

Cappellano
Serralunga

Verdienstvolles, renommiertes Weingut, das ein wenig im Schatten anderer steht – völlig zu Unrecht. Es hat Rebenbesitz in der vielleicht besten Lage Serralungas,

BAROLO

REAL CASTELLO
Verduno
Tel. 0172-459125

Das »königliche Schloß« ist in Wirklichkeit ein schmucker Palazzo inmitten eines kleinen Gartens, der heute ein Restaurant und ein kleines Hotel beherbergt. Der Gast sitzt im ehemaligen königlichen Speiseraum mit Brokattapeten an den Wänden und Lüstern von der Decke, genießt – bevor das erste Gericht kommt – den herrlichen Blick über die Barolo-Zone oder steigt in den Keller hinab, in dem der Savoyer König Karl Albert einst selbst Wein erzeugte. Mag das Ambiente feudal wirken, die Küche ist heute bürgerlich im besten Sinne, wobei die Schwestern Gabriella und Lisetta Burlotto streng nach den alten Rezepten kochen. Bei ihnen findet man noch Gerichte wie Grünkernsuppe, mariniertes Lammhirn oder Gemüsetorte mit Kichererbsen, aber – natürlich – auch die Klassiker der piemontesischen Küche wie Tajarini, Agnolotti, Fonduta, Kaninchenrücken mit aromatischen Kräutern und Entenschlegel (in Pelaverga geschmort) – alles sorgfältig und gekonnt zubereitet.

BEL SIT
La Morra
Tel. 0173-50350

Kleines gepflegtes Restaurant, eben unterhalb von La Morra, zu dessen Vorzügen der herrliche Blick über jene Weinbergslagen gehört, von denen der Barolo kommt, den man gerade im Glase hat: Brunate, Sarmassa, Cannubi zum Beispiel. Die Gerichte entsprechen dem typischen Speisezettel der Langhe, sind jedoch etwas entschlackt und werden in gehobener Qualität präsentiert. Maßvolle Preise, auch beim Wein.

DEL BUON PADRE
Vergne
Tel. 0173-56192

Etwas folkloristisch überladene Trattoria mit bodenständiger Küche, gut gemeint, aber sehr schwer, bäuerlich und gegen jeden modernen Einfluß von jeder Seite abgeschirmt. Vergleichsweise saftige Preise.

LA CROTA
Roddi
Tel. 0173-615187

Weil Roddi ein Dorf ist, aus dem zwar guter Dolcetto, aber kein großer Barolo kommt, ist auch das Restaurant La Crota kein kulinarischer Brennpunkt in der Zone. Es liegt abseits eingetrampelter Touristenpfade, was den Vorteil hat, daß der Gast dort einen Tisch bekommen kann, wenn andere Restaurants schon ausgebucht sind. Sicher, es erwartet ihn auch dort die traditionelle Küche. Aber sie ist nicht überladen, sondern maßvoll, wobei einzelne Gerichte durchaus mit Phantasie variiert werden. Maßvoll sind auch die Preise. Die Weinkarte dagegen enttäuscht.

GRAN DUCA
Castiglione Falletto
Tel. 0173-62829

Gastronomisch war Castiglione Falletto jahrelang ein weißer Fleck auf der Landkarte. Das hat sich geändert. Das Ristorante Gran Duca, im Schatten der mächtigen

Trüffel aus Schokolade und anderes Naschwerk – eine Spezialität Albas.

Burg gelegen, bemüht sich erfolgreich, dem Mißstand abzuhelfen. Ein gemütliches Restaurant mit einer begeisterten Köchin und ihrem Sohn, der den Service versieht. Risotto und Pasta mit vielen Kräutern, Kalbsbraten mit einer denkwürdigen Sauce aus Sardellen, Schalotten und mit Arneis – das zum Beispiel erwartet den Gast.

RISTORANTE PIEMONTE »DA RENATO«
Feisoglio
Tel. 0173-831116

Dieses ländliche Restaurant südlich von Monforte leidet ein wenig unter dem Umstand, daß es außerhalb der Barolo-Zone liegt. Der anschwellende Strom der Touristen, der wegen der Küche und des Weins nach Alba reist, erreicht diesen Ort nur selten, wie Renato Piazza klagt, der Inhaber. Er hat Recht, und zwar nicht

nur aus Eigennutz. Denn es gibt, aus der Sicht der Touristen, kein anderes Restaurant in der Langhe, in dem Steinpilze sowie schwarze und weiße Trüffel so im Mittelpunkt stehen wie bei ihm. Dazu bestes Fleisch, hervorragendes Wildbret und ausgesprochen bescheidene Preise. Was sucht der Reisende noch?

BELVEDERE
La Morra
Tel. 0173-50190

Direkt in La Morra gelegenes, geräumiges Traditionslokal, in dem die Einheimischen Hochzeiten und Geburtstage feiern, in das Geschäftsleute ihre Kunden einladen und der Familienvater die Seinen am Sonntagmittag zum Essen ausführt. Kurz: ein stets frequentiertes Restaurant gehobenen Standards, das seit vielen Jahren durch gleichbleibend hohe Qualität beeindruckt. Die Menüs bestehen, wie üblich, aus vielen kleinen Gängen, die schnell und professionell zubereitet aus der Küche kommen. Die Gerichte selbst sind nicht neu, doch durchdacht und von allem überschweren Ballast befreit.

Gianfranco Bovio, Besitzer des Restaurants Belvedere.

Gabutti. Von dort kommt der Barolo ★★. Teobaldo Cappellano ist ein kluger, humorvoller, bescheidener Winzer, der sich auch engagiert für eine differenzierte D.O.C.G. einsetzt. Dolcetto ★, Nebbiolo.

Cavallotto
Castiglione Falletto

Ein trotz seiner Größe (20 Hektar) bäuerliches Weingut, das von der Familie Cavallotto bewirtschaftet wird. In der Kellerarbeit gelten noch die alten Prinzipien, was sich jedoch mit dem Eintritt der drei Söhne Alfio, Guiseppe und Olivio sowie der Tochter Laura allmählich zu ändern beginnt. Vorerst noch setzt man auf die guten Lagen Bricco Boschis und S. Giuseppe, von denen zwei voluminöse, lange im Holzfaß gereifte Barolo kommen. Chardonnay Remonda ★, Dolcetto ★, Barbera ★, Barolo Bricco Boschis Riserva Colle Sud Ovest ★★, Barolo Bricco Boschis Riserva San Giuseppe ★★.

Cerequio
La Morra

Der Name des Weingutes sagt alles: Cerequio ist einer der Premier Crus der Barolo-Zone. Dort sind Pietro Marenco und Stefano Marenca die größten Weinbergbesitzer. Als der Bankdirektor und der Bauunternehmer das Weingut vor einigen Jahren übernahmen, fanden sie noch große Mengen Barolo aus den 70er Jahren im Keller: lebendige Zeugen der Exquise des Weins. Die letzten Jahrgänge lassen erkennen, daß man mit Ernsthaftigkeit bei der Sache ist und die unglücklichen Zeiten vergessen machen möchte, als das Weingut unter dem Namen Vinicola Piemontese firmierte. Dolcetto ★, Barbera ★, Barolo Cerequio ★★.

Coluè
Diano d'Alba

Massimo Oddero, der Besitzer dieses ehrgeizigen Weingutes in Diano d'Alba, versucht, die gesamte Palette der Albeser Weine in bester Qualität zu erzeugen. Manchmal gelingt es mehr, manchmal weniger. Paradewein ist in jedem Fall sein Dolcetto Vigna Tampa ★. Chardonnay Remonda, Barolo ★(★).

Castello di Verduno
Verduno

Der alte Palast von Verduno war einst das Jagdschloß und Weingut des Königs von Savoyen. Heute ist es ein Restaurant und ein kleines Hotel, das von den Schwestern Gabriella und Lisa Burlotto geführt wird. Auch Wein wird noch erzeugt: zum Beispiel ein wohlschmeckender Barolo Massara ★★ und – natürlich – der Pelaverga. Er war jahrelang eigentlich nur für die Gäste des Restaurants bestimmt. Doch seit 1989 werden auch die Trauben von Gabriellas Ehemann, der zwei Weinberge in Barbaresco besitzt, in den Kellern des Castello zu Wein gemacht. Barbaresco Rabajà ★★, Barbaresco Faset ★★.

Ceretto
Alba

Bruno und Marcello Ceretto gehören seit mindestens zwei Jahrzehnten zu den führenden Weinmachern der Zone. Ihr Verdienst ist es, eine schlanke, elegante und bereits früh trinkbare Version des Barolo und Barbaresco erzeugt und in der ganzen Welt bekannt gemacht zu haben. Noch heute gibt es – außer Gaja – kein zweites Weingut, das für die Weine und die Kultur der Langhe so sehr die Werbetrommel rührt wie das der Cerettos. Sie haben einen Preis gestiftet, mit dem wissenschaftliche und journalistische Arbeiten über die Küche der Langhe gewürdigt werden (Premio Langhe), und jedesmal, wenn ein Jahrgang des Barolo Bricco Rocche freigegeben wird, laden sie 250 Personen aus allen Bereichen der Gesellschaft nach Castiglione Falletto ein, um mit ihnen zu feiern. Ihre Weine sind alle von hohem Niveau, doch im Stil und Standard war ein gewisses Auf und Ab in den letzten Jahren nicht zu übersehen. Moscato d'Asti (Vignaiuoli di Santo Stefano) ★, Arneis Blangé ★, Dolcetto Rossana ★, Barbera Piana ★(★), Nebbiolo Lantasco ★, Barbaresco Asij ★★, Barbaresco Faset ★★, Barbaresco Bricco Asili ★★★, Barolo Prapo ★★, Barolo Zonchera ★★, Barolo Brunate ★★,

Barolo Bricco Rocche ★★★. In Vorbereitung sind ein Chardonnay und ein Sauvignon sowie Rotweine aus Cabernet Sauvignon, Merlot, Pinot Nero und Syrah.

Clerico
Monforte

Das Weingut liegt nördlich von Monforte an der Straße nach Monchiero, die Wein-

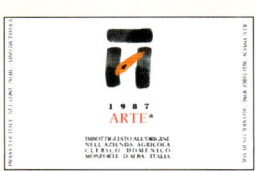

berge hingegen südlich von Monforte bei Ginestra. Von dort kommen einige der schönsten Weine der ganzen Zone. Sie sind äußerst kompakt, reich, mit geschliffenen Tanninen und bringen Fülle und Fruchtigkeit in disziplinierter Weise ins Glas: delikat der Dolcetto ★★, perfekt der Barbera ★★, tief und bis in die letzte Faser durchgearbeitet die Barolo Mentin della Ginestra ★★★ und Barolo Bricotta della Bussia ★★(★), stilvoll der Tafelwein Arte ★★★ (Nebbiolo plus ein paar Anteile Barbera, im kleinen Holzfaß gereift).

Aldo Conterno
Monforte d'Alba

Über 20 Jahrgänge hat Aldo Conterno vinifiziert, über 20 Jahre lang hat kein ehrlicher Verköster je gezweifelt, daß er große Weine erzeugt, und zwar vom Freisa bis zum Barolo. Freisa La Bussianella ★, Dolcetto ★★, Barbera Conea Tre Pile ★★★, Il Favot (Nebbiolo, in kleinen Eichenfässern gereift) ★★, Barolo Bussia Soprana ★★(★), Barolo Cicala ★★★, Barolo Colonello ★★★, Barolo Granbussia ★★★★.

Giovanni Conterno
Monforte

Manchmal versteht Giovanni Conterno die Welt nicht mehr. Seit Jahrzehnten erzeugt er mehr oder minder dieselben Weine auf dieselbe Manier, ohne daß viel Aufhebens um sie gemacht wurde. Plötzlich ändert sich alles. Um seine Weine reißen sich auf einmal die Weinliebhaber

in aller Welt. Mit seinem Namen verbindet sich Glanz und Größe des Barolo. Das zu verstehen, ist für ihn schwerer als Wein zu machen. Dolcetto ★★, Freisa ★★, Barbera ★★(★), Barolo Francia ★★★, Barolo Monfortino ★★★★.

Conterno Fantino
Monforte

Seit 1982 erst füllt Guido Fantino die Weine des elterlichen Gutes selbst ab. Doch in der kurzen Zeit hat er sein Talent als Weinmacher unter Beweis gestellt (seine Neffen Claudio und Diego Conterno sind für die Weinberge des 13-Hektar-Gutes zuständig): ein kraftvoller Dolcetto ★★, ein säurebetonter, konzentrierter Barbera ★★, ein leichter Nebbiolo-Tafelwein namens Ginestrino ★, der

opulente, elegante Monpra ★★★ (Tafelwein je zur Hälfte aus Barbera und Nebbiolo, im kleinen Eichenfaß gereift) sowie die Barolo Vigna del Gris ★★(★) und Sori Ginestra ★★★.

Corino
La Morra

Vor fünf Jahren ging der junge Renato Corino im Dörfchen zu seinem Nachbarn Elio Altare und fragte diesen, was er falsch mache. Für seinen Barbera würde er nur ein paar tausend Lire bekommen, dessen Barbera ver-kaufe sich dagegen für das Vierfache. Altare erklärte ihm den Unterschied. Seitdem schneidet Corino seine Reben noch kürzer als sein Nachbar und liest im Herbst

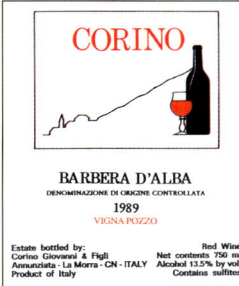

noch einmal streng aus. Die besten Partien gehen ins Barrique, das seit ein paar Jahren im Keller steht, die zweitbesten ins traditionelle Holzfaß. Mit den Nebbiolo-Trauben macht er es genauso. Resultat: Weine, welche die Distanz zu denen Altares erheblich verringert haben. Sein Vater, höchst skeptisch gegenüber den Experimenten des Sohns, interessiert sich seitdem nicht mehr für die Weine, sondern nur noch für den Pfirsichanbau, zumal auch sein jüngerer Sohn Giuliano sich dem Bruder angeschlossen hat. Dolcetto ★★, Nebbiolo ★, Barbera Giachini ★★(★), Barbera Vigna Pozzo ★★★, Barolo Vigna Giachini ★★(★).

Dosio
La Morra

Beppe Dosio, Textilfabrikant aus Biella, arbeitet seit Jahren mit ungebrochenem Enthusiasmus an seinen Weinen. Die Cantina, oberhalb von La Morra gelegen, gehört zu den schönsten und bestausgestattesten des Gebiets. Dolcetto Fossati ★, Barolo Vigna Fossati ★★.

Luigi Einaudi
Dogliani

Altes traditionsreiches Weingut in der Zone des Dolcetto di Dogliani, gegründet von dem gleichnamigen Ministerpräsident Italiens, dessen Nachfahren noch heute die Tradition aufrecht erhalten. Jahrzehntelang war Einaudi ein Pionier des Weinbaus. Seine Barolo, an Wucht, Kraft und Gewicht unübertroffen, entsprechen heute nicht mehr ganz dem Stil der Zeit. Dolcetto Vigna del Tecc ★★, S. Giacomo (Dolcetto auf den Schalen des Barolo nachfermentiert), Barolo Costa Grimaldi ★(★).

Eredi Virginia Ferrero
Serralunga

Ein winziges Weingut, aber eine exzellente Lage (Baudana). Der Barolo ★(★) von dort ist mächtig, tanninreich, schwer – als Wein fast zum Kauen.

Fratelli Ferrero
La Morra

Große Gastfreundschaft und ein sehenswerter Keller aus

dem 17. Jahrhundert sind nicht die einzigen Motive, diesem kleinen Weingut einen Besuch abzustatten. Auch die Weine des jungen Renato Ferrero verdienen, obgleich noch recht unbekannt, mehr Aufmerksamkeit als die manchen klangvolleren Namens in der Zone. Dolcetto ★, Barolo Manzoni ★★.

Franco Fiorina
Alba

Über 60 Jahre hat Franco Fiorina das gesamte Sortiment der Albeser Weine in sehr guter Qualität erzeugt, ohne einen Quadratmeter Weinberg zu besitzen. Das hat sich seit Anfang 1991 geändert. Das bekannte Weinhaus, auf den internationalen Märkten mit viel Prestige ausgestattet, ist verkauft worden. Neuer Besitzer ist die Bonino-Gruppe, ein Lebensmittelkonzern aus Fossano südlich von Turin. Nach wenigen Monaten schon konnte man bekanntgeben, daß Franco Fiorina rund 20 Hektar Reben in La Morra, Barolo, Monforte und Castiglione Falleto gekauft habe. Die Erfolge dieser massiven Investition in hochwertiges Rebland werden sich zwar erst in einigen Jahren einstellen. Doch sichtbar wird schon jetzt, daß die leichte Stagnation, die bei Franco Fiorina in den letzten Jahren zu verzeichnen war, überwunden werden soll. Die zweite Neuerung, die der junge Corrado Bonino und Direktor Carlo Olivero eingeführt haben: Das Wein-Sortiment ist verbreitert worden. Erzeugt werden jetzt auch Roero Arneis ★, Gavi ★, Moscato d'Asti ★ und Brachetto. Schließlich wurden auch in der Kellerarbeit (durch die alte und neue Önologin Giancarla Domini) einige Akzente neu gesetzt. Bei den großen Weinen wie Barolo ★★ und Barbaresco ★★ bleibt der traditionelle Stil erhalten, wenngleich die Faßlagerung leicht verkürzt wurde. Auch Dolcetto ★, Barbera ★, Nebbiolo ★, Freisa, Grignolino werden in klassischer Weise gemacht. Allein beim Primaticcio, einem roten novello-Wein, sowie bei den Weißweinen kommen moderne

Castiglione Falletto: eine der besten Barolo-Lagen der Zone.

BORGO ANTICO
Barolo
Tel. 0173-56355

Eine der erfreulichsten Neueröffnungen der letzten Jahre war das kleine Restaurant Borgo Antico im Zentrum von Barolo. Paolo Camia, der Wirt, ist aus Mondovi im hochgelegenen Teil der Langhe gekommen, um sich der Küche der tiefergelegenen Langhe anzunehmen. Resultat: authentische, aber stark verfeinerte Gerichte, die nie über das Ziel hinausschießen. Nach zwei Jahren steht fest: einer der schönsten Orte, in der Zone zu speisen – falls man einen Tisch bekommt.

RISTORANTE MODERNO
Carrù
Tel. 0173-75493

Rein äußerlich entspricht dieses Restaurant nicht den Erwartungen, die der Name weckt. Denn modern ist nichts an ihm. Das gilt auch für das Interieur und erst recht für die Küche. Im Ristorante Moderno wird nach alter Art gekocht. Deswegen gehen die Einheimischen so gern dorthin. Es gibt dort die beste *bollito misto* weit und breit, in der Kopf, Zunge, Fuß und Schwanz gekocht sind.

Wer das nicht will, findet phantastische Tajarin mit raffinierten Kräuter- oder Pilzsaucen, Agnolotti mit feiner Fleischfüllung, raffinierte Süßspeisen. Und weil Carrù etwas außerhalb der Weinbauzone liegt, ist dort auch in der Trüffelzeit noch ein Tisch zu kriegen. Auch die Rechnung nimmt dem Gast nicht den Atem, wobei Kreditkarten allerdings für das gehalten werden, was sie sind: reines Plastik.

BREZZA
Barolo
Tel. 0173-56191

Bei Oreste Brezza, der einst die beschauliche Trattoria im Dorfe besaß, regiert heute die Routine und das Tempo. Der Speisesaal ist immer voll, nicht selten muß er ganze Busladungen von Schweizer Touristen aufnehmen. In Anbetracht dessen ist die Küchenleistung akzeptabel. Allein es fehlt die persönliche Note, die letzte Sorgfalt bei den Gerichten. Es war schon immer etwas leichter, Fremde zufrieden zu stellen.

PORTA SAN MARTINO
Alba
Tel. 0173-362335

Alba selbst ist kein heißes Pflaster für Gastrotouristen. Doch hungrig braucht deswegen niemand zu bleiben, der sich dort einquartiert hat. In diesem neu eröffneten Restaurant speist er mit Vergnügen, zum Beispiel die berühmte Finanziera, die Agnolotti *al plin* (kleine

Technologien zum Tragen: etwa beim Chardonnay ★ (im Stahltank ausgebaut) oder beim vorzüglichen Favorita ★, dessen bedeutendster Produzent Franco Fiorina schon immer war.

Saverio Fontana
Castiglione Falletto

Ein winziges Weingut bei Pugnane, ein sehenswerter neuer Keller, sehr gute Lagen bei Meriondino: die Weichen für die Zukunft sind gestellt. Es darf gehofft werden. Barolo ★(★).

Fontanafredda
Serralunga

Unter den großen Weinerzeugern des Piemont ist Fontanafredda heute unbestritten die Nummer eins. Obwohl im Besitz einer Bank, hat Livio Testa, der Weinmacher, freie Hand, was Investitionen in die Weinberge und den Keller angeht, der zu den bestausgestattetsten der Zone gehört. Erstaunlich ist nicht nur das hohe Niveau der Spitzen-Barolo, sondern auch der Standard-Weine wie Roero Arneis ★, Gavi ★, Moscato d'Asti, Dolcetto, Freisa, Barbera ★, Roero, Nebbiolo ★, Barbaresco ★★, Barolo ★★. Aushängeschild sind jedoch die Lagenweine: Dolcetto La Lepre ★, Barbera Raimondo ★★ sowie die acht Barolo, die zwar geografisch zu Serralunga gehören, geologisch jedoch teilweise auf Mischböden wachsen, wie sie für die Weine von Barolo typisch sind: Barolo San Pietro ★★, Barolo Galaretto ★★, Barolo Vigna Bianca ★★, Barolo La Villa ★★, Barolo La Rosa ★★(★), Barolo La Delizia ★★(★), Barolo Lazzarito ★★★. Daneben besitzt Fontanafredda auch eine ebenso umfangreiche wie hochklassige Spumante-Produktion (ein neuer Spumante-Keller wurde kürzlich fertiggestellt). Contessa Rosa ★★ ist ein Pinot Nero-Spumante aus dem Oltrepo Pavese. Eine Klasse für sich stellt der neue Brut Gattinera ★★★ dar, der Spitzenschaumwein, ebenfalls aus Pinot Nero gewonnen, doch vom

gleichnamigen eigenen Weinberg kommend. Beide sind nach der Champagnermethode erzeugt. Nicht zu vergessen der süße Asti Spumante ★. Er gehört zu den besten seiner Art.

Elio Grasso
Monforte

Elio Grasso ist ein Späteinsteiger in das Weingeschäft. Der ehemalige Bankdirektor aus Turin hat mit 40 noch einmal umgesattelt und begonnen, sich dem Weinanbau zu widmen wie wenige der jüngeren Generation. Mit Hilfe des Önologen Piero Ballabio, der ihn berät, hat er innerhalb von weniger als zehn Jahren mit allen seinen Weinen einen Standard erreicht, der diese zur Spitzengruppe zählen läßt. Gavarini ★, Dolcetto ★★, Chardonnay in Vorbereitung. Die besten Weine sind zweifellos der mächtige Barbera Vigna Martina ★★★, der in kleinen Eichenholzfässern ausgebaut wird, sowie die Barolo Gavarini Vigna Runcot ★★★ und Ginestra Casa Matè ★★★ – beide eher schlanke Weine, die durch ihre innere Komplexität und den feinen Schliff, den Grasso ihnen mitgeteilt hat, überzeugen.

Silvio Grasso
La Morra

Ein traditionsbewußter Erzeuger, was den Barolo angeht ★★. Beim Barbera ★★ ist er experimentierwilliger. Er läßt ihn in Barriques reifen.

Marcarini
La Morra

Ein stattliches Weingut mit Palazzo und Cantina direkt in La Morra, gesegnet mit besten Lagen innerhalb der Gemeinde. Der legendäre Elvio Cogno, dem die Marcarini, eine Notarsfamilie aus Bra, in den sechziger und siebziger Jahren einige große Barolo verdanken, ist gegangen. Das Regiment führen die junge Anna Marcarini und ihr Ehemann Giovanni Bava. Bis die Weinproduktion neu geordnet ist, wird es einige Zeit brauchen. Aber ein bißchen

vom Potential des Gutes blitzt jetzt schon hier und da auf. Dolcetto ★★, Barbera ★★, Nebbiolo ★, Barolo La Serra ★★, Barolo Brunate ★★(★).

Marchesi di Barolo
Barolo

Gegründet auf den Fundamenten des ehemaligen Weingutes der Marchesa Falletti, Patronin des Dorfes Barolo, zählte und zählt auch heute dieses Weingut immer noch zu den größten Weingütern und -kellern der Zone. Die Besitzerfamilien Abbona und Scarzello haben sich auf die großen Märkte konzentriert, aber – im Gegensatz zu vielen anderen – nicht vergessen, sich (in guten Jahren) auch ein Sortiment hochwertiger Lagenweine zuzulegen. Dolcetto, Barbera, Barbaresco ★(★), Barolo ★(★), Barolo Cannubi ★★, Barolo Brunate ★★(★), Barolo Valletta ★★, Barolo Coste di Rose ★★.

Bartolo Mascarello
Barolo

Bartolo Mascarello, inzwischen über 60 Jahre, ist ein *barolista* der alten Schule. Seine Weine mögen traditionell genannt werden, aber sie sind es im positiven Sinne. Sie besitzen nie jene unnahbare Härte, die andere traditionelle Barolo zeigen, aber sie haben auch nicht die dunkle Farbe, die

Konzentration, die kompakte Tanninstruktur wie die Weine manch jüngerer Winzer. Mascarello hat immer weiche Barolo mit feiner Frucht und guter Säure gemacht, bei denen die Frucht im Vordergrund und das Tannin im Hintergrund stand. So entspricht es seiner Auffassung, und einen anderen Wein, so glaubt er, liefert die Lage

Noci und nocciole: Wal- und Haselnüsse wachsen überall am Rande der Weinberge in der Langhe. Zusammen mit der cremigen Milch, die aus der hochgelegenen Langhe kommt, wird aus ihnen der Tarrone erzeugt, eine Art türkischer Honig mit Haselnüssen.

Ravioli mit Fleischfüllung) sowie Kaninchen in jeder Ausführung. Allein die Weinkarte ist eindrucksvoll.

IL VICOLETTO
Alba
Tel. 0173-363196

Das eleganteste Restaurant in Alba, untergebracht in einem stilvollen Palazzo aus dem 17. Jahrhundert. Einrichtung und Ambiente sind äußerst gewählt, die Speisekarte ist manchmal hochfliegend. Einiges davon wird eingelöst, aber nicht alles. Am besten gelingen die typischen regionalen Gerichte.

DANIEL'S
AL PESCO FIORITO
Alba
Tel. 0173-43969

Ein populäres Restaurant, in dem es immer hoch hergeht. Nie ist es leise, und selten ist ein Tisch nicht besetzt. Serviert werden auch hier die üblichen Gerichte der Langhe, und zwar in solider Manier, was für das einheimische Publikum wichtig ist. Der Service ist flott, die Küche gut organisiert, und auch die Weinkarte läßt kaum Wünsche offen.

DELLA POSTA
Monforte
Tel. 0173-78120

Wer in den Speiseraum dieser Trattoria gelangen will, muß durch die Küche. Dort steht Mamma Massolino, die Wirtin, und haut mit sicherer Hand die Koteletts vom Knochen. Doch auch der Duft von schmorenden Braten und schmurgelnden Gemüsen regt den Appetit auf der Stelle an. Die Gerichte sind immer frisch zubereitet und authentisch. Für gewagte Experimente wäre die Köchin die falsche Person. Bei den Weinen läßt der Sohn Gianfranco es sich nicht nehmen, auch Prestige-Etiketten anzubieten.

GRAPPOLO D'ORO
Monforte
Tel. 0173-78293

Typische Dorftrattoria mit Speisesaal hinter der Bar, wo Großmutter Vittorina Seghesio seit dreißig Jahren unberührt von äußeren Ereignissen kocht. Beklagt hat sich noch niemand, und die Preise sind auch nicht hoch. Die klassischen Gerichte der Langhe bereitet sie in guter Qualität zu, wobei sie für Kalbsbries, Kuddeln und Lamm eine Vorliebe hat.

DEL CASTELLO
Serralunga
Tel. 0173-53375

Sehr einfache Trattoria mit bodenständigen, aber immer frisch zubereiteten Gerichten, hartem Gestühl, bescheidener Weinkarte.

FRATELLI REVELLO
Annunziata
Tel. 0173-50276

Annunziata ist ein kleiner Flecken unterhalb von Morra. Dort, nur ein paar Schritte von der kleinen Abtei San Martino di Marcenaso entfernt, hat die Familie Revello eine kleine Osteria, die wegen ihrer vorzüglichen Finanziera einen Besuch lohnt (Reservierung notwendig). Aber auch die anderen Gerichte sind schmackhaft und ehrlich zubereitet. Die Weine kommen aus dem eigenen Weingut. Außerdem werden eingemachtes Obst, Marmeladen und Gemüse verkauft.

die Cannubi, wo sich der größte Teil seiner Weinberge befindet, auch nicht. Der junge Sandro Fantini, der seit einigen Jahren zusammen mit Mascarello arbeitet, ist der gleichen Ansicht. Der Barolo ★★★, den Mascarello und er erzeugen, ist einer der letzten authentischen Exemplare dieser alten Schule, in der hundertjährige Winzererfahrung bewahrt und perfektioniert wurde. Wenn Mascarello in den letzten Jahren gelegentlich mit Wehmut und auch Bitterkeit auf die Torheiten und die Bedenkenlosigkeit, mit der viele Kollegen zu Werke gehen, reagierte, so deshalb, weil er fürchtet, daß die kommerziellen Interessen zunehmend das Gefühl für die wahre Qualität des Barolo verloren gehen lassen. Freisa ★, Dolcetto ★★.

Giuseppe Mascarello
Monchiero

Mauro Mascarello ist ein Einzelgänger unter den Winzern des Barolo. Seine Cantina liegt etwas abseits des Anbaugebietes in Monchiero, und das, was die anderen machen, kümmert ihn herzlich wenig. Er hat seinen eigenen Weg gesucht und ihn

gefunden, was nicht heißt, daß die Dinge bei ihm in ruhigen Bahnen verlaufen. Mögen die Weine selbst über jeden Zweifel erhaben sein, so sind die Umstände, unter denen er sie erzeugt, sowie die Art, wie sie vertrieben werden, nicht immer eine Demonstration großer Kontinuität. Doch das bleibt dem Weinfreund verborgen. Er hat allen Grund, sich an den Mascarello-Weinen gut zu tun, und zwar vom kraftvollen, keineswegs nur jung zu trinkenden Dolcetto Gagliassi ★★ über den vorzüglichen, aber reifebedürftigen Barbera

Ginestra ★★ bis zu den verschiedenen Barolo, die Mauro Mascarello, je nach Traubenangebot, vinifiziert. Der größte Glanz geht jedoch von seinem Barolo Monprivato ★★★ aus. Dieser Wein kommt von dem gleichnamigen Hügelrücken in Castiglione Falletto, und ist, in kleinen wie in großen Jahren, von einer Klasse, wie es nur ganz wenige andere Barolo gibt. Mascarello hat in den letzten Jahren seinen Rebensitz in dieser Lage erheblich vergrößern können. Das Ziel, den Monprivato ganz zu besitzen, hat er jedoch nicht erreicht.

Mauro Molino
La Morra

Kleines, aber ehrgeiziges Familienweingut in Annunziata, das mit einem Tafelwein aus Nebbiolo- und Barbera-Trauben ein wenig von seiner Leistungsfähigkeit hat aufblitzen lassen (Acanzio ★★). Der Barolo ★★ ist guter Durchschnitt.

Montanello
Castiglione Falletto

Ein neues Weingut im Aufstieg: beste Lagen im Dorfe (Rocche und Montanello) und ein Besitzer (Vittorio Monchiero), der klar auf den modernen Barolo mit weichen Tanninen setzt. Auch preislich bleibt er auf dem Boden der Wirklichkeit. Dolcetto ★, Barolo Rocche ★★, Barolo Montanello ★★.

Monfalletto
La Morra

Die alte Libanonzeder auf dem Hügel neben der Cantina in Annunziata ist ein Fixpunkt im Rebenmeer zwischen Barolo und La Morra. Die Weine von Monfalletto können heute keine so hervorgehobene Stellung beanspruchen, nachdem sie in den siebziger Jahren einmal zu den Spitzen der Zone gezählt haben. Gianni und Enrico, die Söhne des legendären Paolo Cordero di Montezemolo, machen ordentliche, aber keine außerordentlichen Weine. Chardonnay Elioro ★, Dolcetto ★, Barbera ★, Barolo Monfalletto ★★, Barolo Enrico VI. ★★.

Fratelli Oberto
La Morra

Andrea und Ornella Oberto erzeugen auf ihrem kleinen Gut mit großer Hingabe ein paar tausend Flaschen Wein, die sie eigenhändig abfüllen, verkorken und etikettieren. Die jungen Weine, etwa der Barbera Vigneto Boiolo ★, gelingen ihnen besser als lange ausbaubedürftige wie der Barolo Rocche ★(★).

Fratelli Oddero
La Morra

Das Weingut, untergebracht in den Gemäuern des alten Klosters San Frontiniano in Santa Maria, befindet sich seit 1878 im Besitz der Familie Oddero. Giacomo Oddero kann nur mit Rat, nicht mit Tat zur Seite stehen. Er ist

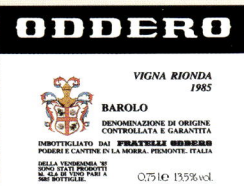

Apotheker in Alba. Die Arbeit in Weinberg und Keller besorgt sein Bruder Luigi, einer der Ritter des Ordens von den Trüffeln und den Weinen Albas und als solcher der heimischen Küche, den Albeser Weinen, der Poesie, dem Gesang und der Traditionspflege mit Leib und Seele zugetan – ein echter piemontesischer Charakter. Mit 30 Hektaren unter Reben gehört das Gut nicht zu den kleinen der Zone. Beeindruckend ist die Güte der Lagen in nahezu allen Bereichen des Anbaugebietes (Dolcetto ★, Barbera ★, Nebbiolo ★, Freisa, Barbaresco ★★). Was den Barolo angeht, war man der festen Überzeugung, daß ein optimaler Wein aus einem Verschnitt verschiedener Lagen besteht. In normalen Jahren handelt man auch danach (Barolo ★★). Doch in sehr guten Jahren (seit 1985) füllt man die besten Lagen getrennt ab – mit Erfolg: Barolo Mondoca di Bussia Soprana ★★(★), Barolo Vigna Rionda ★★(★), Barolo Rocche di Bussia ★★(★). Ab 1988 kommen vier weitere Crus dazu.

Parusso
Castiglione Falletto

Nach dem Tod von Armando Parusso im Jahre 1990 führen sein Sohn Marco und die Tochter Tiziana den Betrieb (am Ortsausgang von Castiglione Falletto in Richtung Monforte gelegen) weiter. Die Lagen sind gut (Meriondino und Bussia), die Produktion ist klein (50 000 Flaschen), und der Vorsatz, höchste Qualität zu erzeugen, ist in diesem Gut kein leeres Versprechen. Vor allem die Barolo ★★, die früher einen etwas rustikalen Einschlag aufwiesen, sind enorm verfeinert worden. Speziell der Barolo Meriondino ★★ zeigt jene unnachahmliche Verbindung von Frucht und Tannin, wie sie für die Weine von Castiglione Falletto typisch sind. Ein weiterer Beweis für die Entwicklung von Parusso, ist der Barbera Bricco di Pugnane ★★, der feinste Frucht und einen zarten Holzton aufweist. Weitere Weine: Dolcetto Meriondino ★, Freisa ★, Grignolino, Nebbiolo ★.

Pianpolvere Soprano
Monforte

Kleines Weingut der Familie Fenocchio mit exzellenten Lagen, in der Vergangenheit allerdings nicht immer mit ebensolchen Weinen aufwartend. In den letzten Jahren haben sich mit dem Eintritt des Sohnes Feruccio Fenocchio die Dinge erkennbar geändert: ein Gut im Aufstieg. Grignolino, Barbera Pian Polvere ★★, Barolo Bussia ★★

Pio Cesare
Alba

Unter der Verantwortung von Pio Boffa und seinem stillen Önologen dieses Betriebes, der Trauben kauft, aber auch über hervorragende eigene Weinberge verfügt, wieder Anschluß an die Spitze gefunden. Aushängeschild sind der mächtige Chardonnay Piodilei aus dem Holzfaß ★★ und der Barolo Ornato ★★★. Er gehört, wie auch der exzellente Standard-Barolo ★★(★), zu den wenigen gelungenen Nebbiolo-Weinen, die in Barriques ausgebaut

wurden. Dolcetto ★★, Il Nebbio ★, Nebbiolo ★, Freisa ★, Barbera ★.

Pira
Barolo

Luigi Pira war der letzte, der die Trauben mit den Füßen stampfen ließ, bevor er die Maische ansetzte. Nicht nur deswegen, sondern auch der guten Lagen wegen, war sein Barolo in aller Munde. Doch die Zeiten ändern sich. Pira ist tot und der Wein wird heute von der jungen Chiara Boschis gemacht. Sie versucht, die alten Traditionen aufrecht zu erhalten – wenn auch nicht mehr unbedingt mit den Füßen. Auch die drei kleinen Lagen, die zusammen nicht mehr als 10 000 Flaschen ergeben, füllt sie jetzt separat ab: Barolo Cannubi ★★, Barolo Vigna Nuova ★★, Barolo San Lorenzo ★★.

Prunotto
Alba

Herausragende Weine kamen aus den Kellern von Prunotto schon in den sechziger Jahren. Doch erst in den Achtzigern erhielten sie die verdiente, breite Anerkennung. Vor allem die Lagenweine zeigen, daß, wer die traditionellen Kellertechniken undogmatisch perfektioniert, Weine von unübertrefflichem Schliff erhalten kann. Dolcetto ★, Dolcetto Mosesco ★★, Barbera ★★, Barbera Pian Romualdo ★★★, Nebbiolo Occhetto ★★, Barolo ★★(★), Barolo Cannubi ★★★, Barolo Bussia ★★★★, Barbaresco ★★, Barbaresco Rabajà ★★★, Barbaresco Montestefano ★★★. Wie gut Prunotto ist, beweist das breite Sortiment der Standard-Weine, die aus Lagenverschnitten der jeweiligen Anbaugebiete kommen. Sie stehen den Lagen-Weinen nur wenig nach.

Porta Rossa
Diano d'Alba

Die Cantina an der Piazza des hochgelegenen Diano, deren rote Tür dem Wein den Namen gegeben hat, hat sich darauf verlegt, Trauben von guten Lagen des Anbaugebietes zu kaufen und zu vinifizieren. Die Barolo der sechziger und teilweise auch der siebziger Jahre waren stilbil-

dend und vorbildlich in ihrer Qualität. In den achtziger Jahren war die Qualität schwankend. Vor einigen Jahren nun ist Luigi Artusio, Mitinhaber, Önologe und Seele des Betriebes, gestorben. Neue Gesellschafter sind eingetreten. Wie die neuen Weine werden, bleibt abzuwarten. Gewiß ist nur, daß die Dolcetto di Diano d'Alba Sori Pradvenza ★★ und Vigna Bruni ★★ (eigener Weinberg) ihre alte Qualität behalten haben. Gavi ★ Roero Arneis ★, Barolo ★(★).

Rocche dei Manzoni
Monforte

Ein Pioniergut der Zone: Spitzen-Barolo aus den siebziger Jahren, Ende der achtziger in bester Trinkreife, und der famose Bricco Manzoni ★★★, der erste Barrique-Tafelwein der Zone, zusammengestellt aus einer Cuvée von Nebbiolo und Barbera – die Erwartungen sind hoch gesteckt. Sie noch zu übertreffen, dafür hat das stattliche Gut viel getan: Es wurden neue Weinberge gekauft, so daß das Gut inzwischen zu den Großen der Zone gehört (50 Hektar). Neue Weine wurden produziert: etwa der Chardonnay Angelica ★ und der Spumante Valentino Brut ★. Schließlich hat Besitzer Valentino Migliorini sein feines Restaurant bei Piacenza verkauft, um sich ganz dem Wein zu widmen. Die Qualitätspolitik

ist nach wie vor streng. Barolo werden nur in sehr guten Jahren erzeugt, immer als Riserva ★★. Die Lagen-Barolo Vigna d'la Roul ★★★ (seit 1982), Vigna d'Mesdi ★★(★), Vigna Big ★★(★), die erst 1985 erstmals abgefüllt wurden, zeichnen sich daher immer durch hohes Niveau aus. Allerdings zeugen 500

Barriques im Keller auch davon, daß mit neuem Holz recht großzügig umgegangen wird.

Francesco Rinaldi
Alba

Luciano Rinaldi ist ein unbeirrbarer Traditionalist. Mit Stahltanks hat er nichts im Sinn, die Kontrolle der Gärtemperatur ist für ihn überflüssige Mühe und mit der Abfüllung seiner 50 000 Flaschen Barolo läßt er sich Zeit. Er konzentriert seine ganze Kraft auf die Weinberge. Davon hat er genug, und zwar in besten Lagen: Barolo ★(★), Barolo La Brunata ★★, Barolo Cannubbio ★★. Außerdem: Dolcetto ★★, Barbera ★.

Giuseppe Rinaldi
Barolo

Aus den Kellern unter dem alten Palazzo am Ortsausgang von Barolo kommt einer der markantesten Barolo der alten Schule: weich, warm, vollmundig und komplex, dazu langlebig und nicht ohne Feinheiten. Giuseppe Rinaldi ist vor kurzem gestorben. Sein Sohn, ein Arzt, führt das Werk des Vaters fort. Barolo Brunate ★★, Barolo Cannubi ★★.

Rocche Costamagna
La Morra

Altes Weingut (1841 gegründet), durch das ein neuer Wind weht, seit die Malerin Claudia Ferraresi und ihr Sohn Alessandro sich des Weines annehmen. Der Standard aller Weine liegt über dem Durchschnitt, wenngleich es für den Barolo an Spitzenlagen fehlt. Dolcetto ★, Barbera ★(★), Nebbiolo ★, Barolo Vigna S. Francesco ★★.

Gigi Rosso
Castiglione Falletto

War es Anspruch von Gigi Rosso, die Albeser Weine in erster Qualität und großer Menge zugleich zu erzeugen, so möchte sein Sohn den quantitativen Aspekt etwas stärker vernachlässigt wissen. Folge: Generationsprobleme. Die Weine sind meist angenehm zu trinken, leicht verständlich, und niemand wird arm, wenn er eine Flasche mehr trinkt. Dolcetto di

Grappabrenner Ugo Marolo: Serie feinster Edelbrände.

DA MAURIZIO
Cravanzana
Tel. 0173-85019

Eine der schönsten ländlichen Trattorien in der Langhe: südlich von Monforte, mithin etwas außerhalb der Weinbau-Zone gelegen – mit allen Vorteilen: keine Überfüllung, keine touristische Abfertigung, individuelle Bedienung. Von der Küche ganz zu schweigen. Gediegene, sorgfältig zubereitete Gerichte mit besten Produkten. Was Käse und die Desserts angeht, ist Maurizio Robaldo, dem Wirt, hohe Kennerschaft nicht abzusprechen. Der Geldbeutel wird außerdem geschont, und weil es so ruhig ist in dem Dörfchen, hat er ein paar Zimmer, die er an Gäste vermietet, die gern ein paar Tage bleiben wollen.

AL RODODENDRO
Boves
Tel. 0171-880373

Boves liegt zehn Kilometer südlich von Cueno, also weit außerhalb der Barolo-Zone. Das Ristorante Al Rododendro befindet sich noch einmal sechs Kilometer hinter Boves bei San Giacomo am Ende eines kleinen engen Tales. Der Weg dorthin ist also weit, aber er lohnt für alle, die ein Luxusrestaurant suchen, in dem piemontesische Fleischküche mit der ligurischen Fischküche kombiniert wird.

Mary Barale, die Küchenchefin, hat ein Restaurant für anspruchsvolle Feinschmecker geschaffen, in dem diejenigen auf ihre Kosten kommen, die Fasan als Mousse und Branzino mit schwarzer Olivensauce genießen wollen. Besonders die Füllungen von Geflügel, Ravioli und Crêpes sind sensationell.

DESTILLERIA SANTA TERESA
Alba
Tel. 0173-33144

In Mussotto, einem Stadtteil von Alba, brennen Ugo und Paolo Marolo seit 1976 einige der feinsten Grappa des ganzen Piemont. Sie haben sich darauf spezialisiert, die Trester ausgewählter hochklassiger Weine zu destillieren, etwa die des Barolo Enrico VI. von Monfalletto und des Gavi di Gavi von La Scolca. Besonders delikat ist das ungemein duftige Aquavit aus Kamillenblüten. Er ist die Spezialität dieser kleinen Brennerei, die nicht mehr als 35 000 Flaschen pro Jahr erzeugt. Alle Flaschen ziert das Etikett von Gianni Gallo, einem der berühmtesten Etiketten-Designer Italiens.

Diano d'Alba Moncolombetto ★(★), Barbera ★, Nebbiolo, Barbaresco ★(★), Barolo ★(★), Barolo Riserva Arione Cascina degli Ulivi ★★.

Josetta Saffirio
Monforte

Von der Menge her ist es noch in der Größenordnung einer Feierabendproduktion, was die junge Josetta Safirio und ihr Ehemann Roberto Vezza, im Hauptberuf Kellermeister, bei der Großkellerei Marchesi di Barolo erzeugen. Doch was die Qualität angeht, gehört ihr kleines Weingut in dem Dörfchen Castelletto bei Monforte zu jenen, die höchste Ehren anstreben. Dolcetto ★★ und Barbera ★★ legen Zeugnis davon ab. Der erste Barolo, den sie 1985 produziert haben, wäre eine Sensation geworden, wenn es nicht nur 1000 Flaschen von ihm gegeben hätte.

Luciano Sandrone
Barolo

Leichter ist das Leben nicht geworden für Luciano Sandrone, seit bekannt ist, daß einer der besten, vielleicht sogar der beste Barolo aus seinem Keller komt. Händler, Importeure, Journalisten und Touristen laufen ihm die Tür ein und wollen Exklusivverträge, Informationen oder einfach nur ein paar Flaschen, manchmal auch nur einen Händedruck von ihm. Gelegentlich sehnt er sich wieder in den Keller seines früheren Arbeitgebers zurück, in dem er ungestört arbeiten konnte. Doch die Zeiten sind vorbei. Die neue Rolle muß gelernt werden. Sandrone weiß das. Und wenn er abends mit dem Moped aus dem Weinberg kommt, beginnt die harte Pflicht der Repräsentation. Dolcetto ★★, Barbera ★★★, Barolo Cannubi Boschis ★★★★.

Paolo Scavino
Castiglione Falletto

Bäuerlicher Fleiß, Gewissenhaftigkeit, Lernbereitschaft und große Bescheidenheit zeichnen Enrico Scavino aus, der von seinem Vater sehr gute Lagen am

Hügelrücken von Pugnane übernommen hat. Was er daraus gemacht hat, stempelt ihn zu einem der Aufsteiger der achtziger Jahre. Seine Weine, und zwar vom Dolcetto bis zum Lagen-Barolo, haben einen Standard erreicht, der das Prädikat Spitzenweine verdient. Das bedeutet nicht, daß alles immer perfekt wäre oder die Entwicklungen abgeschlossen sind – im Gegenteil: Scavino ist erst am Anfang. Dolcetto ★★, Barbera ★★(★), Barolo ★★(★), Barolo Cannubi ★★(★), Barolo Bric del Fiasc ★★★.

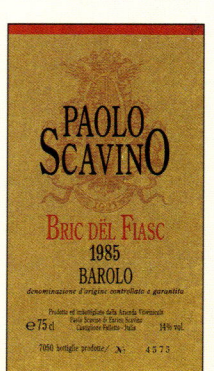

Fratelli Seghesio
Monforte

Junges, aufstrebendes Weingut im Ortsteil Castelletto, das von den ehrgeizigen Brüdern Aldo und Riccardo Seghesio betrieben wird. Die wenigen Trauben, die im Herbst an den Stöcken hängen, werden von ihnen noch einmal streng verlesen. Das Resultat stimmt hoffnungsvoll: drei herrlich konzentrierte Weine von sehr guten Lagen. Dolcetto Vigna della Chiesa ★★, Barbera Vigna della Chiesa ★★, Barolo ★★.

Girogio Scarzello
Barolo

Eines der typischen, kleinen Familienweingüter der Zone: vier Hektar Reben, die in mühsamer Kleinarbeit, aber mit gutem Erfolg, wie der Wein beweist gehegt werden. Dolcetto ★, Barbera ★, Barolo ★★, Barolo Vigna Merenda ★★.

Sylla Sebaste
Barolo

Aus diesem kleinen Gut (sechs Hektar Reben) kamen Mitte der achtziger Jahre

einige sehr aufregende Weine: Barolo der traditionell besten Lagen (Bussia, Monforte), doch von unerhörtem Schliff und seltener Eleganz. Oder der Tafelwein Bricco Viole, ein Nebbiolo-Barbera-Verschnitt im kleinen Holzfaß ausgebaut. Die Weine wurden von den internationalen Märkten sofort mit Begeisterung aufgenommen, und Mauro Sebaste, der Inhaber, galt bald als einer der dynamischsten und ernsthaftesten Neuerer des Barolo. Jetzt ist er nicht mehr Inhaber. Er hat sein Weingut verkaufen müssen. Neuer Besitzer wurde Eleonora Limonci, die auch Herrin im Weingut Colle Manora in Quargnento ist, bekannt durch einige der spektakulärsten Weine des Monferrat. Ihre Familie war, nach der Trennung von Sebaste und dem Spumantehaus Gancia, als Financier eingesprungen. Nun trägt sie allein die Verantwortung für den Wein. Das heißt: Dieser wird weiter von dem angesehenen Önologen Donato Lanati betreut. Für Kontinuität, so scheint es, ist also gesorgt. Favorita ★, Blanc de Morgex, Arneis ★, Dolcetto ★, Dolcetto Monrobiolo di Bussia ★★, Freisa ★, Barolo ★★, Barolo Bussia ★★★, Bricco Viole ★★(★).

Renzo Seghesio
Monforte

Der Bürgermeister von Monforte kauft Trauben von den Winzern aus seinem Ort und macht sie zu Wein, den er unter eigenem Etikett abfüllt (insgesamt etwa 30 000 Flaschen). Die Qualität ist passabel, die Preise niedrig. Dolcetto ★, Barbera ★, Barolo ★(★).

Terre del Barolo
Castiglione Falletto

Die Genossenschaftskellerei in der Barolo-Zone hat 540 Mitglieder, unter ihnen zahlreiche mit Rebenbesitz in den erstklassigen und sehr guten Lagen des Anbaugebietes. Das Sortiment der Albeser Weine, die angeboten werden, ist breit und von ordentlicher Qualität – aber mehr nicht.

BAROLO

Real Castello: Speisen und Schlafen in historischen Mauern.

HOTELS

MOTEL ALBA
Alba
Tel. 0173-363251

Business-Hotel an der Umgehungsstraße von Alba, komfortable Zimmer, gut zum Übernachten. Umgebung: Industrie und Schnellstraßen.

HOTEL SAVONA
Alba
Tel. 0173-42381

Altmodisches, aber gepflegtes Hotel im Zentrum von Alba: ruhig trotz Straßenverkehrs und mit einfachem Komfort ausgestattet.

HOTEL BAROLO
Barolo
Tel. 0173-56354

Relativ neu errichtetes Hotel mit dem größten Zimmerangebot in der Barolo-Zone: komfortabel, ruhig, mit einladender Lounge, auf ausländische Touristen eingestellt. Liegt mitten in Barolos bester Weinbergslage, den Cannubi. Angegliedert ist das Restaurant Brezza.

REAL CASTELLO
Verduno
Tel. 0173-459125

Das alte königliche Jagdschloß vermietet sieben Doppel- und ein Einzelzimmer, vornehmlich an Stammgäste oder Gäste des eigenen Restaurants. Der Charme dieses kleinen Hotels ist die leicht dekadente, authentisch plüschige Atmosphäre.

HOTEL BARBABUC
Novello
Tel. 0173-731298

Das gediegendste Hotel der Zone, vier Kilometer von Barolo mitten im Dorf Novello gelegen: geschmackvolle, geräumige Zimmer, große Bäder, grüner Innenhof, reichhaltiges Frühstücksbüffet, persönliche Betreuung. Gegenüber dem Hotel liegt das gleichnamige Restaurant.

HOTEL NAPOLEON
Cherasco
Tel. 0172-488238

Erst vor kurzem eröffnetes Hotel mit 22 gut ausgestatteten Zimmern in ruhiger Lage etwas außerhalb der Barolo-Zone (10 Kilometer von La Morra) in Cherasco, einer quadratisch angelegten Kleinstadt am Tanaro-Fluß. Zum Hotel gehört das Restaurant L'Éscargot. 18-Loch-Golfplatz Le Chiocciole in der Nähe.

HOTEL BELLAVISTA
Bossolasco
Tel. 0173-793102

Tief in der Langhe (rund 20 Kilometer südlich von Monforte) liegt dieses vornehme, kleine Hotel, dessen Zimmer teilweise mit Antiquitäten eingerichtet sind (jedes hat eine eigene Terrasse). Untadeliger Service, herrliches Panorama.

Unter dem neuen Präsidenten Matteo Bosca soll sich das nun ändern. Dolcetto, Barbera ★, Nebbiolo, Barolo Rocche ★(★), Barolo Castello ★(★).

G.D.Vaira
Vergne

Aldo Vaira, promovierter Önologe, ist einer der Stillen im Lande, der für sich und seine Weine wenig Reklame macht. Er will Erfolg, aber er will ihn nicht sofort. Lieber studiert er, experimentiert er, baut sich eine Cantina, die nicht nur für die Erfordernisse des Weins konzipiert ist, sondern auch auf die Bedürfnisse dessen Rücksicht nimmt, der seinen Arbeitsplatz dort hat, also auf ihn selbst. Bunte Glasfenster wie in einem Dom und kunstvoll aus Basaltsteinen zusammengesetzte Böden. Auch was den Wein angeht, läßt er sich Zeit. Spitzenlagen für Dolcetto und Barbera hat er gefunden, für den Barolo sucht er sie noch. Er will den Erfolg, aber er braucht ihn nicht sofort. Denn Vaira ist äußerst prätentiös. Auf die Bedürfnisse des Marktes will er nur begrenzt Rücksicht nehmen, von den Kapriolen des modernen Weingeschmacks möchte er sich nicht abhängig machen. Er vertraut auf die Qualität der Sorten, auf alte Reben und niedrigste Erträge sowie auf modernste Kellertechnik. Vairas Weine sind wie die Mode von Armani – nämlich auf das Wesentliche beschränkt. Vigne Nuove, Dolcetto ★, Dolcetto Coste e Fossati ★★, Nebbiolo ★, Barbera ★★, Barbera Bricco Viole ★★★. Barolo ★★(★).

Giovanni Veglio
Diano d'Alba

Nicht der Barolo, sondern die Dolcetto stehen in diesem Weingut (geführt von den Brüdern Domenico und Prospero Veglio) im Mittelpunkt. Sie stammen aus Diano d'Alba und machen den größten Teil der Produktion aus und sind von erster Güte: Dolcetto Puncia d'l Bric ★★, Dolcetto Söri Ubart ★★.

Eraldo Viberti
La Morra

Das kleine Weingut liegt unterhalb von La Morra nahe der Straße Alba-Barolo. Es verfügt nur über vier Hektar Reben, die nach biologisch-dynamischer Anbauweise gepflegt werden. Der junge Eraldo Viberti ist ehrgeizig und hat die Ratschläge von einigen der besten Winzer der Zone, mit denen er befreundet ist, beherzigt. Sein Barrique-Barbera Vigna Clara ★★(★) ist ein superber Wein. Barolo ★★.

Vietti
Castiglione Falletto

Eine Cantina, die sich seit Jahrzehnten auf die Vinifizierung und den Ausbau von Weinen spezialisiert hat, hat seine hohen Qualitätsmaßstäbe oft genug unter Beweis gestellt. Die Kellertechnik ist zumeist traditionell: lange Maischegärung *(cappello sommerso)* alte Fässer aus slavonischer Eiche. Vom Stil her sind die Barolo mächtig, tanninbetont, langlebig. Wenn sie reif werden, können sie feinste Frucht und elegantestes Bouquet offenbaren. Allen Versuchungen, ihre anfängliche Härte zu mildern, haben Alfredo Currado, der Weinmacher, und Mario Cordero, sein Schwiegersohn, widerstanden. Sie setzen auf erstklassige Lagen (die Trauben werden zum größten Teil von Vertragswinzern gekauft), die Qualität der Trauben und nicht zuletzt die Geduld der Weintrinker: Barolo Castiglione★★, Barolo Villero ★★(★), Barolo Bussia ★★(★), Barolo Rocche ★★★. Der Barbaresco Rabaja ★★, insbesondere aber der Barbaresco Masseria ★★★ gehören in manchen Jahren zu den Spitzenweinen dieser Art. Große Sorgfalt wird auch auf die sogenannten kleinen Weine der Zone verwendet: den Nebbiolo San Michele ★, die Barbera Pian Romualdo ★★, Dolcetto Sant'Anna ★★, den Tafelwein Fioretto ★★, aus Nebbiolo, Barbera, Neirana zusammengestellt und im Barrique gereift, sowie den weißen Arneis

Giulio Viglione
Monforte

Ökologisch arbeitender Kleinwinzer mit vier Hektar Reben, der den Ehrgeiz hat, auch einen guten Wein zu machen. Was seinen Keller verläßt, ist solide und orientiert sich an traditionellen Vorbildern. Dolcetto ★, Barbera ★, Nebbiolo ★, Barolo ★(★).

Gianni Voerzio
La Morra

Ein Winzer mit ganz eigenen Vorstellungen vom Wein, die sich nicht immer decken mit dem, was man in der Gegend unter Tradition versteht. Das muß kein Nachteil sein, wenn auch nicht immer jeder Wein, der aus Gianni Voerzios Keller kommt, großen Jubel auslösen muß. Dafür, daß Gianni sich noch in der Phase des Suchens befindet, kommen doch einige äußerst gelungene Gewächse aus seinem Keller: Arneis Bricco Cappellina ★, Dolcetto ★, Freisa ★, Barbera ★, Serrapiu ★★, Barolo La Serra ★★(★).

Roberto Voerzio
La Morra

Hinter dem schrillen Etikett und der holzigen Fassade seiner Weine stecken bei Roberto Voerzio die Primärtugenden der alten Schule: strenge Ertragsbegrenzung und traditionelle Gärtechnik *(cappello sommerso)*. Dies gibt vielen seiner Weine jene Qualität, die sie auch solchen Weinfreunden, die Barriques kritisch gegenüberstehen, Respekt abnötigt. Chardonnay in Vorbereitung, Dolcetto Priavino ★★, Barbera Vignasse ★(★), Barolo Serra ★★(★), Barolo Brunate ★★★, Barolo Cerequio ★★★.

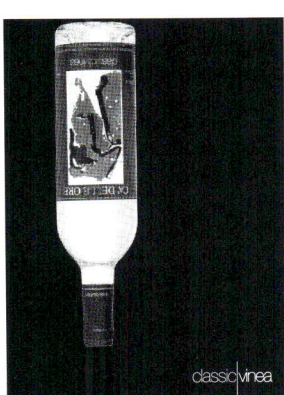

Die Grenzen des Anbaugebiets von Barbaresco sind eng gezogen. Nur drei Dörfer gibt es in ihm: Neive, Treiso und Barbaresco selbst. Die beiden letzten sind klein und verschlafen. Wer dort lebt, lebt vom Wein. In Neive hat sich dagegen auch Kleingewerbe niedergelassen. Doch Weinindustrie gibt es nicht. Große Kellereibetriebe sind eine Seltenheit. Die meisten Winzer bewirtschaften zwischen drei und zehn Hektar. Moscato, Dolcetto und Barbaresco – in dieser Reihenfolge erzeugen sie Wein. Bei einigen kommen noch Barbera und Freisa hinzu. Manchmal wird auch Barolo erzeugt. Doch wer ihn macht, muß die Trauben in der Barolo-Zone kaufen.

126

RESTAURANT

LA CONTEA
Neive
Tel. 0173-671 26

Für viele Touristen ist die Contea ein Stück Heimat auf fremdem Boden. Denn keiner versteht es so gut wie Tonino Verro, seine Gäste zu umsorgen und zu unterhalten. Tonino ist der Wirt dieses feinen Restaurants im hochgelegenen alten Dorf von Neive. Er begrüßt sie, wenn möglich, mit ein paar Worten in ihrer Muttersprache, läßt dann eine beeindruckende Folge von Vorspeisen auffahren. Denen, die schon alles wissen, empfiehlt er einige unbekannte Weine, aber er billigt auch mit sichtbarem Respekt deren Kompetenz, sollten sie sich für eigenen und nicht für seinen Wein entscheiden. Darüber hinaus steht er ihnen für Auskünfte, Tips und Empfehlungen jeder Art zur Verfügung: ein kleines Konsultat, seine Contea. Am Ende verabschiedet er die Gäste mit tiefem Diener, nicht ohne ihnen ein Gläschen Grappa am Bartresen empfohlen zu haben. Denn die Küche der Langhe ist schwer, und er will nicht, daß ihnen der Magen kneift. Gleichwie, Tonino bietet etwas für das Geld, das der Gast bei

Tonino Verro (rechts) vor seiner Schlachterei in Neive.

ihm läßt. Er hat die besten Lieferanten für Käse, Kalbfleisch, Schinken und Salami. Sein Carpaccio di vitello kann man mit der Gabel essen, so zart ist es, obwohl er dick schneidet und nicht anfriert. Die Käse, besonders Robiola und Castelmagno, haben eine Qualität, wie man sie nur selten trifft. Die Tajarini sind hauchdünn und immer frisch. Die Agnolotti werden nicht so lieblos serviert wie anderswo. Perlhuhn, Fasan, Schnepfe oder Wachtel – alles ist sehr sorgfältig zubereitet. Überhaupt ist Fleisch Toninos Domäne. Bis vor kurzem hatte er eine eigene Schlachterei gegenüber dem Restaurant. Aber ebensoviel wert ist, wie gesagt, der Mann selbst. Ein paar Zimmer hat er auch zur Verfügung, und wer Zigaretten braucht, der sollte sie in seinem kleinen Tabacchaio kaufen. Dort steht er hinter der Kasse, bevor sein Restaurant öffnet.

TRATTORIA ANTICA TORRE
Barbaresco
Tel. 0173-6351 70

Aus der alten Bar von Barbaresco strömt jetzt Küchenduft. Perlhuhn, Fasan, Schnepfe in der dunklen Jahreszeit, Kalb und Rind im Sommer werden hier auf die typische piemontesische Art auf den Tisch gebracht. Tajarini, Bagna Caoda, Agnolotti sind fester Bestandteil der Speisekarte. Und wenn es im Herbst wieder soweit ist, wird gehobelt. Was wohl? Der weiße Trüffel natürlich. Mag sein, daß die Tradition ein wenig die Phantasie dominiert. Aber die alte Küche wird doch in grundsolider Manier praktiziert. Besonders beim Fleisch und beim Käse zeigt sich, daß Giacinto Albarello, der Patron, sich nicht mit geringen Standards zufrieden gibt.

Carlo Boffa
Barbaresco
Die Weinberge (vier Hektar) befinden sich bei Ovello, die Cantina liegt direkt im Ort schräg gegenüber von Gaja. Der junge Carlo weiß genau, daß er über gute, aber keine herausragenden Lagen verfügt. Sein Wein ist folglich kein Schwergewicht. Er beläßt ihn deshalb nur ein Jahr im Holzfaß. Barbaresco Vigna del Casot ★★, Barbaresco Vigna di Vizalotti ★(★).

Castello di Neive
Neive
Villa und Cantina liegen hoch oben im historischen Neive mit Blick auf einige der besten Rebberge von Barbaresco. Dort wachsen die Trauben, aus denen der eigene Wein gemacht wird: erstklassige Lagen wie Santo Stefano und Gallina zum Beispiel. Der Barbaresco ist wuchtig und schwer. Bei aller Exquise besitzt er ein gewaltiges Volumen, entgeht dabei aber nicht immer der Gefahr überladen und zu alkoholreich zu sein: Barbaresco ★★. Riserva Santo Stefano ★★★. Vorzüglich gelungen sind der weiße Arneis ★ und der Dolcetto Basarin ★. Zu Recht einen Namen gemacht hat sich das Weingut auch durch seine Grappa.

Ca' Romé
Barbaresco
Schwere Flaschen, schön gestaltete Etiketten, aufwendige Verpackung: Die Weine von Romana Marengo demonstrieren schon äußerlich, was sie sein wollen: Hochgewächse, edle. Manches hält diesem Anspruch stand, aber nicht alles. Barbaresco ★★, Barbaresco Maria di Brun ★★, Barolo Carpegna ★★. Da Marengo, eher Hobbywinzer, einen großen Teil der Trauben kauft, variieren die Lagen oft von Jahr zu Jahr.

Renato Cigliutti
Bricco di Neive
Ein alter Hof mit drei Hektar Rebland, ein kleiner Bauer, der neben Reben noch Haselnüsse kultiviert (»Die helfen mir zu überleben«), ein großer Barbaresco, der nicht nur in einem einzigen Jahr (1982) zu den Super-

weinen zählt. Cigliuttis Weinberge liegen weit vom Tanaro-Fluß entfernt im äußersten Zipfel des Anbaugebietes. Meist sind es opulente, fast fette Weine mit hohem Alkoholgehalt, viel rauhem Tannin und einem Körperreichtum, der eher an einen Barolo als an einen Barbaresco erinnert. Die 5000 Flaschen, die er in handwerklich einfacher Manier zusammen mit seiner Frau Dina erzeugt, sind schnell verkauft. Barbaresco ★★★.

Cisa Asinari
Barbaresco
Alberto di Gresy, verantwortlich für das Weingut seiner Familie, ist nicht nur ein studierter, sondern auch ein gebildeter Mensch. Zu seinen Tugenden gehört es auch, seinen Wein nicht ständig zu imaginärer Größe erziehen zu wollen. Dolcetto Monte Aribaldo ★, Chardonnay ★, Barbaresco La Martinenga ★★(★), Barbaresco Gaiun ★★★, Barbaresco Camp Gros ★★★(★).

Confratelli di San Michele
Serraboella
In dem alten Kloster in Neive widmet sich Roberto Obote mit Leidenschaft und Hingabe der Arbeit an einem soliden, gut gemachten, aber wenig bekannten Barbaresco ★(★).

Giuseppe Cortese
Barbaresco
Giuseppe Cortese und sein Sohn handeln nach dem Motto: Je weniger mit dem Wein gemacht wird, desto besser wird er. Die Rechnung geht häufig, aber nicht immer auf. In jungen Jahren sind seine Weine oft von unnachahmlicher Opulenz. Mit den Jahren verlieren sie jedoch, obwohl von großartigem Stoff,

ein wenig an Glanz. Schade, denn die fünf Hektar, welche die Familie bewirtschaftet, liegen im Herzen der Lage Rabajà, gerade oberhalb des Weingutes La Martinenga. Dort hat Vater Giuseppe bis 1972 gearbeitet und das Weinmachen gelernt. Barbaresco★★.

De Forville
Barbaresco

Alteingesessenes Weingut, das rund 100 000 Flaschen Wein erzeugt, die Hälfte davon Barbaresco. Die Weine sind von einfacher Qualität. Der größte Teil davon geht ins Ausland. Chardonnay ★, Dolcetto ★, Barbaresco ★(★), Moscato.

Cascina Drago
San Rocco Seno d'Elvio

Dieses Weingut liegt etwa fünf Kilometer außerhalb von Alba in der Barbaresco-Zone. Aber Barbaresco wird dort nicht erzeugt. Luciano de Giacomi, Apotheker in Alba und Verfechter der alten Küche der Langhe sowie der bäuerlichen Weinbautraditionen, erzeugt Weine, wie sie heute keiner mehr macht: zum Beispiel einen Weißwein aus Pinot und Riesling, einen Rotwein aus Dolcetto und Nebbiolo (Bricco del Drago ★, Bricco del Drago Vigna d'le Mace ★★) oder Pinot Nero ★. Besucher können sich auch von der Leidenschaft des Inhabers für das Sammeln bäuerlicher Kulturgegenstände und Schmetterlinge überzeugen.

Elia Pasquero
Neive

Seit fünf Generationen in Familienbesitz, befindet sich das Weingut zur Zeit in einer Phase des Übergangs. Neue Weinberge werden angelegt, der Keller wird mit moderner Technik ausgestattet. Die Ergebnisse dieser Umstellung werden erst in den nächsten Jahren beurteilt werden können. Der Barba-

resco Pajtin ★★ ist ein geschmeidiger Wein, der durch seine Frucht, weniger durch sein Tannin beeindruckt. Von kräftigerer Struktur ist der Tafelwein Pajtin ★★, ein Verschnitt aus Barbera und Nebbiolo, in neuen Barriques gereift.

Pelissero
Treiso

Die Weine von Pelissero gelten als diejenigen, welche die Eigenschaften des Bodens von Treiso am besten zum Ausdruck bringen. Insbesondere gilt das für den Barbaresco Vanotou ★★(★). Luigi Pelissero und seinem Sohn Giorgio gelingt es, die Weine auch im Keller so zu belassen, wie sie sind. Dolcetto Augenta ★★, Barbera ★.

Armando Piazzo
San Rocco Seno d'Elvio

Die Philosophie von Armando Piazzo wird an zwei Zahlen deutlich: 50 Hektar Weinberge (gut die Hälfte davon gepachtet), nur 75 000 Flaschen Wein. Der größte Teil des Weins wird mithin offen verkauft, nur die besten Partien kommen in die Flasche. Resultat: ein Niveau, das auch in kleinen Jahren über dem Durchschnitt liegt, wenn auch der Abstand zur Spitze noch groß ist. Dolcetto ★, Barbera ★, Barbaresco Sori Frattin ★★

Gaja
Barbaresco

Angelo Gaja ist ein Fall für sich. Er macht Weine, die nicht typisch sind für das Anbaugebiet, sondern typisch für ihn: glatt, weich, gehaltvoll, perfekt. Deshalb hat er auf dem Etikett seinen Namen groß und den des Weines immer klein geschrieben. In der letzten Zeit ist er jedoch nicht nur auf seinen guten Ruf, sondern auch auf den des Anbaugebietes bedacht. So hat er den Namen Barbaresco wieder in etwas größerer Schrift setzen lassen. Ein Omen? Ohne kollektives Image, meint er, kann auf Dauer niemand existieren. Sauvignon Alteni di Brassica ★★, Chardonnay Rossj Bass ★★, Chardonnay Gaja & Rey ★★★, Dolcetto Malabaj-

la ★★, Nebbiolo Vignaveja ★★, Barbera Vignarey ★★★, Barbaresco ★★, Barbaresco Costa Russi ★★★, Barbaresco San Lorenzo ★★★(★), Barbaresco Sori Tildin ★★★★, Darmagi ★★★(★). Übrigens: Wenn Gaja alle Besucher empfangen würde, die vor dem Tor stehen und um Einlaß nachsuchen, wäre der größte Teil seiner Weine ausgetrunken, bevor sie in den Handel kommen.

Bernardino Gastaldi
Neive

Ein junger Winzer, der als Ultramoderner kategorisiert wird, noch bevor seine Weine auf dem Markt sind. Das heißt: Ein weißer Sauvignon ★★ und ein Dolcetto Moriolo ★★ sind bereits im Handel. An letzterem zeigt sich, wie unsinnig es ist, alles, was anders ist, als »modern« zu bezeichnen. Denn der Dolcetto ist nach alter bäuerlicher Manier zwei Jahre im Holzfaß gewesen. Gastaldi ist nämlich, entgegen allen Trends, ein Verfechter langen Faßausbaus. Sein 88er Barbaresco ist noch nicht im Handel, während andere bereits ihren 89er anbieten. Die ersten Faßproben versprechen viel.

Bruno Giacosa
Neive

Zum Ansehen des Piemont hat Bruno Giacosa nichts beigetragen außer gute Weine. Das allerdings ist nicht wenig. Denn Weine, wie er sie macht, hat bislang kein anderer hingekriegt: opulent und gleichzeitig elegant, dabei unerhört alterungsfähig. Für viele sind sie der Prototyp des traditionellen Barolo oder Barbaresco. Grignolino, Dolcetto ★, Barbera ★, Nebbiolo ★, Arneis ★★, Spumante Bruno Giacosa ★★★ (Méthode champénoise aus Pinot Nero), Barbaresco ★★, Barbaresco Gallina ★★★, Barbaresco Santo Stefano ★★★★, Barolo ★★(★), Barolo Villero ★★★, Barolo Rocche di Castiglione Falletto ★★★, Barolo Bussia di Monforte ★★★, Barolo Falletto ★★★, Barolo Collina Rionda di Serralunga ★★★★.

Fratelli Giacosa
Neive

Die Namensgleichheit mit Bruno Giacosa ist rein zufällig. Und auch die Tatsache, daß beider Keller direkt nebeneinander liegen, läßt keine Rückschlüsse auf irgendwie geartete Ähnlichkeiten zu. Die Cantina von Valerio und Renzo Giacosa mag schöner sein, aber ihre Weine können denen von Bruno nicht das Wasser reichen. Deswegen sind sie trotzdem solide, delikat und vergleichsweise preiswert. Arbeis, Dolcetto ★, Barbera Maria Gioanna ★★, Barbaresco Roccalini ★★, Barolo Pira ★★.

Glicine
Neive

Kleines, stilvolles Weingut mit sehenswertem alten Keller, in dem der Lehrer Roberto Bruno und Adriana Marzi, beide Großstadtaussteiger, seit zehn Jahren in handwerklicher, aber durchaus professioneller Manier Wein erzeugen: Dolcetto ★, Glicinello, Barbera ★(★) und vor allem Barbaresco der Lagen Cura ★★(★), Cotta ★★(★), Rabajà ★★(★) und Marcorino ★★★. Letztere besitzen die angenehme Eigenschaft, bereits in frühem Stadium mit Genuß getrunken werden zu können, ohne deswegen nach fünf oder zehn Jahren schon verblüht zu sein. Der Name Glicine kommt von dem Glycinenstrauch, der sich an der Hauswand des Gutes emporrankt und den Rasen mit einem Teppich hellblauer Blüten überzieht, wenn es Spätsommer wird.

Eredi Lodali
Treiso

Jahrelang war der Name Lodali in der Versenkung verschwunden. Jetzt ist er wieder aufgetaucht. Der Grund: eine Serie ausgezeichneter Barbaresco ★★ (Lage: Rocche dei 7 Fratelli), zwei gehaltvolle, pefekt vinifizierte und keinesfalls nur jung zu trinkende Dolcetto Bric Sant'Ambrogio ★★ und Sorij Canta ★★ sowie ein schöner Barbera ★. Auch der weiße Chardonnay ★ zeigt, daß etwas in Bewegung ist in diesem Gut, das mit 25 Hek-

tar, zu einem nicht geringen Teil in der Barolo-Zone gelegen, insgesamt 120 000 Flaschen erzeugt. Weitere Weine: Barolo Bric Sant'Ambrogio ★(★).

Moccagatta
Barbaresco

Die Brüder Franco und Sergio Minuto gehören zu den Aufsteigern unter den Winzern von Barbaresco. Bereits in den siebziger Jahren begannen sie statt Menge Qualität zu erzeugen und im Keller mit neuen Techniken zu experimentieren. Spätestens seit Mitte der achtziger Jahre haben sie ihren Stil gefunden, mit dem sie vor allem in Italien und Amerika große Erfolge gehabt haben. Das gilt in besonderem Maße für ihre Lagen-Weine, die alle in kleinen Eichenfässern gereift sind, wobei der Chardonnay Bric Buschet ★★, der Barbera Basarin ★★ und der Barbaresco Bric Balin ★★★ herausragen (Barbaresco Vigna Cole ★★, Barbaresco Basarin ★★, Dolcetto Buschet ★). Aber auch die Standard-Weine sind von vorzüglicher Qualität: Chardonnay ★★, Dolcetto ★, Barbera ★.

Musso
Barbaresco

Mit Barriques konnte sich Walter Musso bislang nicht anfreunden. In diesem Punkt ist er sich mit seinem Vater Agostino einig. Was jedoch die klonale Selektion im Weinberg (12 Hektar) die Rebenpflege und die Kellertechnik angeht, beschreiten die beiden gerne neue Wege, sofern diese dazu dienen, konzentriertere, reichere Weine von größerer Eleganz zu erhalten. Chardonnay ★, Dolcetto ★, Barbaresco Pora ★★, Rio Sordo ★★.

127

Hotel und Restaurant Il Cascinale Nuovo: Familie Ferretto.

RISTORANTE TORNAVENTO
Treiso
Tel. 0173-638333

Mehr Phantasie, mehr Virtuosität, mehr Mut – das ist der Anspruch, mit dem drei junge Leute vor einigen Jahren angetreten sind, um neuen Wind in die Küche der Langhe zu bringen. Insofern ist der Name des Restaurants Programm: sich drehender Wind. Daß derjenige, der der gediegenen Langeweile so mancher Speisekarte entkommen will, gelegentlich auch gequälte Eigenkreationen produziert, ist unvermeidlich. Das Tornavento bildet da keine Ausnahme. Doch niemand soll glauben, daß er in diesem stilvollen Lokal an der Piazza von Treiso nicht auf seine Kosten kommt. Gemüsevorspeisen, Pasta, Fleisch und Dolce – es mag nichts geben, was die anderen nicht auch hätten. Doch ist alles ein bißchen anders: häufig besser, manchmal genial einfach, und wie gesagt, nur selten mißraten.

TRATTORIA PERTINACE
Barbaresco
Tel. 0173-638190

Charaktervolle, völlig ungestylte Trattoria, in der auch vornehme Städter sich wohlfühlen und Gefallen an den bäuerlich einfachen, wenngleich keineswegs immer leicht zu verdauenden Gerichten finden können. Einen

Besuch wert sind allein die ausgezeichneten Pastagerichte und der gekonnte Umgang des schon wegen Leibesfülle imposanten Kochs mit Kräutern zu allen Gerichten. Wenn der eigene Bauch am Ende zu schwellen beginnt, hilft nur ein Grappa, den Bruno Settumo – so heißt der Mann – bereitwillig offeriert.

HOTELS

IL CASCINALE NUOVO
Isola d'Asti
Tel. 0141-958166

Da es in der Barbaresco-Zone keine komfortablen Hotels gibt, weichen viele Reisende ins Cascinale Nuovo aus. Dieses moderne, sehr gepflegte Hotel liegt zwar schon in der Provinz Asti, bietet aber den Komfort, den sich der Tourist wünscht: Swimmingpool, Liegewiese und ein vorzügliches Restaurant (siehe Seite 134). Es liegt direkt an der befahrenen Staatsstraße Alba–Asti. Doch die Zimmer sind ruhig.

Fiorenzo Nada
Treiso

Bruno Nada ist einer der neuen Wein-Pioniere von Barbaresco. Ein exzellenter Barbaresco ★★ sowie der ungemein elegante Tafelwein Seifile ★★ (60% Barbera, 40% Nebbiolo, zusammen in kleinen Eichenfässern ausgebaut) bilden die Spitzen der Produktion.

I Paglieri
Barbaresco

Alfredo Roagna ist ein konservativer und kreativer Winzer zugleich mit Weinbergen in den besten Lagen von Barbaresco (Pajè), die er zusammen mit seinem Vater Giovanni bearbeitet. Konservativ, besser: kompromißlos, ist die Einstellung zur Qualität: Lieber läßt er ein Auge zu wenig als zu viel an der Rebe, wenn die Zeit des Beschnitts gekommen ist. Kreativ, besser: einfallsreich, ist das, was er bisweilen aus seinen Weinen macht: etwa den Tafelwein Opera Prima ★, in dem immer drei verschiedene Jahrgänge enthalten sind. Sein Barbaresco ★★ ist dagegen von mehr als nur guter Qualität, der Lagen-Barbaresco Crichet Pajè ★★★ gehört zu den besten Weinen der Zone. Andere Weine: Chardonnay ★, Barolo in Vorbereitung.

Parrocco di Neive
Neive

In Neive erzeugt auch die Kirche Wein. 15 Hektar Reben gehören zum klerikalen Besitz. Für die Weinfreunde unter der einheimischen Bevölkerung muß dieser kompromißlos traditionelle Barbaresco immer der beste Wein seiner Art bleiben, schon des sakralen Etiketts wegen. Dolcetto ★, Barbaresco Basarin★(★), Barbaresco Gallina ★★.

Produttori
del Barbaresco
Barbaresco

Bestorganisierte Kooperative des Piemont: Die Qualitätspolitik haben Präsident Celestino Vacca und Direktor Gianni Testa klar formuliert. Es wird nur Nebbiolo aus der Barbaresco-Zone

verarbeitet. Die Trauben werden nach Qualität bezahlt. Es besteht Vollabgabepflicht. Der Beschnitt der Reben ist vorgeschrieben und wird kontrolliert. Es dürfen keine Herbizide und Fungizide gespritzt werden. Trauben von besonders guten Lagen werden separat vinifiziert, damit in großen Jahren Lagen-Barbaresco abgefüllt werden können. Schon der einfache, preiswerte Nebbiolo Langhe und der Standard-Barbaresco ★(★) sind angesichts der 250 000 Flaschen, die von ihnen erzeugt werden, von ausgezeichneter Qualität. Preislich gibt es keine Alternative zu ihnen. Den guten Ruf der Cantina dei

Produttori del Barbaresco haben jedoch die Lagen-Barbaresco begründet, die drei Jahre reifen und immer als Riserva in den Handel kommen. Nahezu alle guten Lagen in der Gemeinde Barbaresco sind vertreten, wobei die besten Weine eines Jahrgangs nicht immer von den gleichen Lagen kommen: Rio Sordo ★★, Ovello ★★, Asili ★★, Rabajà★★, Montestefano★★, Pora ★★, Montefico ★★, Moccagatta ★★, Pajé ★★.

Punset
Neive

Marina und Renzo Marcani sind mit Begeisterung bei der Arbeit, wenn auch der große Durchbruch noch auf sich warten läßt. Ihre Weine sind brav: Dolcetto ★, Barbera ★, Barbaresco ★(★).

Rabajà
Barbaresco

Vor zehn Jahren reiste der junge Bruno Rocca ins Burgund, um die Geheimnisse der großen Rotweine von der Côte d'Or zu lüften. Erfahren hat er jedoch wenig. Erstaunlich jedoch, wie sehr seine Barbaresco ★★★,

wenn sie vier, fünf Jahre alt sind, den Weinen von Beaune und Chambertin ähneln. Sie kommen vom Herzstück der Lage Rabajà, sind ein Jahr in junger Eiche gereift und fast immer ausverkauft. Allerdings gibt es auch nur 10 000 Flaschen von ihm. Ein Chardonnay ist in Vorbereitung.

Sottimano
Neive

Der Barbaresco ★★ von Maggiore Sottimano ist noch nicht so bekannt wie er es verdient. Er kommt von der Lage Cotta, die zu den sehr guten Unterzonen von Barbaresco gehört, ist geschmeidig, elegant und zeigt einen zarten Holzton, der die Frucht jedoch nicht überlagert. Grignolino, Dolcetto Cotta ★.

La Spinona
Barbaresco

Das Weingut entstand 1950 durch Zusammenlegung von drei kleinen Winzerstellen in der Zone. Pietro Berutti, der Inhaber, erzeugt immer körperreiche, weiche Barbaresco von guter Qualität und traditioneller Stilistik. Barbaresco Bricco Faset ★★, Barbaresco La Ghiga ★★.

Giuseppe Traversa
Neive

Giuseppe Traversa ist ein aufstrebendes Winzertalent, wenngleich sein Ehrgeiz nicht nur dem Barbaresco, sondern auch dem Moscato d'Asti gilt. Er besitzt 17 Hektar zusammenhängende Weinberge in der Lage Ciabotto, von denen ein schlanker Barbaresco Sori Ciabot ★★ mit Feinheiten im Innern kommt. Moscato d'Asti Vendemnia Tardiva (Spätlese) ★, Barbera La Burdinota ★.

Vignaioli
Elvio Pertinace
Treiso

Kleine Kooperative in Treiso von 12 Winzern mit zusammen hundert Hektar Reben. Erzeugt werden die vier D.O.C.-Weine der Zone in guter Durchschnittsqualität: Moscato d'Asti ★, Dolcetto ★, Barbera ★, Barbaresco Nervo ★(★), Barbaresco Castellizzano ★(★).

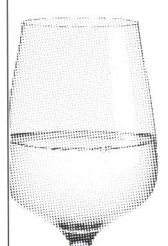

ROERO

Das Roero gilt als der arme Teil der Langhe. Tatsächlich herrschte in diesem Teil des Piemont, der sich schon äußerlich durch den kegelförmigen Rundhügel vom restlichen Teil der Langhe unterscheidet, bis vor wenigen Jahren noch eine gemischte Landwirtschaft. Der Weinbau steuerte zum Einkommen der Bauern nur einen geringen Teil bei. Heute hat sich die Situation geändert. Mit dem Aufstieg des Arneis, des einzigen Weißweins der Langhe, haben viele Bauern die Obst- und Getreidewirtschaft aufgegeben und sich ganz der Erzeugung dieses Weins zugewendet. Der zweite D.O.C.-Wein ist der rote Roero, ein leichter, junger Nebbiolo, dem laut Statut ein wenig weißer Arneis zugefügt werden soll (was praktisch niemand tut). Die besten Rotweinqualitäten bringen jedoch immer noch der Nebbiolo d'Alba, teilweise auch der Barbera d'Alba. Touristisch ist das Roero noch wenig erschlossen. Komfortable Hotels sind noch eine Rarität, gute Restaurants gibt es nur wenige.

RESTAURANTS

LE CLIVIE
Piobesi
Tel. 0173-619261

Ein kleiner, hübscher Palazzo mitten im Dorf, umgeben von einem ebenso kleinen, gepflegten Garten: das ist Le Clivie, ein kleines Restaurant mit viel nostalgischem Charme, benannt nach der Familie, der es gehört: die Clivio. Man speist denn auch wie in der guten Stube, aufs Wärmste umsorgt von Caterina Clivio. Geboten werden die typische ländliche Küche des Roero, eine gute Weinauswahl (mit besonderer Berücksichtigung der Weine der Zone) sowie sieben Zimmer im ersten Stock für Gäste, die gerne bleiben wollen.

LA PERGOLA
Vezza
Tel. 0173-65091

Ein elegantes, einladendes Lokal, eine Landesküche auf gehobenem Niveau und ein spleeniger Patron: Piermario Bergadano. 16 000 Flaschen Wein hat er in seinem Keller, vom einfachen Dolcetto bis zum Château d'Yquem in der Großflasche. Wer das trinken soll? Vezza ist zwar ein Bauerndorf, doch des Weins (und natürlich auch der Küche) wegen verschlägt es manchen Fremden hierher, der mit dem Patron fachsimpeln und seine überdimensionale, festgebundene Weinkarte studieren will. Nicht zuletzt haben auch jene Gäste, die eigentlich nur des Essens wegen gekommen sind, die Möglichkeit, den einen oder anderen Barolo bei ihm käuflich zu erwerben, der im Weingut bereits ausverkauft, bei Piermario jedoch noch vorrätig ist – zu keineswegs übertriebenen Preisen übrigens.

TRATTORIA DEGLI AMICI
Castellinaldo
Tel. 0173-213083

Ohne den überladenen Dekor, die Kerzen auf dem Tisch, den Schnick-Schnack an der Wand würde sich der Gast hier wohler fühlen. Dennoch,

gekocht wird ausgezeichnet (ohne jede snobistische Anwandlung) und Silvana Faggio, die Inhaberin, bemüht sich in sehr persönlicher Weise um alle Gäste. Die Weinkarte ist zwar klein, aber mit Bedacht zusammengestellt. Moderate Preise.

LA CANTINETTA
Castagnito
Tel. 0173-213388

Zwei Gerichte muß man probieren: die herrlich saftige Ente in Barolo geschmort (anatra al Barolo) und das zarte Rindfleisch in Arneis (brasato

Obstkammer Roero: ein Paradies für Beeren jeder Art und Farbe.

Gemüse aus dem Roero: Auf den sandigen Böden am Fuße der Hügel werden Paprika, Knoblauch, Porée und Pfirsiche angebaut. Von den Ufern des Tanaro bei Santena kommt grüner Spargel.

all'Arneis. Der Rest des Speisezettels enthält die üblichen Gerichte der Zone, ehrlich zubereitet, aber ohne Raffinesse. Dafür übertreiben Paolo und Maurizio auch bei den Preisen nicht.

CENTRO
Priocca
Tel. 0173-616112

Diese saubere, kleine Trattoria, die schon seit hundert Jahren besteht, ist berühmt für ihr Fritto Misto. Kaum irgendwo sonst bekommt man dieses Gericht so komplett wie an diesem Ort. Das heißt: mit 18 bis 22 Gängen je nach Saison. Es reicht vom Schweinsfuß (*batsoà*) über Bries, Schweinswurst, Kalbsleber bis zum Apfel und zum süßen Griesbrei – alles in jeweils frischem Öl (für jeden Gang) frittiert. Die Köchin Rita Cordero unterzieht sich gern der erforderlichen Mühe, um dieses Gericht in der vorgeschriebenen Form auf den Tisch zu bringen. Der mündlich ausgesprochene Dank der Gäste sollte ihr dafür allerdings gewiß sein.

IL CASTELLO
Santa Vittoria
Tel. 0172-478147

Ein gepflegtes Restaurant auf halbem Weg zwischen Alba und Bra, das mehr als nur die klassische Küche der Langhe bietet. Diese wird mit Phantasie und eigenen Ideen variiert. Besonders empfehlenswert die warmen Vorspeisen, aber auch die Tajarini mit Kaninchenleber.

Roero
Giovanni Almondo
Montà d'Alba

Kleines Familienweingut, das einen kompromißlosen Rebschnitt praktiziert und zwei saftige Arneis erzeugt, die deutlich über dem Durchschnitt der Produktion liegen. Ursache dafür sind auch zwei gute Lagen: Bricco delle Ciliege ★ und Bricco Burigot ★. Giovanni Almondo besteht darauf, daß im Weinberg, wenn nötig, nur Kupfersulfat gespritzt wird. Domenico, der Sohn, drängt auf moderne Technik im Keller. 20 000 Flaschen, gutes Preis-Leistungs-Verhältnis. Roero ★.

Blangé
Castellinaldo

Dieses Weingut erzeugt fast 250 000 Flaschen Arneis ★ und ist damit der größte Erzeuger dieses Weins. Es gehört den Brüdern Ceretto aus Alba, die schon frühzeitig Weinbergs- und Kellerarbeit perfektionierten und diesen einfach zu trinkenden, leichten, etwas perlerenden Wein schufen, der maßgeblich zum internationalen Erfolg des Arneis beigetragen hat.

Tenuta Carretta
Piobesi

Weingut und Kellerei der Tenuta Carretta gehören zum Firmenimperium der Textilfabrik Miroglio, des zweitgrößten Arbeitgebers in Alba. Daß es an Geld für Investitionen nicht fehlt, macht schon ein kurzer Blick in den ultramodernen Keller deutlich. Dazu kommen 42 Hektar Weinberge, ein nicht geringer Teil auch außerhalb des Roero gelegen: etwa in den Cannubi bei Barolo. 300 000 Flaschen werden erzeugt, durchweg von ordentlicher Durchschnittsqualität. Roero Arneis ★, Favorita, Roero, Nebbiolo Bric Paradiso ★, Bric Quercia (Verschnitt Bonarda und Barbera) ★, Barolo Cannubi ★ (★).

Cornarea
Canale

Das Weingut nennt sich nach der Lage, in der schon seit tausend Jahren Reben kultiviert werden, und die Lage heißt wie der Kornelienbaum auf italienisch: corniolo. Neben dem Arneis ★ und dem Roero wird aus getrockneten Arneis-Trauben auch ein feiner, süßer Dessertwein erzeugt, der drei Jahre und länger im Barrique reift: Tarasco ★.

Correggia
Canale

Matteo Correggia hat erst vor wenigen Jahren begonnen, Wein abzufüllen. Er hatte Glück. Sein Arneis wurde im Restaurant Carmagnole, südlich von Turin gelegen, zum Hauswein. Dort probierten ihn Händler und andere Gastronomen, die bald bei Correggia Kunden wurden. Dabei versteht er sich eigentlich nicht als Weißweinwinzer. Sein Ehrgeiz gilt dem Nebbiolo La Val dei Preti ★★ und dem Barbera Bric Marun ★★★. Beide werden 14 Monate und länger in neuen Barriques ausgebaut, ohne daß ihnen ein so langer Holzkontakt anzumerken wäre.

Die Weine vertragen es, wobei allerdings auch nur etwa 30 Hektoliter pro Hektar geerntet werden. Coreggias persönliche Lust gilt indes dem Bracchetto ★, den er nach klassischer Manier trocken ausbaut. Auch einen süßen Bracchetto Passito stellt er her. Doch den trinkt er lieber selbst.

Carlo Deltetto
Canale

Einer der wenigen Erzeuger, die aus dem Arneis mehr als nur einen fruchti-

gen, säurearmen Wein machen können: Antonio Deltetto, äußerst ambitioniert, kreativ und im Orte als Weißweingenie betrachtet, versteht es, seinem Arneis mehr Körper, mehr Struktur, mehr Duft zu geben als andere. Arneis ★, Arneis San Michele ★★, Favorita San Michele ★, Arneis Passito ★, Barbera ★, Roero Madonna dei Boschi ★.

Malabaila
Canale

Malabaila ist wahrscheinlich das älteste italienische Weingut. Die Dokumente, die im Castello di Canale im

Zentrum des Dorfes aufbewahrt werden (wo sich auch der Keller befindet), weisen bis ins Jahr 1370 zurück. So ist man bemüht, dem Glanz der Historie ebensolche Weine entgegenzustellen, was Corradino Carreggia Malabaila, dem Besitzer, einigermaßen gelungen ist. Arneis Pradvaj ★, Favorita, Roero Bric Volta, Nebbiolo Bric Merlo ★, Barbera Mezzavilla ★.

Malvirà
Canale

Massimo und Roberto Damonte stehen im Ruf, die besten Weißwein-Winzer des Piemont zu sein. Zumindest ihr Arneis ist, was Körper, Duft und Struktur angeht – der beste Wein seiner Kategorie. Das Weingut, etwas außerhalb von Canale gelegen, besitzt einen Keller, der in technischer Hinsicht seinesgleichen sucht im Roero. Favorita ★, Arneis ★, Arneis Saglietto ★★, Arneis Renesio ★★, Arneis Trinita ★(★), Roero ★(★),

San Guglielmo ★★. Letzterer ist ein Verschnitt aus Barbera, Bonardo, Nebbiolo und in kleinen Eichenfaß gereift).

Produttori Montaldesi
Associati
Montaldo

Zusammenschluß von fünf Winzern, die zu den ersten gehörten, welche den Arneis neu entdeckten und wieder zu Ehren brachten. Arneis ★, Roero ★.

Angelo Negro
Monteu Roero

Giovanni Negro ist Bürgermeister des Dörfchens Roero. Neben dem Ehrenamt findet er immer noch genügend Zeit, sich um sein Weingut zu kümmern, das mit 30 Hektar Rebfläche (davon zehn im Eigenbesitz) nicht zu den kleinen im Roero gehört. Er besitzt wohl auch die beste Arneis-Lage der ganzen Zone: Perdaudin. Favorita ★, Arneis Perdaudin ★★, Roero, Barbera ★, Nebbiolo ★.

Fratelli Rabino
Santa Vittoria

Die Familie hat ihre Weinberge von niemand geringerem als dem Königshaus von Savoyen erworben. Das war im Jahre 1901. Seitdem erzeugen sie Wein, und zwar einen besseren, als die Könige es taten - glaubt man den Dokumenten. Auch ihre Preise sind nicht königlich hoch, sondern bürgerlich bescheiden. Arneis ★★, Roero, Nebbiolo ★.

Sergio Marchisio
»Ca'du Russ«
Castellinaldo

Ein kleines Familienweingut mit sehr guten Lagen für Arneis und Nebbiolo, ein ambitionierter Inhaber sowie Weine, die in den letzten Jahren große Erfolge auf den internationalen Märkten hatten, vornehmlich in Amerika: das ist Ca'du Russ, einer der Emporkömmlinge der achtziger Jahre. Der Arneis, wichtigster Wein des Gutes, wird seit ein paar Jahren als Lagen-Wein etikettiert: Costa delle Rose ★. Die Beerenauslese dieses Weins heißt Passito delle Rose ★. Außerdem: Roero Montegalletto.

BARBERA

Dort, wo die Langhe in das Hügelland des Monferrat übergeht, wird die Nebbiolo-Rebe immer seltener. Dieser südlich des Tanaro-Flusses gelegene Teil der Provinz Asti ist die Heimat des süßen Asti Spumante und des Moscato d'Asti, aber auch die Kernzone des Barbera d'Asti. In den klassischen Anbau-zonen dieser Weine um Canelli, Santo Stefano Beldo, Castel Boglione oder Strevi reiht sich Weinberg an Weinberg. Zwischen den Weinen der Spit-zenproduzenten und den bäuerlichen Winzern herrscht allerdings noch ein großes Gefälle. Doch der Wunsch und Wille, aus dem Wein mehr zu machen als in der Vergangen-heit, ist überall spürbar. Auch der Weintouris-mus setzt in diesem Teil des Piemont langsam ein. Erste Komfort-Hotels sind entstanden, immer mehr Weingüter vermieten Apparte-ments an Fremde, und gegessen wurde immer schon gut und reich-lich – nicht nur zur Trüffelzeit.

RESTAURANTS

DA GUIDO
Costigliole
Tel. 0141-966012

Das Spitzenrestaurant im Astigiano schlechthin, seit 15 Jahren mit immer neuen Variationen der pie-montesischen Küche aufwar-tend: Eine Fonduta schmeckt bei Guido Alciato, dem Patron, weniger mehlig als anderswo, die Tajarini wer-den mit raffinierten Gemüse-mischungen angerichtet, selbst das *brasato di manzo*, der Rindsbraten, schmeckt bei ihm anders als das gleichnamige Gericht in der Trattoria. Und bei den Wei-nen verfügt kaum einer über so intime Kenntnis der Win-zer, Weingüter, Jahrgänge und Spezialitäten. Diese kleinen Unterschiede sind es, die den Besuch bei Guido zu einem spannenden Eßver-gnügen machen. Doch Vor-sicht: Das Restaurant ist klein und die Tische sind oft tagelang im voraus reserviert.

GENER NEUV
Asti
Tel. 0141-57270

Das Restaurant »Zum Neuen Schwiegersohn«, wie der Name übersetzt werden müßte, liegt an der Periphe-rie von Asti an den Ufern des Tanaro. Der Speiseraum ist klein, die Atmosphäre intim, die Küche recht kreativ, arbeitet aber immer auf der Basis heimischer Produkte und Rezepte. Guiseppina Bagliardi, die in der Küche steht, bringt Gerichte auf den Tisch, die Staunen machen (gefüllte Kohlrouladen, Käse-beignets, Kaninchenbraten in Arneis geschmort). Mitunter sind aber auch einige weni-ger gelungene Kreationen dabei. Gleichwie, das Restaurant genügt immer hohen Standards, der Service ist untadelig. Die Weinkarte enthält alle im Piemont wichtigen Namen.

La Barbatella
Nizza Monferrato
Kleines Privatweingut in einem Vorort von Nizza Monferrato, wo sich Angelo Sonvico, der in Mailand ein Wettbüro für Pferderennen besitzt, einen Traum erfüllt: eigenen Wein zu machen. Die Produktion ist winzig (10 000 Flaschen), aber von erster Güte. Der einfache Barbera d'Asti ★★ besitzt Kraft und Tiefe, der Lagen-Barbera Vigna dell'Angelo ★★(★) ist an Dichte kaum zu übertreffen: ein Konzentrat von Wein, schwarzrot in der Farbe, fast süß in der Frucht. Der relativ lange Ausbau in neuem Holz ist ihm jedenfalls kaum anzumerken. Die Experi-mente mit einem Cabernet Sauvignon (La Vigna di Sonvico ★) stehen noch am Anfang.

Barbero
Mango
Der junge Secondino Barbe-ro zählt zu den ehrgeizigen *tappo raso*-Produzenten, die ihr ganzes Talent einsetzen, um aus der Moscato-Traube ein Spitzenprodukt zu machen. Sein Barbera ★ ist kräftig im Duft, sauber am Gaumen, besitzt Substanz und zerrinnt nicht gleich zwischen den Zähnen. Außerdem stellt er einen ausgezeichneten Moscato Passito her ★★. Sein Gut heißt Cascina Fondo.

Bersano
Nizza Monferrato
Bersano ist einer der großen und verdienstvollen Wein-erzeuger im Piemont. In den fünfziger und sechziger Jah-ren gehörten seine Barolo, Barbaresco und Barbera zur Spitze der Weinproduktion in der Region. Der legen-däre Arturo Bersano, ein Pionier des Weinbaus in der Langhe und im Monferrat, erzeugte überdies Schaum-weine, die der feinen Gesellschaft in Italien den Champagner ersetzten. In den siebziger Jahren wurde Bersano an den Getränke-konzern Seagram verkauft. Der Abstieg zum Massen-wein-Produzenten begann. 1985 kauften drei Industri-elle aus Mailand die Firma,

die noch heute über sieben Weingüter mit besten Ein-zellagen verfügt, zurück. Die Produktion wieder in qualitativ geordnete Bahnen zu bringen, braucht aller-dings Zeit. Doch Romano Leone, schon unter Arturo Bersano Direktor des Unter-nehmens, ist zurückgekehrt und hat die Weichen gestellt. In dem breit gefächerten Sortiment, das von Grignolino und Dolcetto über Barbera bis zu Barba-resco und Barolo reicht, tauchen denn auch schon wieder Weine auf, die ein wenig an die glorreichen Zeiten erinnern, etwa der weiße Gavi di Gavi ★ vom Weingut La Lomellina.

Angetrocknete Moscato-Trauben, Basis des süßen Passito.

Bertelli
Costigliole
Alberto Bertelli ist Pharma-zie-Professor an der Univer-sität in Mailand. Zwei Tage in der Woche verbringt er in seinem Landhaus in San Carlo bei Costigliole, wo er, mit Hilfe eines beratenden Önologen, etwa 20 000 Fla-schen erzeugt. Ob und wie sie sich verkaufen, interes-siert ihn nicht sonderlich. Für ihn ist der Wein ledig-lich ein Experimentier-gegenstand. Er möchte herausbekommen, wie gut Wein im Astigiano sein kann. Sein Barbera Giarone ★★★, mit niedrigsten Hek-tarerträgen, bleibt fast zwei Jahre in kleinen Barriques: eine Essenz von Wein, zum Verzehr nur in kleinen Mengen geeignet. In ande-ren Versuchsweinbergen baut er Cabernet Sauvignon (Fossaretti) ★★, Chardonnay ★★, Traminer (Plissé) ★★ und Sauvignon ★★ an.

Boffa
San Marzano Oliveto
Die über hundert Jahre alte Kellerei der Familie Boffa wird heute von dem jungen Alfiero geleitet. Er kauft Trauben, die er selbst vini-fiziert. Aber er kennt die guten und sehr guten Lagen der Zone genau und hat den Ehrgeiz zu zeigen, wie gut ein Barbera aus Asti sein kann. Mit der Serie Vigne Uniche (was vereinte Wein-berge bedeutet) bringt er Barbera bester Lagen auf den Markt, die von 30 oder 40 Jahre alten Rebstöcken kommen: durchweg dunkel-farbige Weine mit expressi-ver Frucht und der pikanten Würze jungen Holzes:

Collina della Vedova ★★, Vigna More ★★, Vigna Torre ★★★. Außerdem: Grignolino ★, Moscato ★, Brachetto.

Braida
Rocchetta Tanaro
Das Weingut des 1990 ver-storbenen Giacomo Bologna, einer legendären Figur nicht nur im Piemont, sondern in ganz Italien, wird heute von Anna Bologna, seiner Frau, sowie seiner Tochter Raffa-ella und seinem Sohn Gui-seppe weitergeführt. Im Mit-telpunkt steht der Barbera: La Monella ★, ein junger fruchtiger Barbera, der im Stahltank ausgebaut wurde; die Lagen-Barbera Bricco della Bigotta ★★★ und Bricco dell'Uccellone ★★★★ (beide in kleinen Fässern aus Vogesen-Eiche gereift) sowie dem opulenten, aber auch recht alkoholstarken Ai Suma ★★★, einen spätge-lesenen Barbera ebenfalls aus dem Orte. Alle diese

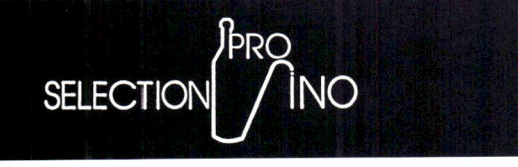

IL CASCINALE NUOVO
Isola d'Asti
Tel. 0141-958166

Ein modernes Restaurant an der Staatsstraße Asti–Alba, noch relativ jung, aber bereits gut im Spitzenfeld der piemontesischen Gastronomie etabliert dank ausgezeichneter Küchenleistungen. Walter Ferretto, der Küchenchef, ist oft nach Frankreich gereist, um sich für die eigene Speisekarte Ideen zu holen. Dort tauchen denn auch viele Terrinen, Sufflés, Cremes, Essenzen auf, freilich immer in Verbindung mit Bries, Kalbfleisch, Käse oder anderen Produkten der Zone. Eine innovative piemontesische Küche also, bei der auch auf die Optik Wert gelegt wird (was nicht heißt, daß auch viele traditionelle Gerichte in sorgfältiger, aber herkömmlicher Art und Präsentation angeboten werden).

SAN MARCO
Canelli
Tel. 0141-823544

Die Küche von Mariuccia und Piercarlo Ferrero ist – selbstverständlich – piemontesischen Ursprungs. Aber die beiden haben lange alte Rezepte studiert und sind so zu eigenen Gerichten und Zusammenstellungen gekommen. Nicht der Tellerschmuck steht bei ihnen im Vordergrund, sondern die natürlichen Aromen der *prima materia*, der Ausgangsprodukte: Fonduta mit Stangensellerie, Agnolotti (Ravioli), Tajarini, Finanziera, in der Saison viele Pilze und Trüffel – alles leicht und teilweise raffiniert präsentiert.

DEI CAFFI
Cassinasco
Tel. 0141-833544

Das Restaurant liegt abseits des Dorfes (aber gut ausgeschildert) direkt neben der Wallfahrtskirche von Caffi. Die Abgelegenheit dieses Ortes darf nicht darüber hinwegtäuschen, daß das Dei Caffi ein relativ elegantes Restaurant mit einer Küche gehobenen Standards ist. Wenn manche Zusammenstellung auch etwas gequält wirkt und die Portionen

gelegentlich etwas klein ausfallen, so ist doch jederzeit die Ambition spürbar, nach Höherem zu streben: etwa Gorgonzola in Blätterteigpastete mit Sesamsauce, Entenbrust mit Granatäpfeln.

LA FIORAIA
Castello di Annone
Tel. 0141-401106

Eines der früheren Lieblingsrestaurants von Giacomo Bologna: modernes Ambiente, lokale Küche gehobenen Standards, in der die Inhaberin Ornella Cornero und ihre Tochter Manuela selbst am Herd stehen. Steinpilz (mit Robiola-Käse) und Trüffelpastete stehen im Herbst gern auf der Karte. Im Frühjahr gibt es grünen Spargel mit Parmesan, Gemüsesoufflé, Risotto mit Fonduta-Käse sowie die bekannten piemontesischen Gerichte in eigenständiger Zubereitung.

DA DIRCE
Asti
Tel. 0141-272949

Alte, traditionsreiche Trattoria mit den klassischen Gerichten der Region: Kalbfleischtatar (*carne cruda*), Stangensellerie in Bagna Caoda, Tagliatelle mit dicken Bohnen, geräuchertes Eisbein, Finanziera.

FRATELLI ROVERO
San Marzanotto
Tel. 0141-50102

In dem Dorf nahe der Ufer des Tanaro (5 Kilometer südlich von Asti) hat die Familie Rovero auf ihrem Weingut ein Restaurant eingerichtet, in dem täglich gekocht wird: konservativ, nach den alten Regeln mit Produkten aus dem eigenen Garten. Der Wein kommt aus dem eigenen Keller. Der Grappa ist immer der finale Höhepunkt des Mahls. Denn für ihn sind die Rovero weit über Italien hinaus bekannt: acht verschiedene Grappa aus unterschiedlichem Trester gebrannt, die zu den besten des Piemont gehören. Hat man zu viel getrunken, haben die Rovero einige Zimmer frei. Mancher Gast quartiert sich gleich für längere Zeit dort ein.

Weine sind von außerordentlicher Feinheit, fruchtig und holzbetont zugleich, niedrig in der Säure und sehr würzig im Geschmack.

Brema
Incisa Scapaccino

Ermanno Brema besitzt zwei kleine Weingüter mit zusammen 15 Hektar Reben, in denen er vor allem Barbera d'Asti erzeugt, und zwar auf traditionelle Art im großen Holzfaß. Mag der Wein anfangs etwas rauh und rustikal wirken, so kann er sich jedoch nach einigen Jahren außerordentlich verfeinern (Vigna Donato ★★). Daneben erzeugt der Moscato ★, Brachetto Spumante, Grignolino und Dolcetto.

Piero Bruno
Castagnole Monferrato

Ein dickschädliger »alter Piemontese«, der in diesem Weingut am Werke ist: Piero Bruno. Er arbeitet nicht nur traditionell, sondern mit schon fast anachronistischer Hingabe und Leidenschaft für die Reben und den Wein. Sein Keller ist wie ein Museum der fünfziger Jahre. Die Resultate machen jedoch Staunen: ein delikater Grignolino ★, ein fleischiger Barbera ★(★) und ein vollmundiger, äußerst fruchtiger Ruchet ★★.

Cascina Castlèt
Costigliole

Maria Borio hat die Idee, Wein so zu erzeugen, wie ihre Vorfahren, die aus Costigliole stammten, es taten. Am deutlichsten wird dies am Passum ★★, einem Barbera aus leicht angetrockneten Trauben, die erst im November zur Maische angesetzt werden. So versuchte man früher, dem Wein mehr Gewicht zu geben und die hohe Säure des Barbera zu kappen. Aber die energische Winzerin zollt auch Tribut an den modernen Geschmack. Ihr

Barbera Policalpo ★★ ist in Barriques gereift, der Barbara Litina ★ ist temperaturkontrolliert vergoren. Schließlich erzeugt sie auch einen Moscato Passito (Aviè ★★). Denn die Moscato-Traube wird ebenfalls in Costigliole angebaut. In ihrer kleinen Cascina, etwa einen Kilometer hinter dem Ort gelegen, hat sie zwei Räume, in denen sie Weinproben und Weinseminare veranstaltet. Außerdem hat sie ein Sortiment hochwertiger Honige.

Michele Chiarlo
Calamandrana

Michele Chiarlo ist, wie so viele im Astigiano, ein Weinhändler, dessen Leistung darin besteht, gute Trauben zu kaufen und diese zu Wein zu machen. Doch angesichts steigender Preise und der Tatsache, daß immer mehr Winzer mit guten Lagen beginnen, ihre Trauben selbst zu vinifizieren, hat er begonnen, Weinberge zu kaufen: vor allem in der Barolo-Zone (siehe Antico Podere Averame, Seite 115). Trotzdem ist sein Betrieb zuerst eine Cantina, die jedes Jahr zwischen 30 und 40 verschiedene Weine ganz unterschiedlicher piemontesischer Herkunft erzeugt. Darunter sind zahlreiche Traditionsweine (Gavi ★, Grignolino San Lorenzo ★, Barbera d'Asti Valle del Sole ★★), vor allem aber moderne Versionen traditioneller Weine (Airone ★, ein gelungener Verschnitt von Nebbiolo und Barbera, oder der Barilot ★★, aus den gleichen Sorten gewonnen, nur fester, strukturierter und im kleinen Eichenfaß ausgebaut). Chiarlos Bemühen ist es jedoch, sich im höchsten Qualitätssegment zu etablieren. Neben seinen Unternehmungen in der Barolo-Zone ist er besonders auf die weißen Gavi konzentriert. Zwei ungewöhnlich gute Weine erzeugt er: den in junger Eiche gereiften Gavi Fior di Rovere ★ und den Fornaci di Tassarolo ★★, einen kräftigen, kurz auf den Schalen vergorenen Gavi.

Giuseppe Contratto
Canelli

Contratto ist berühmt für seine Spumante. Aus seinem Keller kommen ein Spumante Brut ★, überwiegend aus Pinot Nero aus dem Oltrepo Pavese hergestellt, sowie die Riserva Novecento ★. Beide werden nach der Champagnermethode erzeugt. Daneben kauft die mittelgroße Kellerei Trauben für Grignolino, Dolcetto, Barbera, Barolo und Chardonnay.

Coppo
Canelli

Ursprünglich ein kleiner, aber renommierter Spumante-Erzeuger, ist Coppo in den letzten Jahren zu einem der führenden Weinerzeuger des Astigiano geworden. Der Aufschwung hat mit dem Eintritt der vier Söhne des Besitzers in den Betrieb zu tun. Sie suchten nach hochwertigen, alten Lagen, in denen noch die traditionellen Sorten standen, und überzeugten die Winzer,

die Trauben an sie zu verkaufen. Der erste große Erfolg gelang ihnen mit dem Pomorosso ★★★, einem Barbera d'Asti aus dem kleinen Gut La Galleria bei Asti: kein schwerer, aber ein ungemein ausdrucksvoller Wein mit viel jungem Holz. Der zweite Erfolg war der Mondaccione ★★★, ein Freisa im Barrique gereift, wie es ihn bislang nirgends im Piemont gab. Er kommt aus einem der letzten Freisa-Weinberge in Valdivilla, früher eine Freisa-Hochburg im Astigiano, inzwischen jedoch ein Moscato-Meer. Dritter Streich ist der Monteriolo, ein körperlicher Barrique-Chardonnay ★★ aus einem alten Weinberg (Chardonnay wurde im Astigiano wegen der Spumante-Produktion immer schon angebaut). Unterhalb

BARBERA

RISTORANTE COLLAVINI
Costigliole
Tel. 0141-966440

Ein ländliches Restaurant an der Einfallstraße nach Costigliole, gepflegte piemontesische Küche mit viel Paprika (wird in Costigliole angebaut), viel grünem Spargel in der Saison (kommt aus dem benachbarten Agliano, einer Spargelhochburg), handgestopfter Salami und den typischen anderen Gerichten der Region. Freundlicher, besonders in puncto Wein kenntnisreicher Service, sogar des Deutschen ein wenig mächtig.

TRATTORIA DELLA POSTA »DA CAMULIN«
Cossano Belbo
Tel. 0141-88126

Knapp zehn Kilometer westlich von Canelli (Richtung Savona) liegt das Dorf Cossano. Die dortige Trattoria, weit abseits aller Touristenströme, ist bei den Einheimischen ein beliebtes Lokal, was nicht zuletzt mit den ausgezeichnet zubereiteten piemontesischen Klassikern zu tun hat: Vor allem Pasta gibt es dort in Vollendung. Was die Weine angeht, kann Giorgio Giordano, der Patron, sicher nicht jeden Wunsch erfüllen. Doch irgendein guter Wein ist immer dabei.

DA PALMIRA
Castiglione Tinella
Tel. 0141-855176

Am Marktplatz des Winzerdorfes Castiglione Tinella, findet sich eine der ursprünglichsten Trattorien des ganzen Astigiano. Nicht elegant, aber einfach und sauber ist der Gastraum, kenntnisreich und persönlich der Service. Und dann die Küche: Kaum irgendwo wird noch so sehr darauf geachtet, daß alles hausgemacht ist: nicht nur die Pasta, sondern auch die verschiedenen Salami und *prosciutti* zum Beispiel. Selbst die Butter zum Brot ist handwerklich im Orte hergestellt. In der Küche, wo Palmiera regiert, werden noch älteste, bäuerliche Gerichte zubereitet, deren Namen selbst die Einheimischen kaum mehr kennen. Kurz: ein authentisches Stück Piemont, das für Fremde mehr Erlebnisgastronomie bietet als ein Dreisternerestaurant. Und was den Wein angeht, lohnt es sich an Vanni zu wenden, den Sohn Palmieras. Was aus der Gegend kommt und gut ist, kennt er. Zur Not läßt er schnell nach einer Flasche schicken.

DEL BELBO DA BARDON
San Marzano d'Oliveto
Tel. 0141-831340

Nicht immer gilt in Italien, daß da, wo die Einheimischen essen, auch gut gespeist wird. Bei Gino Bardone in San Marzano, zwischen Nizza Monferrato und Canelli gelegen, kann sich jedoch, wer nicht gerade höchste Ansprüche anlegt, zuversichtlich niederlassen. Mit Spinattorte, Kuddeln, grünem Aal wartet er immer auf, aber auch mit hervorragenden frischen Tajarini-Nudeln und kroßen Braten. Die Weinkarte ist umfänglich und enthält sogar kalifornische Gewächse. Wichtiger ist jedoch, daß immer die besten Barbera der Zone im Keller vorhanden sind.

CASTELLO DI COSTIGLIOLE
Costigliole d'Asti

Costigliole ist eines der lebendigsten Dörfer im Astigiano. Im imposanten Schloß des Ortes werden an zehn Wochenenden im Jahr große Festessen veranstaltet (jeweils Samstag abend und Sonntagmittag), bei denen die Weine eines der umliegenden Dörfer vorgestellt werden (Pro Loco, Tel. 0141-966031). Gekocht wird nach bester ländlicher Tradition, gegessen werden kann so viel man mag, getrunken werden ebenfalls. Preis: 23000 Lire (etwa 30 Mark). Touristen sind herzlich eingeladen. Für Unterhaltung, sprich: Konversation, sorgen die Einheimischen selbst. Übrigens: Zu kaufen sind die Weine von Costigliole in der neuen Enoteca im Keller des Rathauses (Commune).

HOTELS

FONS SALUTIS
Agliano
Tel. 0141-954018

Komfortables, modernes Familienhotel etwa einen Kilometer außerhalb von Agliano (zwischen Canelli und Asti), völlig ruhig im Grünen gelegen, errichtet auf einer warmen Therme. Angeschlossenes Restaurant mit typischer piemontesischer Küche: ein angenehmes Relais auf dem Lande, das auch zu längerem Verweilen einlädt. Mittlere Preislage.

HASTA HOTEL
Asti
Tel. 0141-213312

Etwas außerhalb von Asti (Richtung Turin) auf einem Hügel gelegenes Hotel: das schönste der ganzen Stadt. Kein Luxus, aber höchster Komfort, professioneller Service, gehobenes Preisniveau.

IL CASCINALE NUOVO
Isola d'Asti
Tel. 0141-958166

An das gleichnamige Restaurant angegliedert ist ein modernes, sehr komfortables Hotel mit Swimming-pool und kleinem Garten, das auch zum längeren Verweilen einlädt. Trotz der Nähe zur befahrenen Staatsstraße sind die Zimmer ruhig.

HOTEL ASTI
Canelli
Tel. 0141-834220

Ein kleinstädtisches Hotel für Geschäftsleute, das einzige in der Stadt, das einen gewissen Komfort bietet. Mittlere Preislage.

dieser Spitzen-Linie sind der Barbera Camp du Rouss ★★ (in gebrauchten Barrique ausgebaut), der Chardonnay Coste Bianche ★(★), der Gavi La Rocca ★ sowie der süße Moscato d'Asti Moncalvina ★ angesiedelt. Nicht zu vergessen der Spumante Riserva Brut ★★★ (80 % Pinot Nero, Rest Chardonnay, beide im Eichenholzfaß vergoren). Er ist eine Klasse für sich.

Caudrina
Castiglione Tinella

Caudrina ist das Weingut von Romano Dogliotti, dem Pionier der modernen Moscato-Technologie. Es liegt etwa fünf Kilometer außerhalb des Dorfes inmitten endloser Rebenmeere. Doch nur ganz wenige Moscato, die dort wachsen, können dem seinen das Wasser reichen. Dogliotto, stets bedacht, die Frische des Produkts zu erhalten, beläßt den Most oft bis März hinein bei Null Grad in den stählernen Enklaven, um ein Fermentieren zu verhindern. Erst dann beginnt er den Keller zu erwärmen, damit die Gärhefen ihre Tätigkeit aufnehmen können. 1990 hat er zusätzlich das benachbarte Weingut La Galeisa mit erstklassigen Moscato-Lagen erworben. Moscato Caudrina ★★, Moscato La Galeisa ★★.

Tenuta dei Fiori
Calosso

Walter Bosticardo ist ein leidenschaftlicher Winzer mit bisweilen bizarren Ideen. Eine war, einen Moscato Spumante mit Flaschengärung nach der Champagnermethode herzustellen. Das Ergebnis ist nicht schlecht: der Pensiero ★, ein einzigartiger, äußerst delikater Schaumwein. Außerdem beschäftigt sich der rührige Winzer mit einer ausgestorbenen Rebsorte namens Gamba di Pernice, die einen roten Wein mit außergewöhnlichem Aroma ergibt. Der klassische Barbera d'Asti ist von gutem Niveau ★.

Galletta
Santo Stefano Belbo

In dem hochgelegenen Dörfchen Valdivilla bewirtschaftet Mario Perrone mit seiner Familie ein paar Hektar Rebland. Aus seinem Keller kommen ein guter Moscato ★, der Lagen-Moscato Ca'del Re ★, ein Favorita und ein rustikaler Dolcetto d'Alba ★ und Barbera d'Alba ★. Bescheidene Preise.

Gancia
Canelli

Gancia ist eine der dynamischsten Weinkellereien im Astigiano. Die Ausrichtung der Produktion ist industriell, aber auf hohem Niveau. Berühmt vor allem für seine Spumante nach der Champagnermethode (Gancia dei Gancia ★, Gancia dei Gancia Riserva Brut ★★) sowie für den im Charmat-Verfahren erzeugten Castello di Gancia ★, dem Asti Spumante Camillo Gancia ★, hat das Haus vor einigen Jahren einen kleinen Weinberg in bester Lage in der Barolo-Zone erworben.

Gatti
Santo Stefano Belbo

Auf drei Hektar, hoch oben gelegen bei Moncucco auf halbem Weg zwischen Santo Stefano Belbo und Castiglione Tinella, erzeugen Piero Gatti und seine Frau Rita 20 000 Flaschen eines konzentrierten, im Aroma kräftigen Moscato ★.

Icardi
Castiglione Tinella

Unterhalb der Ortschaft San Lazzaro gelegen, erzeugt dieses stattliche Familienweingut fast die gesamte Palette der Weine von Asti in guter Qualität, wobei der Schwerpunkt auf Barbera d'Asti ★(★), Moscato ★, Freisa und Brachetto liegt. Besonderes Augenmerk gilt den edelsüßen, likörartigen Passito-Versionen der drei letztgenannten: dem Muscatel Nej ★★ (Brachetto), dem Muscatel Rus ★★ (Freisa) und dem Muscatel ★★ (Moscato). Auf die Produktion dieser Weine hat sich der junge Claudio Icardi, heute für den Wein verantwortlich, regelrecht spezialisiert. Seine Frau

Ornella zeichnet die Etiketten von Hand – immerhin je 3 000 Stück pro Sorte. Aber Icardi experimentieren auch. Erste Resultate sind ein Chardonnay ★ und der Tafelwein Le Vinvere ★★, der aus 80 % Nebbiolo und 20 % Freisa gekeltert ist.

Luja
Loazzolo

Ein winziges Dorf im Alto Monferrato, wo Giancarlo Scaglione ein paar tausend Flaschen seines Forteto della Luja ★★★ erzeugt, eines Trockenbeeren-Weins auf Moscato-Basis. Der Wein wird heute zu den besten, nicht alkoholverstärkten Likörweinen Italiens gezählt. Nach derselben Manier erzeugt Scaglione auch aus Brachetto-Trauben einen Passito: Pian dei Sogni ★★. Beide reifen im Barrique.

Marenco
Strevi

Das Anbaugebiet von Strevi ist für seine Moscato- und Brachetto-Weine bekannt. Marenco, ein großer Familienbetrieb mit 60 Hektar Weinbergen und sieben verschiedenen kleinen Gütern in der Zone, möchte sich von der recht kommerziellen Weinproduktion vieler anderer Erzeuger unterscheiden. Man will die traditionellen Weine erzeugen, doch mit modernen Mitteln: mehr Farbe, ausgeprägterer Geschmack, mehr Süße bei den Dessertweinen. Diese sind denn auch das Aushängeschild: der erfrischende, rote Brachetto Pineto ★(★), der Moscato Scrapona ★(★), der edelsüße Moscato Passito Passri ★★.

Marino
Santo Stefano Belbo

Ein relativ junges Weingut mit zehn Hektar Weinbergen in Valdivilla (Lage Muray), wo Beppe Marino durch strenges Verlesen seiner Trauben einen außerordentlich feinen Moscato ★ erzeugt, der reich im Duft und an Körper ist.

La Morandina
Santo Stefano Belbo

In guter handwerklicher Manier erzeugen Corrado

Morando und sein Sohn Guilio 25 000 Flaschen eines delikaten, duftigen Moscato ★ sowie ein paar tausend Flaschen Chardonnay ★.

Elio Perrone
Castiglione Tinella

Mit sieben Hektar Reben und den guten Ratschlägen ihres Freundes Paolo Saracco haben Elio Perrone und sein Sohn Stefano 15 000 Flaschen eines Moscato d'Asti ★(★) erzeugt, der zu den positivsten Überraschungen der letzten Jahre gehört.

Pian d'Or
Mango

Tief in der Hügelwelt des Astigiano versteckt, liegt dieses kleine Weingut, das seine Bekanntheit vor allem Guido Alciati vom Zwei-Sterne-Restaurant Da Guido in Costigliole verdankt. Er hat es entdeckt und die Weine auf die Karte gesetzt. Die Weine, das sind drei Moscato von drei verschiedenen Lagen: Bricco Riella ★, Vigneto del Gallo ★ und Vigneto Funtanass.

Scarpa
Nizza Monferrato

Scarpa ist eines der konservativsten Weinhäuser des Astigiano. Doch hinter altmodischen Attitüden steht die feste Überzeugung, daß das Karussell der Mode, auch beim Wein, sich in Italien derzeit viel zu schnell dreht, um echte Qualität zu erzeugen. Auf dieses Karussell aufzuspringen, haben sich Mario Pesce und seine beiden Neffen Mario und Carlo Castino bislang standhaft geweigert. Bei Vergleichsproben schneiden ihre Weine fast immer schlecht ab. Denn in den ersten Jahren sind sie oftmals untrinkbar. Sie wirken alt, welk, oxidiert. Doch nach fünf Jahren beim

Barbera, nach zehn Jahren beim Barbaresco und nach zwölf Jahren beim Barolo erweisen sie sich von einer Klasse, wie sie höchstens Bruno Giacosa oder Giovanni Conterno noch erzeugen (Barbera Piazzaro ★★, Barbera Bricco di Castelrocchero ★★, Barbera La Boglione ★★★, Barbaresco Tetti di Neive ★★★, Barolo Le Coste di Monforte ★★★, Barolo Tetti di La Morra ★★★. Delikat, aber dem herrschenden Weingeschmack nicht unbedingt entgegenkommend sind auch die jüngeren Weine: der nach Himbeer duftende trockene Brachetto Selva di Moirano ★, der magere, bitter-adstringierende Grignolino ★, der wuchtige, spätgelesene Dolcetto ★★, der kompromißlos trockene Freisa ★★, der konzentrierte Nebbiolo d'Alba ★★ sowie der Rouchet ★★★, von überwältigender Fruchtigkeit zwar, aber recht alkoholreich: alles Weine für Minderheiten.

La Spinetta
Castagnole Lanze

Schon die langgestreckte weiße Villa im Hollywood-Stil, die sich aus den endlosen Weinbergen im Hinterland von Castagnole Lanze erhebt, zieht die Aufmerksamkeit auf sich. Die Weine, die aus dem Keller unter den Fundamenten kommen, tun es erst recht. Das gilt zuerst für die Moscato, die von vier verschiedenen Lagen kommen: Bric Laposot ★★, San Rumü ★★. Biancospino und Bricco Quaglia ★★. Aber auch für die ambitiöse Rotweinproduktion, welche die drei Brüder Giorgio, Bruno und Carlo Rivetti still und leise aufgebaut haben. Sie wollen nicht nur als *tappo-raso*-Produzenten von sich reden machen, sondern streben nach Höherem: ein ausgezeichneter Grignolino ★★, ein dichter, reifebedürftiger Dolcetto ★★, ein ungemein tiefer, in junger Eiche ausgebauter Barbera d'Asti Ca'di Piano ★★(★) sowie der weiche, elegante Tafelwein Pin ★★★ (so wird ihr Vater im piemontesischen Dialekt genannt). Er besteht aus 80 % Barbera und 20 % Nebbiolo.

Ausschließen wollen die Rivetti nicht, daß eines Tages auch noch Barolo und Barbaresco dazu kommen könnten.

Paolo Saracco
Castiglione Tinella

Der junge Paolo Saracco ist eines der größten Talente unter den Moscato-Winzern. Sein normaler Moscato ★ zeigt, im Gegensatz zu fast allen anderen Moscato der Zone, sich nach einem Jahr in fast noch besserer Verfassung als gleich nach der Freigabe: ein vollkommen fester Wein, dessen fruchtige Aromen sich zu einem feinen, ölig-würzigen Geschmack verdichtet haben. Noch mehr gilt das für seinen zweiten Moscato d'Autuno ★★, der – wie der Name sagt – erst im Herbst getrunken werden soll, wenn er sich zu einem hochfeinen, geschliffenen Dessertwein gewandelt hat. Die meisten anderen Moscato sind dann schon fade. Produktion: 110 000 Flaschen (davon 10 000 Chardonnay). Die Cantina liegt direkt im Ort.

Villa Fiorita
Castello di Annone

In diesem Weingut geben Manager den Ton an: die Brüder Rondolino haben deswegen keine Investition in die Kellertechnik gescheut. Im Weinberg haben sie sogar Syrah gepflanzt, die normalerweise an der Rhone heimisch ist. Denn neben leichten, jungen Weinen möchten sie auch große Rotweine produzieren. Mit dem Barbera Il Giorgione ★★(★) sind sie schon auf den Weg dahin.

Viarengo
Castello die Annone

Viarengo ist eine historische

Cantina im Astigiano. Sie wurde bereits 1883 gegründet und hat sich durch die Jahrzehnte als solider Kellereibetrieb einen Namen gemacht. Inzwischen verfügt Viarengo auch über eigene Weinberge und einen ambitionierten, jungen Weinmacher: Paolo Dania. Er hat nicht nur den Wunsch, sondern auch das Talent und langen Atem, der nötig ist, um Weine zu erzeugen, die auch international bestehen können. Erste Resultate: der feine, gehaltvolle Gavi Alvise ★, der Grignolino La Tagliata ★, der wohl zu den besten Weinen dieser Sorte gehört, ein guter, fleischiger Barbera Bricco Morra ★★, ein eleganter, tiefgründiger Barbera Falè ★★ (Cuvée aus Weinen von vier verschiedenen Dörfern der Zone, im kleinen Eichenfaß gereift).

Viagnaioli di
Santo Stefano
Santo Stefano Belbo

Ein Zusammenschluß von sechs kleinen Winzern, die zu den ersten gehörten, welche einen modernen Moscato ★★ erzeugten, der auch in der gehobenen Gastronomie seinen Platz fand. Hervorragende Lagen, modernste Kellertechnik, eine sehenswerte Designerflasche und die Handschrift von Bruno und Marcello Ceretto, was Machart und Marketing angeht – das sind die Ursachen für den anhaltenden Erfolg dieses Weines. Inzwischen produzieren, was selten ist, die Vignaioli (deutsch: Winzer) auch einen handwerklichen Asti Spumante ★ und einen Moscato Passito ★★.

Trinchero
Agliano

Die Trinchero standen immer im Ruf, exzellente Barbera zu erzeugen. Den Sprung ganz nach oben haben sie allerdings nie geschafft. Die Lage Vigna des Noce. ein paar Kilometer vor Agliano gelegen, ist ein Rebenmeer, weil sie zu den besten der Zone gehört. Dort besitzt die Familie knapp 20 Hektar. Barbera Vigna des Noce ★★, Barbera La Barslina ★, Freisa, Chardonnay.

Der nördlich des Tanara-Flusses gelegene Teil des Monferrat ist menschenleerer als der Teil südlich von Asti. Die seit 30 Jahren anhaltende Landflucht hat ihre Spuren hinterlassen. Die Bevölkerung in den Dörfern ist überaltert, es fehlt an öffentlichen Einrichtungen. Selbst das Kleingewerbe zieht sich zurück. Die Landwirtschaft ist kaum noch rentabel, obwohl die Böden fruchtbar und die Hügel keineswegs so schroff wie in der Langhe sind. In den letzten Jahren haben sich elf Güter (nicht nur Weingüter) zusammengetan und den Verband »Terre da Grignolino« gegründet: Sie vermieten Zimmer und Appartements, bieten ihren Gästen zu günstigen Preisen Halb- oder Vollpension auf dem Gut an. Dafür gibt es keine Swimming-pools und keine Tennisplätze. Der Weinbau ist auf wenige Zonen konzentriert. Portacomaro ist zum Beispiel für seinen Grignolino berühmt, Vignale auch für seinen Barbera. Überhaupt der Grignolino: Er ist der typische Wein der Zone und wird von den Einheimischen entsprechend hoch geschätzt. Doch die meisten Güter und Genossenschaften liefern nur einfache, rustikale Weine. Um so mehr konzentriert sich das Interesse auf die wenigen Güter, die gehobenen Ansprüchen genügen.

Das Monferrat ist die Heimat des Grignolino und des Barbera.

RESTAURANTS

LA BRAJA
Montemagno
Tel. 0141-63107

Zu den wenigen Restaurants gehobenen Niveaus im Monferrat zählt das La Braja. Es befindet sich in Montemagno, etwa 15 Kilometer nordöstlich von Asti. Die Küche ist ambitioniert, teilweise auch raffiniert, bisweilen kreativ. Sie reicht von der Frühlingssuppe nach Bauernart über Gnocchi mit Froschschenkeln bis zum Jungfasan mit Trüffeln gefüllt. Man speist in elegantem Rahmen, trinkt nicht nur Barbera, sondern auch Sassicaia und zum Schluß nicht einfach Grappa, sondern die Destillate von Antonnella Bocchino.

RISTORANTE UNIVERSO
Vignale
Tel. 0142-923052

Ein noch junges Restaurant mit kleiner Gaststube (und großem angegliedertem Speisesaal), in dem vorzüglich speisen ist: eine lange Serie von Vorspeisen, oft nur aus kleinen Appetithäppchen bestehend, aber auch aus raffinierten Kombinationen bekannter Produkte, befriedigen den Gaumen des Gastes, der die Essensgewohnheiten im Monferrat nicht gewohnt ist, schon derart, daß an ein Weiteressen, so scheint es, nicht zu denken ist. Doch das täuscht. Die Pasta oder Suppen machen nochmals Appetit, und danach ist ein Stück Fleisch unverzichtbar. Das alles spielt sich auf gehobenem Niveau und in angenehm individueller Atmosphäre ab, und die Rechnung ist am Ende auch nicht zu hoch.

TRISOGLIO »LA POMERA«
Vignale
Tel. 0142-923378

Bei Gabriella Trisoglio könnte man am Ende fast vergessen, die Rechnung zu zahlen. Denn ihr Landgut ist eigentlich kein Restaurant, und die Gäste fühlen sich nicht selten als Mitglieder der Familie. Doch die Rechnung kommt mit Sicherheit, und wenn sie auch nicht hoch ist, so hat man doch immer hervorragend gegessen und getrunken (wobei der Wein im Preis von rund 50 Mark immer enthalten ist). Alles wird frisch und von Hand zubereitet, wobei die Köchin alte Rezepte wieder zu Ehren bringt: zum Beispiel Zungensalat mit Walnüssen, Robiola-Frischkäse mit Traubenmus. Das Landgut Trisoglio liegt ein paar Kilometer außerhalb von Vignale in Richtung Cuccaro. Es ist täglich geöffnet. Reservierung ist ratsam, da nur 35 Plätze vorhanden sind.

CASCINA ALBERTA
Vignale
Tel. 0142-923313

Raffaella de Cristofaro kocht nicht nur für ihre Logiergäste (siehe Weingut), sondern auch für Leute, die nur zum Essen zu ihr kommen (telefonische Voranmeldung). Die Gemüse kommen aus dem eigenen Garten, Huhn und Fleisch von benachbarten Landgütern, der Wein aus dem eigenen Keller.

TRATTORIA SERENELLA
Vignale
Tel. 0142-923100

Kleine Trattoria an der Piazza des Ortes, in der deftige Hausmannskost angesagt ist. Der Speisesaal liegt hinter der Bar, wo die Einheimischen Kaffee trinken, Zeitung lesen und Billard spielen. An Atmosphäre mangelt es nicht, und wer gern ländlich-rustikal ißt, kommt auch bei Tisch auf seine Kosten.

ENOTECA REGIONALE DEL MONFERRATO
Vignale

Im alten Palazzo Calori, von der Regierung in Turin stilvoll restauriert, ist eine Weinhandlung (Enoteca) untergebracht, in der fast alle Weine des Monferrat angeboten werden. Wer nicht kaufen will, kann sich von den herrlichen, alten Kellergewölben beeindrucken lassen.

Die junge Raffaella de Cristofaro, eine studierte Agronomin, hat sich 1980 auf das Landgut ihres Vaters vor den Toren von Vignale zurückgezogen, um dort Wein zu machen. Erzeugt werden Grignolino ★, Barbera del Monferrato und Barbera d'Asti ★. Die Produktion ist klein, die technische Ausstattung bescheiden. Doch Liebhaber dieser Weine gibt es viele, vor allem im Ausland. Das Weingut, inmitten abwechslungsreicher Rebenlandschaft gelegen, vermietet einige Zimmer, die im Frühjahr und Herbst regelmäßig belegt sind. Die Inhaberin kocht mittags und abends für ihre Gäste, und zwar die traditionelle Küche des Monferrat. Das heißt: unendlich viele Vorspeisen, typische Gemüsegerichte, gern auch mit Sardellen aus Ligurien gewürzt.

Bava ist vor allem berühmt für seine süßen Weine, besonders den Malvasia Rosé Spumante. Weinhändler seit vielen Generationen, erzeugen die Bava vor allem die typischen Weine des Monferrat »nach piemontesischem Geschmack«: süffige Grignolino, früh reifende oder leicht schäumende Barbera, leichte Novello-Weine. In den letzten Jahren haben Vater Piero und die drei Söhne Roberto, Giulio und Paolo jedoch zum klassischen Stil zurückgefunden: Gavi, Dolcetto ★, Barbera d'Asti ★, Barolo ★★ werden in solider Qualität erzeugt, sowie der seltene, aromatische Ruchet ★★. Über diesem Sortiment steht eine Linie hochklassiger Weine, welche – der kulturellen, vor allem musikalischen Tradition der Familie entsprechend – Collezione Quintetto Bava genannt wird: Gavi ★, Moscato d'Asti, Barbera d'Asti ★★, Barbaresco ★★, Barolo ★★. In der Casa Brina, dem Weingut der Familie Bava in Cocconato, 30 Kilometer östlich von Turin gelegen, finden regelmäßig Konzerte, Kunstausstellungen und Buchvorstellungen statt. Sogar ein internationaler Meßwein-Kongreß ging schon mal in ihrem Haus über die Bühne. Sie selbst gehören mit dem süßen Malvasia di Castelnuovo Don Bosco ★ zu den Meßwein-Erzeugern.

Bricco Mondalino
Vignale

Der alte Gaudio Amilcare, früher als önologischer Berater unter anderem bei Riccadonna tätig, hat in seinem Weingut bei Vignale schon vor vielen Jahren die traditionellen Weine der Zone in erstklassiger Qualität produziert. Inzwischen ist sein Sohn Mauro für den Wein zuständig. Er setzt fort, womit der Vater begonnen hatte: Grignolino und Barbera del Monferrato ★ in überzeugender, guter Qualität zu erzeugen. Aus den gesündesten beziehungsweise aus spätgelesenen Trauben seiner 12 Hektar Weinberge produ-

ziert er jedoch zusätzlich zwei Sonder-Cuvées: den Grignolino Bricco Mondalino ★★ und den Barbera d'Asti Bergantino ★★(★), der ein paar Monate im kleinen Eichenfaß ausgebaut wird und in guten Jahren zu den schönsten Weinen des Monferrat gehört.

Cassinis
Salabue di Ponzano

Carlo Cassinis hat den Weinbau im nördlichen Monferrat neu belebt. Sein Gut, 15 Hektar groß und 1972 erworben, zählt zu den besten Erzeugern der Zone. In seinen Weinbergen werden Chardonnay, Barbera, Grignolino, Nebbiolo und Cabernet Sauvignon angebaut. Die Weine, die aus ihnen erzeugt werden, zeichnen sich durch

lange Faßlagerung aus: Grignolino ★, Barbera Vigna del Sole ★★, Rubello di Salabue ★★ (Verschnitt Barbera, Nebbiolo, Cabernet Sauvignon).

Colle Manora
Quargnento

Ein innovatives Weingut bei Fubine, aus dessen Kellern eine Serie hochklassiger Weine kommt, wie sie vor zehn Jahren in diesem Teil des Monferrat zu erzeugen niemand geglaubt hätte. Inhaberin des Gutes ist Eleonora Limconi, verheiratet mit einem griechischen Reeder. Die ersten Weine, die Aufsehen erregten, waren der weiße Sauvignon Mimosa ★★ und der Pais ★★, ein vor Frucht berstender, konzentrierter Rotwein, hauptsächlich aus Barbera mit einigen Anteilen lokaler Sorten erzeugt. Spitze der Produktion bildet heute aber der Manora ★★★, ein geschliffener Barbera (mit 5% Cabernet Sauvignon), mit vollem Körper, niedriger Säure und vielen weichen, süßen Tanninen (im kleinen Holzfaß ausgebaut). Er trägt die Handschrift des önologischen Beraters Donato Lanati. Derzeit experimentiert er mit einem Barbera, dem außer Cabernet noch Merlot und Pinot Nero beigefügt sind (Paloalto ★★★).

Gilli
Castelnuovo Don Bosco

Im stillen Norden des Monferrat, wo die Winzer vor sich hinschlummern, hat Gianni Vergnano dem Weinbau einige Lichter aufsetzen können. Seine Cascina Gilli ist der einzige Erzeuger eines Freisa ★, der den D.O.C.-Status der Zone von Castelnuovo rechtfertigt. Den süßen Malvasia produziert er nicht regelmäßig. Insgesamt kommen 50 000 Flaschen aus seinem Keller, alle mit sehr gutem Preis-/Leistungsverhältnis.

Liedholm
Cuccaro Monferrato

Das Dorf Cuccaro befindet sich im menschenleersten Teil des Monferrat, fast am Ende der Welt. Die Villa Boemia, 1973 von dem schwedischen Fußballspieler Nils Liedholm (der in den

Diensten italienischer Clubs stand, auch als Trainer) gekauft und renoviert, liegt rund drei Kilometer hinter Cuccaro. Dort wächst, in rotbrauner Erde, einer der schönsten Rotweine des Piemont: Rosso della Boemia ★★★, zu 80% aus Barbera und Nebbiolo bestehend, dazu ein paar Anteile Pinot Nero, Cabernet franc und Grignolino. Ein typischer *new wave*-Wein: glatt und doch unerhört vielschichtig, feines Holz, edle Tannine, wie Seide über den Gaumen laufend. Liedholms Sohn Carlo hält seine Hand über ihn. Er macht ihn mit Hilfe des Önologen Donato Lanati, der ebenfalls in Cuccaro lebt.

Mongetto
Vignale

Ein kleines Gut außerhalb von Vignale, das seit etwa zehn Jahren von Carlo und Roberto Santopietro bewirtschaftet wird. Sie bauen Wein und Gemüse an und vermieten Zimmer an Feriengäste. Inzwischen ist die Produktion von Gemüsekonserven so einträglich geworden, daß sie den Agritourismus aufgegeben haben. Und auch der Wein ist ein wenig in die Hintergrund getreten, jedanfalls als Erwerbsquelle. Von Qualität und Stil her ist er jedoch von erster Güte. Nur wenige tausend Flaschen werden erzeugt: Grignolino ★, Barbera d'Asti ★★ und vor allem der Lagen-Barbera Vigna Guerra ★★★, letztgenannter ein Wein von großer Struktur und feinsten Aromen.

Terre da Vino: Weine von besten Gütern der Region.

Carlo Quarello
Cossombrato

Carlo Quarello erzeugt einen der schönsten Grignolino des Monferrat (Cré Marcaleone ★★). Er ist rot- und nicht roséfarben, von kräftiger Statur, mäßig tanninhaltig und erstaunlich harmonisch. Auch sein zweiter Wein (Crébarne ★★), ein Mischsatz aus Barbera, Nebbiolo und Grignolino, läßt das Talent dieses unbekannten Winzers aufblitzen.

La Tenaglia
Serralunga di Crea

La Tenaglia ist ein altes Weingut, das von Delfina Quattrocolo, der Inhaberin, in den letzten Jahren stilvoll renoviert und modernisiert wurde. Es liegt in einem der ursprünglichsten Landstriche des Monferrat nördlich von Moncalvo. Vom nahen

Monte Crea aus hat man einen herrlichen Blick über die Eichen- und Kastanienwälder und in die Rebschluchten des Anbaugebiets. Erzeugt werden zwei Chardonnay ★ (einer namens Oltre ★★, im Barrique gereift). Die 12 Hektar des Gutes sind ein einzigartiger Cru für Grignolino ★ und Barbera ★. Über die Standard-Versionen dieser Weine hinaus werden zwei außergewöhnliche Spitzenweine erzeugt. Giorgio Tenaglia ★★(★) ist ein Barbe-

ra, der durch »Hyperselektion« des Lesegutes gewonnen und auf klassische Weise im traditionellen Eichenfaß ausgebaut wurde. Emozioni ★★★ ist die Barrique-Variante dieses Weines: vollmundig, samtig, von großer Eleganz.

Terre da Vino
Moriondo

Diese Cantina füllt die Weine von fünf kleinen Weingütern in verschiedenen D.O.C.-Zonen des Piemont ab. Das heißt: Die Weine werden auf den Gütern vinifiziert, der Jungwein dann in die Kellerei überstellt, wo er ausgebaut wird (teilweise wird der Wein auch in eigener Regie erzeugt). Hauptgesellschafter des Unternehmens, das in den nordwestlichen Ausläufern des Monferrat liegt, ist die Region Piemont. Die Kellertechnik ist auf dem neuesten Stand, und was die Weinbergsarbeit der Güter angeht, werden strenge Auflagen hinsichtlich Qualität, Beschnitt, Bodendüngung, Schädlingsbekämpfung gemacht. Auf diese Weise sind in den letzten Jahren Weine von hohem Qualitätsniveau und äußerst günstigem Preis-/Leistungsverhältnis entstanden, die denen manch bekannteren Weinguts in nichts nachstehen: Gavi (Cascina dell'Aureliania), Gavi di Gavi ★ (Masseria dei Carmelitani), Dolcetto di Ovada ★ (Tenuta Cannona), Barbera d'Asti ★ (San Nicolao). Daneben produziert Terre da Vino unter dem Etikett La Luna e il Falò seit Jahren ebenso gute wie günstige Barolo★(★) und Barbaresco ★(★), deren Trauben aus verschiedenen Weinbergen der Anbaugebiete stammen.

An den südlichen Ausläufern der Alpen wurden wahrscheinlich schon früher Reben angebaut als in der Langhe und im Monferrat. Die Weine von Carema, am Eingang zum Aosta-Tal gelegen, sowie die von Ghemme tranken bereits die Römer. Und der schwere Rotwein von Gattinara war vor 200 Jahren sogar berühmter als der Barolo. Alle drei werden aus Spanna-Trauben erzeugt. Hinter diesem Namen verbirgt sich die Nebbiolo. Wie gut die Weine dieser Gebiete sein können, zeigen heute nur noch wenige Betriebe.

Antoniolo
Gattinara

Kein anderer Gattinara ist so typisch wie der von Rosanna Antoniolo – typisch im positiven Sinne: ein mächtiger, dunkelfarbener Wein mit viel rauhem, bitter-süßen Tannin. Aber Konzessionen an den sich wandelnden Geschmack will die energische Dame nicht machen, jedenfalls nicht mit ihren beiden Gattinara (Osso San Grato ★★, San Francesco ★★). Ihr Barrique-Tafelwein Vigneto Castelle ★★ ist vielleicht nicht so voll, aber dafür feiner.

Le Colline
Gattinara

Bruno Cervi, der Besitzer des Weinguts Le Colline, nennt seinen Gattinara Monsecco ★★. Es ist ein traditioneller Wein: schwer, füllig, langlebig, der nach einigen Jahren die Balance zwischen Tannin und seiner typischen, nach Teer und schwarzen Johannisbeeren duftenden Frucht findet. Die 69er und 74er Jahrgänge haben die wahre Größe dieses Weins gezeigt. Le Colline besitzt auch Weinberge auf der anderen Seite des Sesia-Flusses, wo ein ausgezeichneter Ghemme erzeugt wird ★★, sowie Weinberge in Barbaresco ★★.

Travaglini
Gattinara

Giancarlo Travaglini ist der dynamischste Weinmacher in Gattinara. Seine Weine sind so reintönig, geschliffen, ausdrucksvoll, elegant, daß viele sagen, es seien keine echten Gattinara, sondern eher feine Barbaresco. Gattinara ★★ , Gattinara Riserva Numerata ★★(★), ein paar Monate in Barriques gereift. Mit 40 Hektar ist er heute der größte Weinbergsbesitzer im Orte.

Nervi
Gattinara

Ein Viertel des gesamten Rebberges von Gattinara (etwa 100 Hektar) befindet sich im Besitz von Italo und Luigi Nervi. Ihre beiden Lagen-Gattinara sind relativ leicht und ohne die Komplexität, welche dieser Wein aufweisen kann (Valferna ★, Molsino ★).

Antichi Vigneti
di Cantalupo
Ghemme

Die drei Brüder Arlunno sind die ersten gewesen, die gezeigt haben, daß der Ghemme einer der großen piemontesischen Rotweine sein kann. Beste Lagen, sorgfältige Weinbereitung und geduldiges Herausarbeiten einer eigenen Charakteristik – das ist die Leistung vor allem von Alberto Arlunno, der für den Wein verantwortlich ist. Schon der einfache Ghemme ★ ist feingliedrig und fruchtig. Die beiden Lagenweine Collis Carellae ★★ und Collis Breclemae ★★(★) besitzen jedoch wesentlich mehr Substanz und erreichen die Feinheit der großen Nebbiolo-Weine Albas. Außerdem: Agamium ★, Villa Horta ★, Primigenia, Novaria.

Cantina
Produttori di Carema
Carema

Knapp 50 Kleinwinzer aus dem Dorf Carema haben sich zu einer Kooperative zusammengetan, um ihren Wein gemeinsam zu erzeugen und zu vermarkten. Ihr Wein, das ist der Carema, ein reinsortiges Nebbiolo-Gewächs, das unverkennbare Anklänge an die anderen Nebbiolo-Weine des Piemont hat, aber auch viel Eigenständigkeit besitzt. Aufgrund der Höhe der Weinberge weist er einen erhöhten Säure- und Tanningehalt auf. Der Wein muß deshalb drei, die Riserva sogar fast fünf Jahre im Holzfaß reifen (teilweise in Barriques). Danach präsentieren sie sich als feste, zartwürzige Weine. Carema ★, Carema-Carema ★★.

Das Anbaugebiet von Gavi ist klein. Es liegt zwischen Alessandria und Genua, knapp an der Grenze zu Ligurien. Dort, wo sich in der Küche alles um den Fisch dreht, feierte der Gavi seine ersten Erfolge. Doch heute lebt dieser schlanke, geschmeidige Wein mit der kratzigen Säure von der Wertschätzung des Auslandes. Er ist einer der erfolgreichsten Exportweine des Piemonts. Das Anbaugebiet selbst liegt in der tiefsten Provinz. Fremdenverkehr ist dort unbekannt. Nur ein paar Urlauber kehren auf dem Rückweg in ihre Heimat gelegentlich ein, um ein paar Flaschen Wein im Auto mitzunehmen.

HOTELS

CANTINE DEL GAVI
Gavi
Tel. 0143-642458

Wer wissen möchte, was in der Weinszene von Gavi los ist, kommt in dieses elegante, intime Restaurant im historischen Zentrum der Stadt. Die Weinkarte ist groß, der Keller noch größer, und die Gerichte stillen nicht nur den Hunger, sondern befriedigen auch den Appetit: vorzügliche Agnolotti, Risotto al Gavi, feine Kräuterspaghetti, Hühnchenbrust in Honigsauce und Gemüsetorte.

BARBAROSSA
Gavi
Tel. 0143-642770

Ein typisches Weinlokal, gelegen gleich hinter der Kirche des Städtchens, bis spät in den Abend hinein geöffnet. Fast alle guten Gavi sind vorrätig und können zu ausgewählten Gerichten verkostet werden: viele delikate piemontesische Antipasti, Ravioli in Weißweinsauce, Penne mit Pesto zum Beispiel.

L'ORA CANONICA
Cheirasca
Tel. 0143-643232

Modernes, noch junges Restaurant mit angeschlossenem Hotel (Sereno di Gavi) an der Peripherie von Gavi. Die Küche ist italienisch im weitesten Sinne, dazu gibt es aber immer auch einige landestypische Spezialitäten: Tagliatelle mit Rübchen, Kartoffelauflauf, *fritto misto* zum Beispiel. An Wein ist nahezu alles vorrätig, was in der Zone interessant ist.

La Battistina
Novi Ligure

Auf halber Strecke zwischen Gavi und Novi Ligure liegend, erzeugt dieses Weingut im Jahr rund 120 000 Flaschen Weißwein. Der Standard-Gavi ★ zeigt alle Merkmale eines modern vinifizierten Wein mit prickelnder Frische und knackiger Säure. Der Lagen-Gavi Bricco Battistina ★ ist vollmundiger und im Eichenholzfaß ausgebaut.

Nicola Bergaglio
Rovereto

Gianluigi Bergaglio ist ein konservativer Winzer, der mit dem Most und dem Wein noch umgeht wie zu Zeiten, als es keine Technik gab: Er preßt die Trauben nur wenig ab, befreit den Wein durch häufiges Umziehen im Faß vom Trub und klärt ihn nur wenn unbedingt nötig. Sein Gavi ★ ist vergleichsweise kräftig, immer recht konzentriert (die Reben sind 25 bis 30 Jahre alt) und deutlich von der Säure geprägt. Der Lagen-Gavi Minaia ★(★) zählt zu den interessantesten Weinen der Zone.

Ca'di Meo
Gavi

Erst 1986 wurde dieses Weingut bei Pratolungo von der Familie Gavoglione gegründet. Sie bewirtschaften 14 Hektar Reben, die in einer Höhe von 550 Metern liegen. Ihre Idee: einen körperreichen, saftigen Gavi ★ erzeugen. Um eine leichte Oxidation zu erreichen, lassen sie den frisch gepreßten Most erst einmal einen Tag (ohne Schwefel) ruhen. Erst dann wird er vergoren.

Castellari Bergaglio
Rovereto

Kleines Familienweingut mit 7 Hektar Reben in hervorragender Lage, gewissenhafte Weinbergsarbeit, traditionelle und experimentelle Kellerpraxis, drei verschiedene Gavi: Gavi ★, Gavi di Rovereto (alte Reben) ★. Gavi Barrique ★ (im kleinen Eichenholzfaß gereift).

Castello di Tassarolo
Tassarolo

Ende der siebziger Jahre modernisierte der Marchese Paolo Spinola die Keller seines Weingutes und legte neue Weinberge an. Heute stehen 15 Hektar unter Reben und sein Keller ist einer der modernsten in Norditalien. Der Marchese selbst ist ein ehrgeiziger Mann, der keinen Aufwand scheut, um seine Weine zu verbessern. Resultat: einige der besten Weißweine des Anbaugebietes. Gavi ★, Gavi Castello di Tassarolo ★★, Gavi Vigneto Arborina ★★.

La Chiara
Valegge

Ferdinando (genannt: Nando) Bergaglio ist berühmt dafür, daß er nur einen Teil seines Weins, nämlich die besten Partien, in Flaschen füllt. Der andere Teil wird offen verkauft. So kommen von seinen sieben Hektar am Ende nur rund 50 000 Flaschen als Gavi ★ auf den Markt.

La Giustiniana
Rovereto

Ein stattliches Weingut mit 120 Hektar Land, ein breites Sortiment von Weinen: Enrico Tomalino, für die Weine verantwortlich, erzeugt neben den drei Lagen-Gavi Lugara ★, Centurionetta ★, Montessora ★, einen substantielleren Gavi di Gavi, der von alten Reben mit niedrigen Erträgen kommt und, ähnlich wie ein Rotwein, zeitweise mit den Schalen vergoren und im Eichenholzfaß ausgebaut wird (Vignaclara ★★). Dazu kommt der halbtrockene Campoghero, ein leicht edelfauler Sauvignon. Reben dieser Sorte wachsen seit 200 Jahren in den Weingärten des Gutes.

La Meirana
Gavi

Gianpiero Broglia, Besitzer dieses relativ großen Gutes (36 Hektar), ist ein Verfechter des Lagen-Weins. So produziert er neben dem Gutswein Gavi di Gavi La Meirana ★ drei Weine, die in besonders guten Weinbergen wachsen: den eleganten Il Villa Broglia ★, den etwas schwereren Il Fasciolo ★ (im Barrique gereift) sowie Bruno Broglia ★(★), der von den ältesten Reben des Gutes Meirana kommt. In kellertechnischer Hinsicht, aber auch was die Weinbergsarbeit betrifft, gehört La Mairana zu den Gütern, in denen es »gärt«.

Tenuta San Pietro
Tassarolo

Maria Rosa Gazzaniga, führt eines der traditionellsten Gavi-Güter der Zone. So konservativ streng wie der Rebschnitt erfolgt auch die Bereitung des Weins: Er reift in Flaschen statt im Holzfaß oder Tanks und muß, um von der Hefe befreit zu werden, wie ein Champagner dekantiert werden. Insofern ist er kein typischer Gavi ★, sondern ein ungewöhnlicher, aber gleichwohl feiner Wein.

La Scolca
Rovereto

La Scolca ist der Pionier des modernen Gavi. Seine Weine haben in den letzten 20 Jahren einen großen Erfolg auf den Weltmärkten gehabt. Derzeit verfügt das Gut, das unter der Leitung von Giorgio Soldati steht, über Trauben von 50 Hektar. Die Hälfte befindet sich im Eigenbesitz. Rugrè (frischer, leicht moussierender Wein aus Cortese-Trauben), Zunot (früh abgefüllter Gavi), Gavi La Scolca ★, Gavi Villa Scolca ★ (Auslese des besten Gavi), Gavi di Gavi ★★ (Spitzenwein mit schwarzem Etikett), Soldati La Scolca Spumante ★(★).

Villa Sparina
Monterotondo

Prächtiges Weingut im Besitz des Industriellen Marco Moccagatta. Nach Jahren des Zögerns und Zauderns erzeugt er heute dank bester önologischer Beratung einige der schönsten Cortese-Weine des Anbaugebietes: Gavi di Gavi ★, Gavi La Villa ★★. Aus den Trauben mit dem höchsten Säuregehalt wird ein eleganter, rassiger Spumante Brut ★★ erzeugt.

141

Winzer, Weine, Restaurants

REISEN IN DIE WELT DES WEINS

Herausgeber: Jens Priewe

Als Autoren haben mitgearbeitet:

Burton Anderson, Jahrgang 1941, ehemals Redakteur der Herald Tribune in Paris, lebt seit 15 Jahren in der Toskana als Weinjournalist und -schriftsteller. Buchpublikationen: Vino (1980), Italiens Weine (Taschenweinführer 1983), Atlas der italienischen Weine (1990), Weinstraßen Italiens (1991).

Jens Priewe, Jahrgang 1947, Studium der Wirtschafts- und Sozialgeschichte, lebt als Wirtschafts- und Weinjournalist in München. Er ist Herausgeber dieser Buchreihe. Buchpublikationen: Italiens große Weine (1987), Reisen in die Welt des Weins – Toskana (1990).

Rino Sanders, Jahrgang 1921, früher Feuilletonredakteur der Tageszeitung Die Welt, lebt seit fast 30 Jahren als freier Schriftsteller und Journalist in Cecina di Toscolano am Gardasee. Schreibt u. a. für Feinschmecker und Die Zeit über Kultur, Wein, Reise und Gastronomie.

Hans-Peter Siffert, Jahrgang 1954, geboren in Bern, lebt als freier Fotograf in Zürich. Schwerpunkte: Weinreportagen, Porträts, Architektur.

Daniel Thomases, Jahrgang 1944, Amerikaner, hat in Florenz Kunstgeschichte studiert und lebt dort seit vielen Jahren mit seiner Familie. Mitarbeiter der Mailänder Wein- und Kulturzeitschrift L'Etichetta, der Weinfachzeitschrift Ex Vinis (Herausgeber: Luigi Veronelli) sowie des amerikanischen The Wine Spectator.

Weitere Mitarbeiter: Theresa M. Bullinger (Übersetzung), Gabriele Klann (Karten), Paolo Massobrio, Baldo Pipitone (Übersetzung), Beppe Orsini, Angelika Priewe (Anzeigen), Friedrich Priewe (Übersetzung), Helmut Rohrer (Zeichner), Giovanni Ruffa, Piero Sardo.

Bildnachweis:

Umschlagfotos Titelseite: Harald Reiterer; Rückseite: Edition Priewe (oben), Armin Faber (Mitte), Hans-Peter Siffert (unten);
S. 5 Isolde Ohlbaum; S. 6 Hans-Peter Siffert (beide); S. 7 Armin Faber (links oben), Bilderberg/Till Leeser (rechts oben), Armin Faber (links unten), Hans-Peter Siffert (rechts unten); S. 8/9 Edition Priewe; S. 10/11 Hans-Peter Siffert; S. 12/13 Jan Bendermacher; S. 14/15 Bilderberg/Milan Horacek; S. 16/17 Hans-Peter Siffert; S. 18/19und S. 23 Gabriele Klann; S. 24 Helmut Rohrer; S. 26 Hans-Peter Siffert; S. 27 und S. 28 Edition Priewe (beide); S. 29 Hans-Peter Siffert (oben), Edition Priewe (unten); S. 30 Edition Priewe (beide); S. 31 Zambruno; S. 32 Ossi Baumeister; S. 35–58 Hans-Peter Siffert (alle Fotos); S. 62 Bruno Murialdo; S. 63 und S. 65 Gabrielle Klann; S. 67 Jan Bendermacher; S. 68 und S. 70 Sifra (Costigliole); S. 72 Edition Priewe (oben) Hans-Peter Siffert (unten); S. 73 Ossi Baumeister; S. 74 Edition Priewe; S. 75 Ossi Baumeister; S. 76 Cascina Castlèt (oben), Edition Priewe (unten); S. 77 Consorzio Barbera d'Asti; S. 80–82 Giovanni Re; S. 84/85 Enrico Necade; S. 86–91 Hans-Peter Siffert; S. 92/93 Bilderberg/Milan Horacek; S. 94 Hans-Peter Siffert; S. 96 Ossi Baumeister; S. 97 Edition Priewe (beide); S. 98 Edition Priewe; S. 100/101 Jan Bendermacher; S. 102 und 103 Distilleria Bocchino; S. 104 Hans-Peter Siffert; S. 106/107 Bilderberg/Till Leeser; S. 108 Bilderberg/Gert Wagner; S. 109 Armin Faber; S. 111 Edition Priewe; S. 113 Armin Faber; S. 114 Hans-Peter Siffert (oben), Armin Faber (unten); S. 115 Edition Priewe; S. 116 Edition Priewe (oben), Hans-Peter Siffert (unten); S. 118 Hans-Peter Siffert; S. 119f. Edition Priewe; S. 122 Armin Faber; S. 124 Jan Bendermacher; S. 126 Edition Priewe; S. 128 Edition Priewe; S. 130 Bilderberg/Milan Horacek (oben), Edition Priewe (unten); S. 132 Cascina Castlèt; S. 138 Enrico Necade; S. 139 Edition Priewe.